KB162549

디지털 언어학 연구

디지털 언어학 연구

이민행

역락

책머리에

　코로나 바이러스(COVID-19)의 전지구적인 확산으로 교회, 학교 및 학술회의가 멈추고 업종에 따라서 특정산업들도 가동을 멈출 수밖에 없는 기묘한 시대에 우리가 살고 있다. 이러한 환경의 급변화로 인해 Zoom이나 Webex와 같은 디지털 소통도구가 사회의 거의 모든 분야에서 광범위하게 사용되는 추세이다. 이 디지털 도구들이 비대면 커뮤니케이션을 가능하게 하기 때문이다. 소통도구의 쓰임이 증가하면서 디지털 자원에 대한 관심도 급격히 증가하는 추세에 힘입어 디지털 언어자원을 다루는 분야에 대한 관심 또한 높아지고 있다.

　이러한 사회문화적 변화를 적극적으로 수용하기 위해 디지털 언어학에서 발전된 언어학적 분석도구들의 활용방법에 대해 논의하고자 본 저술을 기획하게 되었다.

　디지털 언어학은 비교적 최근에 정립된 디지털 인문학의 분과학문 분야로 자리매김 된다. 또한 디지털 언어학은 의심할 여지없이 일반언어학의 하위분야의 하나로도 간주될 수 있다. 때문에 우리는 디지털 언어학을 대표적인 융복합 학문분야로 분류한다.

　이 저술은 한국어와 영어의 트리뱅크를 대상으로 디지털 언어학적 연구를 수행하는 환경을 제공하는 한편, 디지털 자원으로부터 의미 있는 데이터를 추출하여 언어학적 연구를 수행하는 방법론을 제안하는 것을 저술목적으로 한다. 이 저술에서는 구문구조에 대한 데이터를 담고 있는 한국어와 영어의 트리뱅크 외에도 한국어 광고말뭉치와 한-영 병렬 성경말뭉치를 특수목적 말뭉치로 구축하고 활용하는 방법에 대해 여러 장을 할애하여 기술한다. 이 책은 학부와 대학원 수준에서 디지털 언어학의 교육이나 데이터과학 등 융합학문의 교육에 활용할 수 있다.

이 책에서 논의한 여러 종류의 말뭉치와 Perl-스크립트, R-스크립트 및 Groovy-스크립트, 그리고 주요 분석 통계 데이터들은 웹사이트 http://www.smart21.kr/digling에 공개된다.

데이터 구조의 변환과 빈도통계의 가공을 위해 고급 수준의 Perl 코딩 작업시에 독일 뮌헨의 국방대학교 이영수 박사의 도움을 받았다. 이 박사에게 감사한다.

끝으로 이 저술이 2020학년도 연세대학교 학술연구비의 지원에 의하여 이루어진 것임을 확인한다. 또한 이 연구는 2020년 2학기 연구년 기간에 수행되었으며 이에 대해 연구년 기회를 부여한 연세대학교에 감사드린다.

최근 들어, 특히 코로나 사태로 인해 출판시장의 사정이 급격히 악화되었음에도 불구하고 시장성이 적은 인문학 서적의 출판을 결정해주신 도서출판 역락의 이대현 대표님께 진심으로 감사의 말씀을 드린다. 또한 다듬어지지 않은 원고를 아름다운 책으로 만들어 주신 편집부의 강윤경 대리님께도 수고에 대해 깊이 감사드린다.

2021년
연세대 외솔관에서
이민행

차례

부록

서 론

디지털 언어학은 디지털 언어자원을 대상으로 삼아 언어학적 연구를 수행하는 새로운 언어학 연구방법론이다. 디지털 언어학은 비교적 최근에 정립된 디지털 인문학의 분과학문 분야로 자리매김된다. 또한 디지털 언어학은 의심할 여지없이 일반언어학의 하위분야의 하나로도 간주될 수 있다. 때문에 우리는 디지털 언어학을 대표적인 융복합 학문분야로 분류한다.

　디지털 인문학에서는 연구대상인 디지털 자원의 분석을 위한 여러 가지 분석도구들이 개발되어 있다. 이러한 디지털 자원의 도구들을 디지털 인문학의 하위분야로서의 디지털 언어학에서도 언어학적 주제연구를 수행하기 위해 활용할 수 있다.

　디지털 언어학이 디지털 자원을 대상으로 연구를 수행한다는 점에서는 디지털 인문학과 공통점을 지니지만 언어학에 특화된 연구주제들이 존재한다는 점에서 디지털 언어학은 디지털 인문학과 차이점도 가지고 있다. 문장의 구조에 대한 연구는 일반적인 디지털 인문학의 영역을 넘어서는 언어학에 특화된 연구영역이다. 이 분야는 소쉬르의 구조주의와 촘스키의 변형생성문법의 전통을 따라 언어학 분야에서 가장 활발하게 논의가 이루어진 영역이기도 하다.

소위 트리뱅크(treebank)로 알려진 구문분석 말뭉치가 구축됨에 따라 개별 언어별로 트리뱅크를 분석하여 해당 언어의 문법구조를 규명하고자 하는 연구들이 수행되었다. 영어의 경우, 펜실베니아 대학에서 구축한 Penn 트리뱅크가 세계 최초의 트리뱅크이며 그에 따라 이 트리뱅크는 다른 언어들의 트리뱅크 구축을 위한 전형이 되었다. 한국어의 경우도 Penn 트리뱅크를 모델로 삼아 21세기 세종계획 사업의 일환으로 한국어 세종 트리뱅크를 구축했다. 보통 트리뱅크로부터 구문구조적 지식들을 발견하기 위해서는 문법구조를 추출하기에 적합한 사용자 친화적이면서 검색효율이 높은 검색도구가 필수적이다. 그런데, 세종 트리뱅크와 함께 제공된 검색도구 '한마루'는 그러한 특성들을 갖추고 있지 않아 연구자들로부터 외면을 당해 왔다. 그 결과 많은 노력과 비용을 들여 구축한 세종 트리뱅크가 한국어의 연구와 교육에 거의 활용되지 못하고 있다. 검색도구의 활용에 있어서는 Penn 트리뱅크의 사정도 크게 다르지 않다. 이 트리뱅크와 함께 제공된 검색도구 TGrep이나 TGrep2는 사용자 친화적이지 않아서 트리뱅크의 유명세만큼 활용도가 높은 편이 아니다(Abeillé 2003).

본 저술은 한국어와 영어의 트리뱅크를 대상으로 디지털 언어학적 연구를 수행하는 환경을 제공하는 한편, 디지털 자원으로부터 의미있는 데이터를 추출하여 언어학적 연구를 수행하는 방법론을 제안하는 것을 목적으로 한다. 이를 위해 먼저, 사용자 친화적이고 매우 효율성이 높은 검색도구 TIGERSearch를 활용할 수 있도록 한국어 세종 트리뱅크와 영어 Penn 트리뱅크를 TIGERSearch 포맷으로 변환하는 작업을 수행한다. 이 도구는 독일 Stuttgart 대학의 언어정보연구소에서 개발한 그래픽기반의 검색도구로서 정규표현식(Regular Expressions)을 지원하고 선후관계(precedence)와 구성관계(constituency)의 검색이 가능하도록 설계되어 있다. 다음으로, TIGERSearch의 환경에서 변환된 두 트리뱅크를 대상으로 어휘층위와 구문층위의 검색을 실행하여 새로운 문법지식을 생성하는 주제중심 연구를 수행한다. 이 연구에서는 두 가지 트리뱅크외에도 한국어 광고말뭉치와 한-영/영-한 병렬 성경말뭉치를 특수목적 말뭉치로 구축하고 활용하는 방법에 대해 여러 장을 할애하여 기술한다.

이 저술을 통해 다루는 디지털 언어학적 연구주제를 세 가지로 나누어 정리할 수 있다.

첫 번째 주제는 한국어 트리뱅크, 곧 세종 구문분석 말뭉치를 대상으로 하여 디지털 자원으로부터 의미 있는 데이터를 추출하여 여러 층위의 언어학적 연구를 수행하는 방법론의 제안과 관련된다. 이 세부주제는 사용자 친화적이고 매우 효율성이 높은 검색도구 TIGERSearch를 활용할 수 있도록 한국어 세종 트리뱅크를 TIGERSearch 포맷으로 변환하는 작업으로부터 시작한다. 이 도구는 앞에서 언급한 바와 같이 정규표현식을 지원하고 선후관계와 구성관계의 검색이 가능하도록 설계되어 구문론 연구에 특화되어 있다. 이러한 특장점을 십분 활용하여 TIGERSearch의 환경에서 어휘층위와 구문층위의 검색을 실행한 다음에 새로운 문법지식을 생성하는 주제중심 연구를 이 하위주제 연구단계에서 수행하고자 한다.

두 번째 주제로는 영어 Penn 트리뱅크를 TIGERSearch 포맷으로 변환하여 활용하는 방안에 대해 논의한다. 구문층위의 검색이 가능한 TIGERSearch의 환경에서 트리뱅크를 대상으로 다양한 통계데이터를 추출한 다음에 주제중심의 연구를 수행함으로써 영어의 구문에 대한 새로운 문법지식을 발견하고자 한다.

세 번째 주제는 특수목적 말뭉치를 활용하는 방법에 대한 논의이다. 이 하위주제와 관련하여 한국어 광고 말뭉치(Korean Language of Advertisements, KLOA)와 한-영 병렬 성경 말뭉치를 구축하고 이들 말뭉치로부터 인문학 연구나 교육에 필요한 데이터를 추출하는 절차 및 분석방법에 대해 논의한다.

한국어 구문분석 말뭉치의 이해

제1장

세종 트리뱅크의 변환

21세기 세종계획 프로젝트의 결과물인 한국어 세종 트리뱅크는 71,868 문장에 대한 구성성분 구조를 담고 있다.[1] 구성성분 구조를 표상하는 이 트리뱅크의 데이터 구조에는 S, NP, VP 등 구범주가 독립적으로, 혹은 SBJ, OBJ, MOD 등 통사기능과 통합된 형태(NP-SBJ, VP_MOD, NP_OBJ 등) 로 기재되어 있고 이 외에도 품사정보와 문장을 구성하는 형태소 정보가 데이터 구조안에 포함되어 있다. 다음 쪽의 구성성분 수형도 [그림 1]에 서 S, NP_SBJ, VP 등 구범주와 NP, JX, VV 등 품사정보 및 '그', '는', '모으' 등 형태소 정보를 확인할 수 있다.

이 세종 구문분석 말뭉치의 규모는 형태소를 기준으로 하여 1,816,416 개 형태소이다. [그림 1]의 수형도는 검색도구 TIGERSearch에서 일반동 사(VV)를 검색어로 삼아 추출한 수형도들 중의 하나이다. 이처럼 한국어 세종 트리뱅크를 대상으로 TIGERSearch 시스템내에서 검색을 할 수 있 기 위해서는 세종 트리뱅크의 데이터 파일들을 먼저 Penn 트리뱅크 포맷 으로 변환한 후 이 포맷을 다시 TIGER XML 포맷으로 변환하여야 한다. 이 장에서는 이러한 변환과정에 대해 상세하게 기술한다.

---

[1] 세종 구문분석 말뭉치는 웹사이트 http://corpus.korean.go.kr/에서 〈신청하기〉를 통해 구할 수 있다.

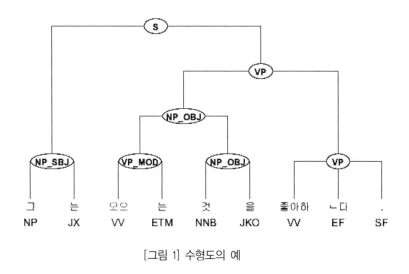

[그림 1] 수형도의 예

변환과정은 다음 (1)에 정리된 바와 같이 2단계로 구성된다.

(1)

– 세종 트리뱅크 포맷을 Penn 트리뱅크 포맷으로 변환

– Penn 트리뱅크 포맷을 TIGER XML 포맷으로 변환

세종 트리뱅크 파일의 데이터 구조는 다음 (2)와 같다.

(2)

; 프랑스의 세계적인 의상 디자이너 엠마누엘 웅가로가 실내 장식용 직물
  디자이너로 나섰다.

(S   (NP_SBJ   (NP   (NP_MOD 프랑스/NNP + 의/JKG)

            (NP   (VNP_MOD 세계/NNG + 적/XSN + 이/VCP + ㄴ
                    /ETM)

```
            (NP        (NP 의상/NNG)
                       (NP 디자이너/NNG))))
        (NP_SBJ    (NP 엠마누엘/NNP)
                   (NP_SBJ 웅가로/NNP + 가/JKS)))
    (VP     (NP_AJT    (NP        (NP    (NP 실내/NNG)
                                          (NP 장식/NNG + 용/XSN))
                       (NP 직물/NNG))
            (NP_AJT 디자이너/NNG + 로/JKB))
    (VP 나서/VV + 었/EP + 다/EF + ./SF)))
```

위 (2)와 같은 포맷을 Penn 트리뱅크 포맷으로 변환하는 과정은 세부 2단계로 이루어진다.

첫 번째 세부단계는 정규표현식을 이용하여 문장을 제거하고 %% Sent 라는 문장표지를 추가하는 과정인데 일반 텍스트편집기를 이용하여 이 작업을 수행할 수 있다. 이 단계에서 위 (2)에 제시된 데이터 구조가 다음 (3)과 같이 변환된다.

(3)
```
%% Sent
(S    (NP_SBJ    (NP    (NP_MOD 프랑스/NNP + 의/JKG)
                 (NP    (VNP_MOD 세계/NNG + 적/XSN + 이/VCP + ㄴ
                         /ETM)
                        (NP        (NP 의상/NNG)
                                   (NP 디자이너/NNG))))
      (NP_SBJ    (NP 엠마누엘/NNP)
                 (NP_SBJ 웅가로/NNP + 가/JKS)))
```

```
(VP     (NP_AJT        (NP    (NP    (NP 실내/NNG)
                                     (NP 장식/NNG + 용/XSN))
                       (NP 직물/NNG))
               (NP_AJT 디자이너/NNG + 로/JKB))
        (VP 나서/VV + 었/EP + 다/EF + ./SF)))
```

두 번째 세부단계는 정규표현식을 이용하여 위 (3)과 같은 포맷을 (4)와 같은 Penn 트리뱅크 포맷으로 변환하는 과정이다. 이 변환작업은 반복적으로 적용된다.

(4)

%% Sent

(

```
(S    (NP_SBJ    (NP        (NP_MOD (NNP 프랑스)    (JKG 의) )
                 (NP        (VNP_MOD (NNG 세계)    (XSN 적)    (VCP 이)
                            (ETM ㄴ) )
                            (NP    (NP (NNG 의상) )
                            (NP (NNG 디자이너) ))))
      (NP_SBJ    (NP (NNP 엠마누엘) )
                 (NP_SBJ (NNP 웅가로)    (JKS 가) )))
      (VP    (NP_AJT    (NP    (NP        (NP    (NNG 실내) )
                        (NP (NNG 장식)    (XSN 용) ))
            (NP (NNG 직물) ))
            (NP_AJT (NNG 디자이너)    (JKB 로) ))
      (VP (VV 나서)    (EP 었)    (EF 다)    (SF .) )))
   ($. .))
```

　　세종 트리뱅크 포맷을 Penn 트리뱅크로 변환하는 과정을 통해 생성된 (4)와 같은 데이터 구조를 TIGER XML 포맷으로 변환하는 단계가 변환작업의 두 번째 단계이다. 이 단계의 작업수행을 위해 penn2TIGER.pl이라는 이름을 가진 Perl 스크립트를 운용한다.[2] 데이터 구조 (4)를 입력으로 하여 이 스크립트를 작동시킨 결과는 다음 (5)와 같다.

(5)

```
⟨s id="5"⟩
  ⟨graph root="5_501"⟩
    ⟨terminals⟩
      ⟨t id="5_5" word="프랑스" pos="NNP" /⟩
      ⟨t id="5_6" word="의" pos="JKG" /⟩
      ⟨t id="5_9" word="세계" pos="NNG" /⟩
      ⟨t id="5_10" word="적" pos="XSN" /⟩
      ⟨t id="5_11" word="이" pos="VCP" /⟩
      ⟨t id="5_12" word="ㄴ" pos="ETM" /⟩
      ⟨t id="5_15" word="의상" pos="NNG" /⟩
      ⟨t id="5_17" word="디자이너" pos="NNG" /⟩
      ⟨t id="5_20" word="엠마누엘" pos="NNP" /⟩
      ⟨t id="5_22" word="웅가로" pos="NNP" /⟩
      ⟨t id="5_23" word="가" pos="JKS" /⟩
        ........
        ........
    ⟨/terminals⟩
```

2) 이 펄 스크립트는 헬싱키대에서 관리하는 사이트 https://github.com/Helsinki-NLP/Lingua-Align/tree/v0.1에서 제공되고 전체 코드는 [부록 3]에서 볼 수 있다.

이와 같은 XML 포맷의 데이터 구조가 확보되면, 이 파일을 검색도구 TIGERSearch에서 사용할 수 있도록 인코딩하는 단계가 뒤따른다.

인코딩 작업은 등록도구 TIGERRegistry를 실행하여 수행한다. 이 단계에서 먼저 XML파일을 ANSI로 인코딩하여 저장해야 한다. 배치 파일 'runTRegistry.bat'[3])를 이용하여 등록도구를 실행한다. 다음 [그림 2]는 TIGERRegistry를 실행하여 처음 마주하는 화면이다.

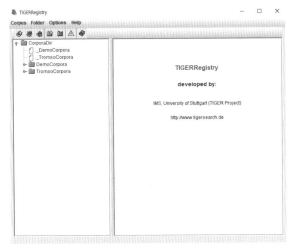

[그림 2] TIGERRegistry를 실행한 화면

이 화면에서 메뉴의 [Corpus]를 선택하면 몇 가지 선택가능한 옵션이 나타나는데 그 가운데 가장 위의 〈Insert Corpus〉를 클릭하면 다음 [그림 3]과 같은 색인(indexing) 초기 단계의 화면으로 바뀐다.

---

3) 배치파일의 명령식은 다음과 같다: java -jar -Dims.TIGER.install=. TIGERRegistryMain. jar CorporaDir &

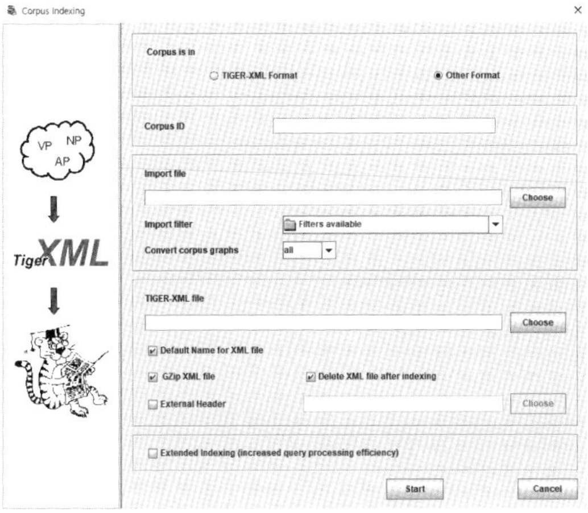

[그림 3] 색인 초기 화면

이 단계에서 아래의 [그림 4]와 같이, 상위의 포맷을 〈TIGER-XML Format〉으로, Corpus ID를 SJT21로 정한 후에 색인작업을 수행할 데이터 파일 '2020SJ-tiger.xml'를 선택한 후에 하단의 [Start] 키를 누르면 색인작업이 시작된다.

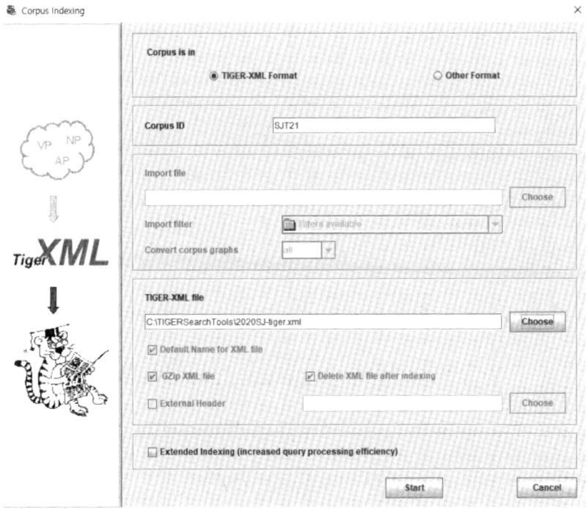

[그림 4] 색인 준비 단계

색인작업이 완료되면 다음 [그림 5]와 같이 트리뱅크에 대한 정보를 기록하는 화면을 마주하게 되는데, 이 단계에서 간단히 'Corpus ID'와 'Corpus Name'에 대해 적절한 ID와 이름을 적어넣고 하단의 [OK] 키를 클릭한다.

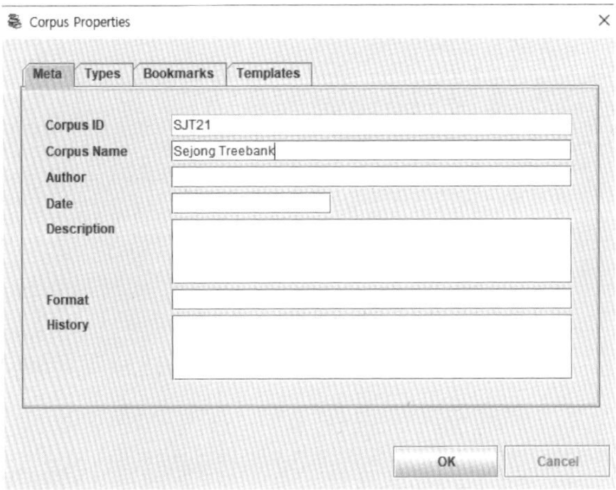

[그림 5] 트리뱅크 정보 등록 화면

트리뱅크에 대한 정보등록을 마치면 화면이 바뀌어 다음 [그림 6]과 같은 화면을 마주하게 된다.

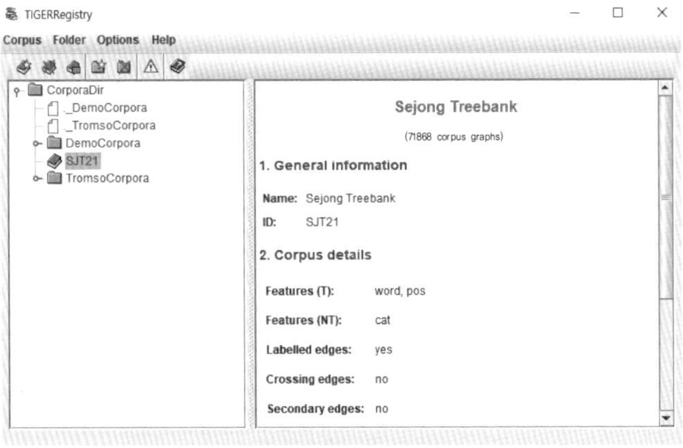

[그림 6] 세종 트리뱅크 SJT21의 색인 완료 화면

 이 그림에서 확인할 수 있듯이 색인 작업이 완료되면 세종 트리뱅크 SJT21을 검색도구 TIGERSearch를 이용하여 검색이 가능하다.

 다음 [그림 7]은 트리뱅크 SJT21을 검색도구 TIGERSearch에서 불러들인 화면을 보여준다.

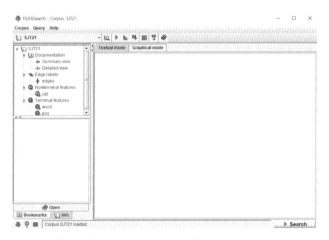

[그림 7] 세종 트리뱅크 SJT21을 불러들인 화면

 이처럼 트리뱅크를 검색도구 TIGERSearch에서 불러들인 후에는 이 트리뱅크를 대상으로 다양한 검색을 수행할 수 있다. 언어학적 연구에 보다 유용한 데이터를 추출하기 위해서는 TIGERSaerch에서 제공하는 검색 언어에 대한 이해가 필수적이다. 이 과제에 대해 다음 장에서 논의하기로 한다.

제2장

검색시스템 TIGERSearch

2.1 검색시스템의 이해

앞 장에서 논의한 바대로 세종 트리뱅크를 대상으로 검색시스템 TIGERSearch에서 검색이 가능한 포맷으로 색인작업을 완료했기 때문에 이제 TIGERSearch를 이용하여 빈도정보와 용례들을 추출할 수 있다. 다음 [그림 1]은 TIGERSearch 시스템내에서 세종 트리뱅크 SJT21을 불러들

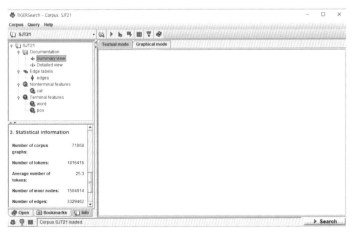

[그림 1] 세종 트리뱅크 SJT21의 요약정보 확인 화면

인 후 마주하는 화면에서 트리뱅크에 대한 요약정보(summary view)를 출력한 상태를 보여준다.

　이 요약정보를 통해 우리는 트리뱅크 SJT21이 71,868 문장에 대한 구구조 수형도를 포함하고 있고 문장당 평균 토큰—형태소 층위—의 수는 25.3개임을 확인할 수 있다. 이 화면에서 우측의 빈 박스에 검색식을 입력한 후에 바로 상단의 아이콘 (▶)을 클릭하면 검색이 실행된다. 예를 들어 트리뱅크 SJT21에서 검색식 [word="문득"]을 위의 박스에 입력하여 검색을 실행하면 부사 "문득"이 포함된 문장 101개와 트리 101개를 검색의 결과로 얻을 수 있다. 다음 [그림 2]에 문장 "문득 89년 여름이 뇌리속에 떠올랐다."의 구구조 수형도와 형태분석 결과가 제시되어 있다.

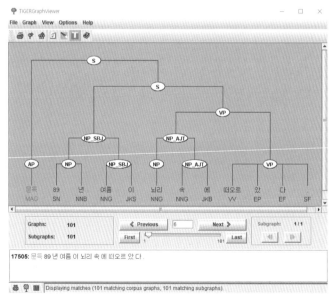

[그림 2] 검색어 "문득"의 검색실행 결과 화면

　검색결과 생성된 위의 [그림 2]와 같은 화면의 상단에는 구구조 수형도

가 나타나고 중간구역에는 검색식의 실행을 통해 얻은 수형도의 갯수가
제시되며 하단에는 형태소들이 나열된 형태로 용례가 출력된다. 이처럼
개별 어휘를 검색하는 수준을 넘어 특정 품사명을 검색식에 넣어 검색을
수행할 수도 있다. 예를 들어 일반부사(MAG)에 대한 빈도통계를 추출하
고자 할 경우에 아래 (1)과 같은 검색식1)을 검색창에 넣고 검색을 실행하
면 된다.

    (1) #1:[pos="MAG"]

  검색을 실행하면 수형도 35,082개가 생성되는 것을 확인할 수 있다. 그
런데 우리의 관심사는 수형도가 아니고 빈도통계이기 때문에 빈도정보를
추출하기 위해서 상단 메뉴의 [Query]를 눌러 풀다운 하위 메뉴를 펼친

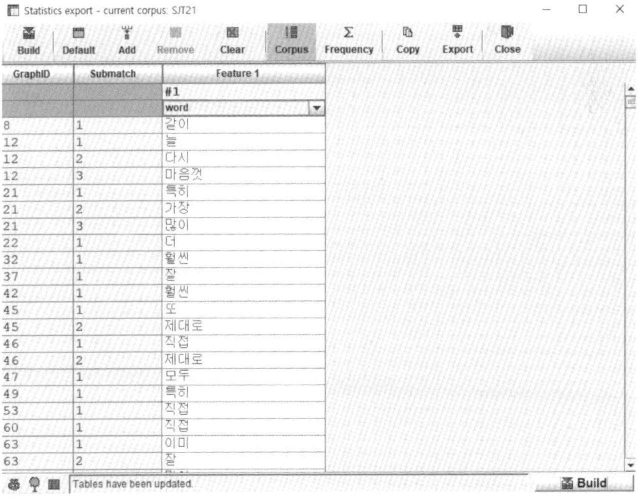

[그림 3] 일반부사의 빈도통계 추출 화면

---

1) 검색식앞에 붙인 기호 #1은 일종의 참조표지사로서 통계를 추출하거나 복합검색식내에
   서 다른 검색식을 통해 지시할 필요가 있을 때 사용된다.

후에 가장 하단의 [Statistics]를 선택한다. 새로 나타난 화면에서 첫 단계로 〈Feature 1〉을 클릭하여 기호 '#1'을 선택한다. 이 단계에서 통계정보를 추출하고자 하는 항목을 정해야 하는데, 우리는 여기서 〈word〉 항목을 선택한다. 이런 항목선택 과정을 거쳐 최종적으로 화면 우측 하단의 [Build]를 클릭함으로써 앞쪽의 [그림 3]과 같은 일반부사(MAG)의 출현빈도 통계를 생성할 수 있다.

이 단계에서 빈도통계를 독립적인 파일로 출력할 수 있는데 이를 위해 상단 메뉴의 [Export]를 선택하여 빈도 파일이 생생성되도록 할 수 있다. 다음의 [표 1]은 이러한 과정을 거쳐 생성된 일반부사의 출현빈도를 보여준다.

[표 1] 일반부사의 출현 빈도

빈도	일반부사	빈도	일반부사
1562	더	659	못
1264	또	658	좀
1152	안	585	왜
1092	잘	583	또한
994	다시	559	이미
829	없이	519	모두
803	가장	513	많이
799	함께	510	같이
776	다	509	아직
711	바로	498	물론

2.2 검색언어의 이해

이제, TIGERSearch의 검색언어에 대해 살펴보자.[2] 검색언어를 이해해야 적절한 검색식을 세울 수 있기 때문에 검색언어의 특성에 대한 심층적인 이해가 트리뱅크를 토대로 한 말뭉치언어학적 연구작업에 필수적이다.

검색도구 TIGERSearch의 검색언어는 다음 세 가지 특성을 가진다.

첫째, AVM(attribute-value matrix) 데이터형을 기반으로 한다.

둘째, 정규표현식(regular expression)을 지원한다.

셋째, 통사론(syntax)의 핵심개념인 선후관계(linear precedence)와 관할관계(dominance relation)를 표현한다.

위 세 가지 특성 가운데 첫 번째와 두 번째 특성은 검색엔진 CQP가 지원하는 검색언어와도 공통점을 지니는데, 세 번째 특성은 구성구조의 검색을 위해 특별히 고안된 것이다.

먼저, 첫 번째 특성에 대해 살펴보자. AVM 데이터형의 예들이 아래 (2)에 제시된다.

(2)

a. [word="크고"]

b. [word="걸었어요"]

c. [pos="VA"]

d. [pos="VV"]

위 (2a)-(2d)의 검색식들이 갖는 공통점은 토큰 -한국어의 경우 어절이나 형태소, 영어의 경우 어휘- 단위를 나타내는 기호 [ ] 안에 등호 '='를 중심으로 두 부분으로 구성된 등식을 담고 있다는 점이다. 이 등식 데이터를 AVM(attribute-value matrix) 데이터형이라 부르고 등호 '='의 앞 성분을 속성(attribute), 뒷 성분을 값(value)이라 한다. 이 책에서 다루는 세

---

2) TIGERSearch 검색언어에 대해서는 웹사이트 참조: https://www.ims.uni-stuttgart.de/documents/ressourcen/werkzeuge/TIGERsearch/doc/html/QueryLanguage.html

종 트리뱅크나 Penn 트리뱅크에서는 속성으로 word와 pos만을 허용한다. TIGERSearch의 검색언어는 이러한 AVM 데이터형을 검색식의 기본 단위로 삼는다. 위 (2a)는 '크고'라는 토큰을 검색하기 위한 것이고, (2b)는 '걸었어요'라는 토큰을 추출하기 위한 검색식이다. 반면, (2c)와 (2d)는 각각 품사(pos)의 값이 형용사(VA)와 동사(VV)인 토큰들을 찾아내기 위한 검색식이다. 네 검색식 모두 속성의 값이 정해진 값, 곧 상수이기 때문에 기호 " " 안에 값이 기재되어 있다.

이제 두 번째 속성에 대해 검토하자. 위 (2a)-(2d)의 검색식과는 달리, 어떤 속성의 값이 기호 / / 안에 담겨져 있는 AVM도 있는데 다음 (3a)-(3d)에 예들이 제시된다.

(3)
a. [word=/크.*/]
b. [word=/걸.*/]
c. [pos=/V.*/]
d. [word=/걸.*/ & pos="VV"]

위의 검색식 (3a)는 '크'로 시작하는 단어들을 찾아내는데 사용된다. 실제로 세종 트리뱅크에서 이 검색식을 실행하면 1,810개 용례가 추출된다. 그 가운데는 형용사의 어간인 '크'가 포함되어 있으며, 이 단어 외에도 일반명사(NNG)로 '크기', '크림', '크래커' 등과 고유명사(NNP)로서 '크리스마스'와 '크루소' 및 '크롬웰' 등이 포함되어 있다. 검색된 단어들의 공통점은 형용사 어간으로 쓰인 '크'를 제외하고 모든 어휘들이 음절 '크'로 시작하면서 그 뒤에 다른 문자가 추가된다는 점이다. 이런 결과가 생성된 것은 검색식 안에 정규표현식 '.*'이 쓰인데 기인한다. 정규표현식은 형식언어의 일종으로 간주할 수 있는데 기호 '.'는 문자 하나를 가리키고 기호 '*'는 반복연산자로 불리는데 기능상 0이상 무한대까지의 반복을 의미한다. 이와 유사한 반복연산자로 '+'이 있는데 이 기호는 1이상 무한대까지의 반복기능을 갖는다. 다음으로 검색식 (3b)를 실행하면 841개의 어휘가 추출된다. 이 가운데는 '걸'외에도 동사로서 '걸리', '걸치', '걸어가'와 '걸어와' 등이 포함되고 형용사로는 '걸맞', '걸직하' 및 '걸쩍지근하'가 포함되어 있으며 명사로는 '걸음', '걸림돌'과 '걸작' 등이 포함되어 있다. 이런 검색결과가 나온 것은 마찬가지로 정규표현식의 파워에 기인한 것이다. 검색식 (3c)는 품사(pos)의 값이 'V'자로 시작하는 단어들을 추출하기 위한 것인데, 이 검색식을 실행하면 250,080개 어휘가 추출된다. 세종트리뱅크의 경우 'V'자로 시작하는 품사명은 모두 다섯 개로 'VV', 'VX', 'VCP', 'VA' 및 'VCN'이 있다. 마지막으로 검색식 (3d)는 기본 AVM 두 개를 조합한 복합 AVM 데이터형이다. 첫 번째 AVM의 속성값은 정규표현식으로 되어 있으나 두 번째 AVM의 속성값은 상수이다. 이 검색식을 이용해서 어절 '걸'로 시작하고 품사가 동사(VV)인 단어들을 검색할 수 있다. 이 검색식을 트리뱅크 SJT21에서 실행하면 648개 용례를 추출하게 되며 모두 동사로서 그 안에는 '걸리', '걸', '걸치', '걸어가', '걸어와', '걸터앉' 및 '걸려들' 등이 포함되어 있다.

앞서 논의한 바와 같이 반복연산자 '*' 및 '+'은 무한반복 기능을 가지는데, 이들과 달리 지정된 횟수만큼 반복하는 것을 허용하는 연산자도 있다. 중괄호 기호(⟨ ⟩)가 이런 기능을 가진 반복연산자이다. 이 연산자안의 숫자는 지정반복 횟수를 나타낸다. 다음의 예들을 살펴보자.

(4)

a. [pos=/V⟨2⟩/]

b. [word=/점⟨2⟩/]

위 (4a)는 품사명이 'V'로 시작되고 두 번 반복되는 어휘를 검색하기 위한 것으로 사실 'VV'(동사)을 품사로 갖는 단어들을 검색한다. 앞서 논의한 검색식 (2d)와 동일한 기능을 가진다. (4b)는 어절 '점'이 두 번 반복되는 단어를 검색하기 위한 것으로 실상은 '점점'을 검색하기 위해 사용된다. 이 검색식을 세종 트리뱅크에서 실행하면 163개의 용례가 추출되는데 기대한 대로 모두 부사(MAG)[3]로 쓰인 '점점'이다.

정규표현식을 이용해서 검색식을 세울 때 반복연산자 '*'와 '+'가 매우 많이 쓰이는데, 반복연산자외에 선접연산자 '|'도 사용빈도가 높다. 이 연산자는 문자열간의 선택을 허용하는 기능을 가진다. 다음 예를 보자.

(5)

a. [pos=/(VA|VV)/]

b. [word=/(은|는)/]

c. [word=/(이|가)/ & pos="JKS"]

d. [word=/(답|롭|스럽)/ & pos="XSA"]

위의 검색식 (5a)에 쓰인 선접연산자는 품사 'VA'와 'VV' 간의 선택을 허용한다. 곧 검색식은 품사 둘 중에서 하나에 속하는 어휘들을 추출하라는 의미를 지닌다. 검색식 (5b)는 주제격 조사 '은' 혹은 '는' 간의 선택을 의미하며, 검색식 (5c)는 주격조사(JKS) '이' 나 '가' 간의 선택을 뜻한다. 마지막으로 검색식 (5d)는 접미사 '답', '롭' 및 '스럽' 간의 선택을 의미한다. 이 검색식은 이 접미사들과 결합하는 명사들의 어휘군에 차이점이 있는 지를 살펴볼 때 유용하다. 이를 테면 이 검색식을 다음 (6)과 같이 확장할 경우에 바로 선행하는 명사들을 추출할 수 있다.

---

3) 세종 태그셋에서 MAG는 '접속부사'인 MAJ와 구별하기 위해 '일반부사'로 정의되나 여기서는 편의상 '부사'로 지칭한다.

(6) [pos="NNG"].[word=/(답|롭|스럽)/ & pos="XSA"]

이 검색식에서 두 토큰 단위 사이에 놓인 기호 '.'는 토큰들간의 선후
관계를 나타내는 연산자이다. 이에 대해서는 뒤에서 논의된다. 이 검색
식을 실행하면 모두 1,291개 용례가 추출된다. 추출된 용례들로부터 명사
와 접미사의 연어관계에 대한 통계를 추출[4]하여 그 일부만 보이면 다음
[표 2]와 같다.

[표 2] 명사와 접미사간의 연어 빈도 통계

빈도	명사	접미사	빈도	명사	접미사
111	자유	롭	15	부담	스럽
109	자연	스럽	14	지혜	롭
48	자랑	스럽	14	평화	롭
37	고통	스럽	13	혼란	스럽
35	흥미	롭	12	촌	스럽
27	조심	스럽	12	유감	스럽
23	풍요	롭	10	성	스럽
21	의심	스럽	10	실망	스럽
20	참	답	10	다행	스럽
15	만족	스럽	10	신비	롭
15	걱정	스럽	10	정	답

이 표를 살펴보면, 접미사 '답'은 명사 '참' 및 '정' 등과 잘 어울리고,
접미사 '롭'은 명사 '자유', '흥미', '풍요' 등과 잘 어울리며, 접미사 '스럽'
은 명사 '자연', '자랑' 및 '고통' 등과 잘 어울리는 것을 알 수 있다. 각 접
미사와 잘 어울리는 명사가 속한 의미부류가 한 두 가지로 한정될 수 있

4) TIGERSearch 의 통계도구를 이용하여 빈도통계를 직접 산출하고자 한다면 다음과 같이
검색식 (6)의 각 토큰앞에 교점변수 #를 추가해야 한다: #1:[pos="NNG"].#2:[word=/(답|
롭|스럽)/ & pos="XSA"]

는 지의 여부를 확인하기 위해서는 심층적인 연구가 필요하다. 다만, 직관적으로 접미사 '스럽'은 대체적으로 감정명사 부류와 잘 어울리는 것 같다. 지금까지 우리는 몇 가지 예와 사용빈도가 높은 연산자들을 중심으로 정규표현식을 이용하여 검색하는 방법에 대해 논의했다.

이제 세 번째 특성에 대해 논의해 보자. 아래의 용례 (7)을 세종 트리뱅크에서 검색하기 위해 검색창에 (8)과 같이 입력한 후에 검색버튼을 누르면 검색결과가 수형도로 제시된다.[5]

(7) 전통 사회 에서 도 그 시대 의 청년 문화 가 가능 하 았 다 . [T$_{50460}$]

(8) [word="청년"].[word="문화"]

위의 검색식 (8)은 단어 "청년"과 "문화"가 인접해 나타나며 동시에 전자가 후자에 선행하는 문장을 검색하기 위한 형식이다. 이렇게 추출된 용례와 함께 제공되는 수형도는 아래와 같다.

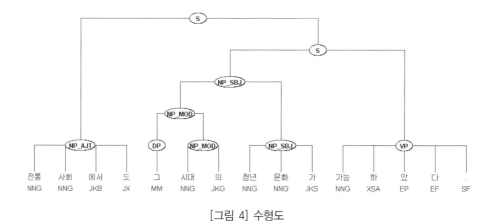

[그림 4] 수형도

---

5) 검색도구 TIGERSearch를 이용하여 검색을 하면, 각 용례 앞에 코퍼스 내 문장번호(예: s750460)가 콜론(:) 기호가 붙는다. 시각적인 효과를 위해 본서에는 문장번호를 코퍼스 명칭의 머리글자 'T'와 함께 대괄호 안에 담아서 문장의 끝에 위치시킨다.

구구조문법적인 개념에서 선후관계(linear precedence)를 표현하는 이항
연산자가 "."이다. 위 검색식 (8)은 어휘 "청년"이 "문화"에 바로 선행하는
용례들을 추출하기 위한 용도로 쓰이는데, 검색식 (9)에서와 같이 선후관
계를 나타내는 이항연산자 "."의 뒤에 반복연산자 "*"를 추가하면 특정한
두 어휘간의 간접적인 선후관계도 표현할 수 있다.

    (9) [word="청년"].*[word="문화"]

이 검색식을 실행할 경우에 아래 수형도와 같이 어휘 "청년"이 어휘
"문화"에 앞서서 나타나지만 두 어휘 사이에 하나 이상의 어휘가 함께 나
타나는 용례들도 추출할 수 있다.

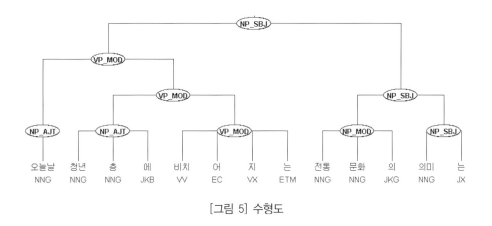

[그림 5] 수형도

위의 수형도는 아래 (10)에 제시된 용례에 대한 구구조의 일부를 표상
한 것이다.

    (10) 그러나 오늘날 청년 층 에 비치 어 지 는 전통 문화 의 의미 는 단순히
        부정 적 의미 를 지니 는 것 만 이 아니 라 훨씬 더 다양 하 고 긍정 적
        이 ㄴ 모습 으로 나타나 ㄴ다 . [T$_{50439}$]

일반적으로 문장의 통사적인 구조를 기술하기 위해서 어휘들간의 선후관계외에도 구성성분들간의 관할관계(dominance relation)를 고려해야 하는데, TIGER 검색언어에서는 이 관할관계를 다음 검색식 (11)에서와 같이 이항 연산자 "〉"를 이용한다.

(11) [cat="NP_SBJ"] 〉 [word="문화"]

위에서 검색식 (11)은 "NP_SBJ"(주어기능을 가진 명사구)라는 구범주가 "문화"라는 어휘를 관할하는 문장들을 검색하기 위한 형식이다. 여기서 "NP_SBJ"는 주어(SBJ) 기능을 가진 명사구를 지칭하는데, 이 검색식을 실행하여 추출한 용례는 모두 177개이다. 그 가운데 하나가 다음 (12)이고 이 용례를 구구조로 표상한 수형도의 부분구조가 [그림 6]에 제시된다.

(12) 힌두 문화 가 순수 하 게 남 아 있 는 고대 사원 들 을 찾아다니 었 다 . [T$_{9678}$]

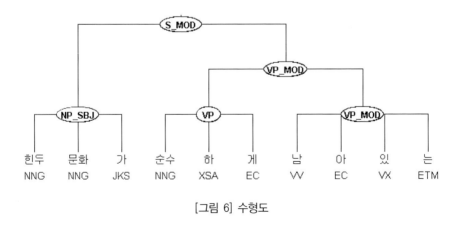

[그림 6] 수형도

구범주 "NP_SBJ"가 어휘 "문화"를 관할하는 것을 수형도상에서 확인할 수 있다. 이 관할관계는 어휘 "문화"가 주어기능을 하는 명사구(NP)의 핵심어라는 사실을 표현한다. 선후관계에서처럼 관할관계도 직접 관할관계와 간접 관할관계로 구분할 수 있는데 이항 연산자 '>'만 쓰인 경우에는 직접적인 관할관계를 표현하고 이항 연산자 '>'의 뒤에 Kleene-star "*"를 추가하면 간접적인 관할관계도 표현할 수 있다. 다음 검색식을 살펴보자.

(13) [cat="NP_SBJ"] >* [word="문화"]

이 검색식은 앞서 살펴 본 검색식 (11)의 이항 연산자 뒤에 "*"를 추가한 것인데 이 검색식을 실행하면 용례 462개가 추출되며, 그 가운데 하나를 제시하면 다음 (14)와 같다.

(14) 바깥 출입 이 어렵 ㄴ 휠체어 를 타 는 장애인 들 은 집 에 만 갇히 어 지내 는 경우 가 많 아 문화 활동 에 대하 ㄴ 욕구 가 많 습니다 . [T₁₀₃₂]

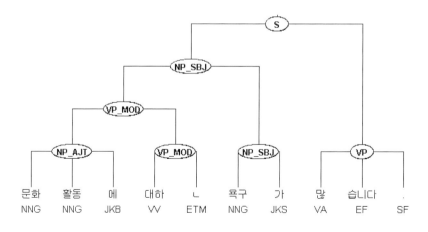

[그림 7] 수형도

이 용례 (14)에 대한 구구조의 일부가 앞쪽의 수형도(그림 7)로 제시된다.

위 수형도에서 어휘 "문화"를 직접적으로 관할하는 명사구(NP)는 부가어(AJT) 기능을 수행하고 이 구범주의 상위에 위치한 구범주 "NP_SBJ"가 명사구로서 주어 기능을 수행하는 것을 볼 수 있다. 다시 말하여 어휘 "문화"와 주어 기능을 수행하는 명사구(NP)간에는 간접적인 관할관계가 성립한다는 사실을 수형도를 통해 확인할 수 있다.

위 검색식 (13)을 자세히 살펴보면 확대된 이항 연산자 '>*'에 의해 관할관계에 놓인 두 논항, 곧 [cat="NP_SBJ"] 과 [word="문화"]이 구조상으로 동일하다는 것을 알 수 있는데, 공통구조는 어휘층위를 표현하는 괄호([ ])안에 위치한 "attribute=value(속성=값)" 형태를 지니는 AVM 데이터형이다. 이 점이 앞서 논의한 바 TIGERSearch 검색언어의 두번째 특성이다. 세종 트리뱅크의 경우에 pos, word 및 cat 등 세 가지 속성만이 허용된다. "값(value)"은 상수일 수도 있고 변수일 수 있는데, 값이 상수일 때는 기호 " "안에 넣고 값이 변수일 때는 기호 / /안에 넣는다. 값이 변수유형일 경우에 정규표현식을 사용할 수 있다. 이를 통해 검색언어의 효율성이 증가한다. 이 장의 서두에서 논의한 바와 같이 이 점이 TIGERSearch 검색언어가 가지는 첫 번째 특성이다. 정규표현식이 포함된 검색식을 하나 예로 들면 다음 (15)와 같다.

(15) [cat=/NP.*/] 〉 [word="문화"]

위 검색식은 앞서 살펴본 검색식 (11)의 첫 논항의 값을 정규표현식으로 바꾼 것인데, 이 검색식을 실행하면 모두 903개 용례가 추출된다. 이 가운데 하나가 다음 (16)에 제시된다.

(16) 또 각종 국제 수준 의 문화 행사 를 관람 하 는 것 도 한 방법 이 다 .

　　　[T_{950}]

아래의 [그림 8]은 이 용례에 대한 구구조의 일부를 표상한 수형도이다.

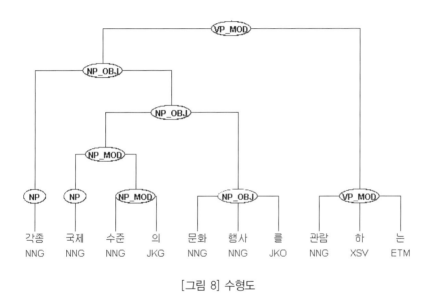

[그림 8] 수형도

이 수형도를 살펴보면 어휘 "문화"가 목적어(OBJ) 기능을 수행하는 명사구(NP)에 의해 직접적으로 관할되고, 이 명사구를 목적어로 취하는 구 범주는 동사구(VP) "관람_하_는"이라는 사실을 알 수 있다.

위 검색식 (15)에 쓰인 정규표현식 "NP.*"는 "NP", "NP_SBJ", "NP_MOD", "NP_AJT", "NP_OBJ", "NP_CNJ" 및 "NP_CMP"를 모두 포괄하는 변수이다.

검색식 (15)를 다음 검색식 (17)과 같이 추가로 교점(표지) 변수를 도입함으로써 일반화된 형식으로 바꾸어 표현할 수도 있다(Eisenberg et al. 2005:84). 두 검색식의 검색결과는 동일하다.

(17) #1:[cat=/NP.*/] &

#2:[word="문화"] &

#1 〉#2

위 검색식에서 #1과 #2가 교점 변수로서 각각 [cat=/NP.*/]과 [word="문화"] 를 가리키는데, 이처럼 교점 변수를 도입할 경우 변수로 표현되는 구성성분들간의 관계를 다양하게 표현하고 필요에 따른 다른 조건들을 추가할 수 있다는 장점을 가진다. 이 검색식에 나타나는 다른 이항 연산자 "&"는 연접연산자로서 두 개의 검색조건을 연결시키는 기능을 한다. 검색식에 교점 변수를 도입함으로써 얻을 수 있는 또 다른 잇점은 추출된 검색결과로부터 통계적인 데이터로 산출할 수 있다는 점이다. 아래의 [표 3]은 TIGERSearch에서 제공되는 통계처리 도구를 이용하여 트리뱅크 SJT21로부터 산출한 명사구(NP)의 문법기능에 빈도통계를 보여준다.

[표 3] 명사구의 문법기능 분포

빈도	구범주_기능
383	NP
190	NP_SBJ
189	NP_MOD
186	NP_AJT
157	NP_OBJ
80	NP_CNJ
10	NP_CMP

이 표를 살펴보면, 이 가운데 문법기능이 부착되지 않은 구범주 "NP"의 출현빈도가 가장 높고, 보어(CMP) 기능을 수행하는 구범주 "NP_CMP"의 출현빈도가 가장 낮다는 것을 알 수 있다.

앞서 논의한 검색식 (15)를 변형하여 정규표현식 자리에 상수 "NP_CMP"

를 넣어 검색식을 세우면 다음 (18)과 같다.

(18) [cat="NP_CMP"] 〉 [word="문화"]

이 검색식을 실행하여 추출한 용례 9개 가운데 둘을 제시하면 다음 (19a), (19b)와 같다.

(19)

a. 그러나 그것 은 강릉 문화 가 아니 다 . [T$_{54406}$]

b. 채우 어 넣 을 대상 으로서 의 민족 정체 성 을 갖 는 문화 란 민족 의 기 본 적 개념 이 ㄴ 집단 성 을 갖 는 문화 가 되 ㄴ다 . [T$_{57169}$]

용례 (19a)의 구구조는 아래의 [그림 9]로 표상된다.

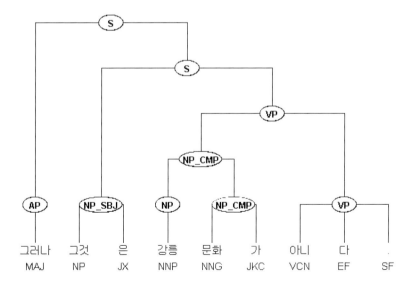

[그림 9] 수형도

이 수형도에서 동사구(VP) "아니_다_/."가 명사구(NP) "문화_가"를 보어 (CMP)로 취하고 어휘 "문화"는 이 명사구에 의해 직접적으로 관할된다는 사실을 확인할 수 있다.

부사(MAG)가 특수조사 "은" 혹은 "는"을 부착한 일반명사(NNG)앞으로 선치되는 현상과 관련한 언어자료를 추출하기 위해 다음의 (20)과 같은 검색식을 사용한다.

(20)

(#a:[pos = "MAG"] . #b:[pos = "NNG"]) &

(#b . #c:[pos = "JX" & word=/(은|는)/]) &

(#d:[cat = "S"] >@l #a)

위 검색식에서 첫 줄은 변수 #a로 표시된 부사(MAG)가 변수 #b로 표시된 일반명사(NNG)에 바로 선행하여 나타남을 의미하고 첫째 줄과 둘째 줄 뒤에 위치한 부호 '&'은 연접연산자로서 조건들의 동시충족을 의미하며 둘째 줄은 변수 #c로 표시된 특수조사(JX) "은" 혹은 "는"이 변수 #b로 표시된 일반명사 바로 뒤에 나타난다는 것을 의미한다. 마지막으로 셋째 줄은 변수 #a로 표시된 부사(MAG)가 변수 #d로 표시된 구성성분 문장(S)의 좌측코너―가장 왼쪽에 위치한 어휘―가 된다는 것을 의미한다. 이 검색식을 실행하면 총 201개 용례(177 문장)이 트리뱅크 SJT21에서 추출되며 몇 문장을 예로 보이면 다음의 (21a)-(21c)와 같다.

(21)

a. 특히 음주 는 피하 라는 것 이 전문가 들 의 충고 이 다 . [T$_{494}$]

b. 당연히 밀레니엄 은 할리우드 에서 도 손꼽히 는 소재 이 다 . [T$_{14551}$]

c. 어쨌든 요즘 은 그런 추세 이 ㅂ니다 . [T$_{15872}$]

위 (21a)-(21c)는 모두 주제화 구문이며, 이 중에서 (21c)의 구성구조를 표상한 수형도를 제시하면 다음의 [그림 10]과 같다.

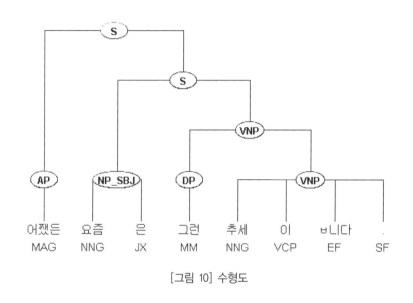

[그림 10] 수형도

한편, 다음 [표 3]은 위 검색식 (20)을 실행하여 추출한 부사의 빈도통계이다.[6]

[표 4] 주제화 구문의 부사 분포

빈도	부사	빈도	부사
20 [1]	이제	6 [10]	특히
13	물론	4	더욱이
8	또	4	아마도
8	어쨌든	4	흔히
8	아직	3	그나저나

6) 여기에 출현빈도가 3이상인 경우만 제시한다. 표에서 빈도를 나타내는 숫자 뒤의 [ ] 안 숫자는 순위를 가리킨다.

7	또한	3	정말
7	이미	3	아무튼
6	즉	3	아울러
6 [9]	비록	3 [18]	게다가

위 표에 따르면 부사 '이제'와 '물론'이 주제화 구문에 가장 많이 출현하는 것을 알 수 있다.

이 장에서는 우리는 검색시스템 TIGERSearch의 일반적인 특성, 사용방법과 더불어 TIGERSearch의 검색언어에 대해 논의했다.

제3장

어휘층위의 한국어 분석

세종 트리뱅크로부터 추출한 데이터를 토대로 어휘층위에서 여러 가지 연구를 수행할 수 있다. 본 연구에서는 품사와 문법기능의 통계적 분포에 대해서 살펴보고자 한다.

먼저 트리뱅크 SJT21의 품사(pos) 분포에 대해 살펴보자. 품사의 빈도 통계를 추출하기 위해 다음 (1)과 같은 검색식을 실행하면 된다.

(1) #1:[pos=/.*/]

이 검색식은 속성 pos의 값으로 정규표현식 '.*'을 사용한 점에서 앞서 다룬 몇 가지 검색식과 차이를 보인다. TIGERSearch 형식언어에서 정규 표현식은 상수값을 표기하는 " "와 구분하여 / / 표지안에 담는 점도 주의를 요하는 사항이다. 이 검색식을 실행하여 추출한 수형도를 하나 보이면 [그림 1]과 같다.

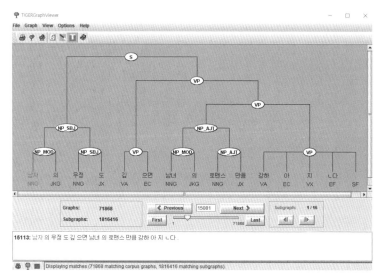

[그림 1] 구구조 수형도

이 수형도는 문장 "남자의 우정도 깊으면 남녀의 로맨스만큼 강해진다."의 구구조를 표상하고 있다. 품사들은 이 수형도의 최하단에 바로 개별 형태소 바로 아래에 나열되어 있다. 이 수형도에서 확인할 수 있는 품사들은 일반명사(NNG), 관형격조사(JKG), 보조사(JX), 형용사(VA), 연결어미(EC), 보조용언(VX), 선어말어미(EP) 및 마침표(SF) 등이다.

앞쪽의 (1)과 같은 검색식을 운용한 결과 추출한 빈도통계를 순위 1위부터 30위까지만 정리하면 다음 [표 1]과 같다.

[표 1] 품사의 출현빈도

빈도	품사(pos)	빈도	품사(pos)	빈도	품사(pos)
398682	NNG	50262	MAG	31618	VA
139566	VV	45878	JKS	29287	NP
129789	EC	44178	EP	25742	MM

107777	ETM	42906	JKG	25147	SP
76801	JKB	42583	XSV	18128	XSA
71685	JX	41411	NNP	17175	SN
69405	SF	41382	SS	11340	XR
63846	EF	39240	VX	11326	JC
62227	JKO	36073	VCP	10156	ETN
54093	NNB	34075	XSN	7189	SH

위의 통계를 검토해 보면 트리뱅크 SJT21에서 일반명사(NNG)가 가장 많이 출현하고, 동사(VV), 연결어미(EC) 및 관형형 전성어미(ETM)가 그 뒤를 따르는 것을 확인할 수 있다. 품사의 빈도정보를 누적백분율로 변환할 경우에 흥미로운 결과를 관찰할 수 있다.

[표 2] 품사 출현빈도의 누적백분율

품사(pos)	빈도	누적빈도	누적백분율(%)
NNG	398682	398682	21.95
VV	139566	538248	29.63
EC	129789	668037	36.78
ETM	107777	775814	42.71
JKB	76801	852615	46.94
JX	71685	924300	50.89
SF	69405	993705	54.71
EF	63846	1057551	58.22
JKO	62227	1119778	61.65
NNB	54093	1173871	64.63
MAG	50263	1224134	67.39
JKS	45878	1270012	69.92
EP	44178	1314190	72.35
JKG	42906	1357096	74.71
XSV	42583	1399679	77.06

......	......	......	......
Q	443	1816007	99.98
......	......	......	......
NNH	1	1816416	100.00
합계		1816416	100.00

위의 [표 3]에는 품사 출현빈도의 누적백분율이 제시되어 있다. 세종 트리뱅크는 45개 품사로 구성된 세종 품사태그셋[1]을 이용하여 개별형태소에 품사를 부착하는데, 위 표를 보면 품사 45개의 20%에 해당하는 순위 1위 NNG(일반명사) 부터 순위 9위의 JKO(목적격조사)가 누적백분율이 60%를 넘는 것을 확인할 수 있다.[2] 이 사실은 어휘의 사용빈도에 대한 Zipf 법칙이 품사의 사용에도 느슨하게나마 적용된다는 점을 시사한다. 하바드대 심리학과 교수 Zipf는 일찍이 1940년대 후반에 "특정한 단어의 빈도에 순위를 곱하면 동일한 텍스트에 출현하는 다른 단어의 빈도 곱하기 순위와 거의 동일한 값을 갖게 된다."라는 Zipf 법칙을 제안한 바 있다(Hausser 2001:295). Zipf에 따르면 언어사용자들은 어휘사용에 있어 자주 사용하는 어휘를 더 자주 사용한다. 이러한 관찰을 토대로 Zipf는 언어사용과 관련한 최소노력의 법칙("The Principle of Least Effort")을 설정했으며 이는 일종의 언어경제성 원리라 할 수 있다(Zipf 1949).

이제 상위 순위의 품사들을 중심으로 각 품사별로 어떤 어휘들이 출현빈도가 높게 나타나는 지를 검토하기로 한다. 먼저 1위를 차지한 일반명사(NNG)의 빈도통계를 산출해 본다. 일반명사를 추출하기 위해서 다음 검색식을 사용한다.

---

1) 세종 품사태크셋은 [부록 1]에 제시한다.
2) [표 3]에 품사의 하나로 제시된 Q는 품사가 아니고 '인용(quotation) 구'를 나타내는 구 범주인데 트리뱅크에서 품사로 잘못 분석된 경우이다.

(2) #1:[pos="NNG"]

이 검색식을 실행하면 아래 [그림 2]에서 확인가능하듯이 일반명사 398,682개가 추출된다.

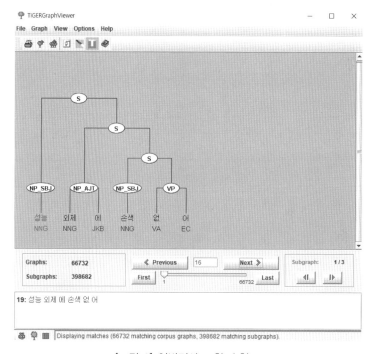

[그림 2] 일반명사 포함 수형도

구체적으로 일반명사 가운데 어떤 어휘들이 출현빈도가 높은 지를 살펴보려면 앞 장에서 논의한 바 있듯이 검색시스템의 통계(Statistics) 생성기능을 활용해야 한다. 다음 [그림 3]은 시스템의 통계기능을 이용하여 빈도정보를 추출한 국면을 보여준다.

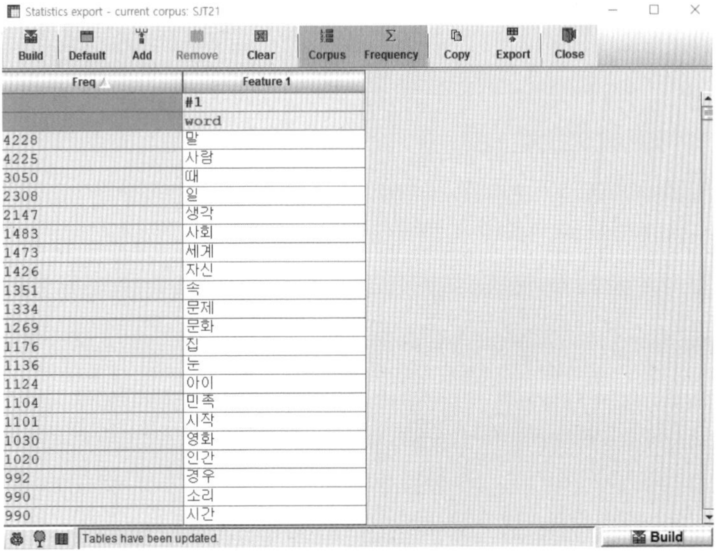

[그림 3] 통계 추출 화면

이 국면에서 메뉴의 [Export] 항목을 선택하여 빈도통계를 내보내서 독립적인 파일로 저장할 수 있다. 이러한 과정을 거쳐 생성한 일반명사의 출현빈도를 대상으로 누적백분율을 산출한 결과의 일부가 다음 [표 3]에 제시된다.

[표 3] 일반명사의 누적백분율

순위	일반명사	빈도	누적빈도	누적백분율(%)
1	말	4228	4228	1.06
2	사람	4225	8453	2.12
3	때	3050	11503	2.89
4	일	2308	13811	3.46
5	생각	2147	15958	4
6	사회	1483	17441	4.37

7	세계	1473	18914	4.74
8	자신	1426	20340	5.1
9	속	1351	21691	5.44
10	문제	1334	23025	5.78
11	문화	1269	24294	6.09
12	집	1176	25470	6.39
13	눈	1136	26606	6.67
14	아이	1124	27730	6.96
15	민족	1104	28834	7.23
16	시작	1101	29935	7.51
17	영화	1030	30965	7.77
18	인간	1020	31985	8.02
19	경우	992	32977	8.27
20	시간	990	33967	8.52
......	......	......	......	......
2501	사명	27	300985	75.5
......	......	......	......	......
25010	원폭	1	398682	100
	합계		398682	100

위 표를 검토해 보면 먼저, 명사 '말'이 출현빈도가 가장 높은 어휘이며, 그 뒤를 이어 '사람', '때', '일' 및 '생각'이 세종 트리뱅크에 자주 출현한다는 것을 알 수 있다. 뿐만 아니라, 이 통계를 토대로 하여 다시 한 번 어휘사용의 집중도에 대해 생각해 볼 수 있다. 왜냐하면, 모두 25,010개 일반명사 가운데 10%에 해당하는 2,501개 명사가 차지하는 비중이 75%를 넘기 때문이다. 이 수치는 앞서 논의한 품사의 누적백분율과는 비교가 안될 정도로 높은 집중도를 보여준다. 일반명사의 어휘분포와 관련하여 우리는 Zipf 법칙이 매우 타당하다는 사실을 확인한다.

이제 동사의 누적백분율에 대해 살펴보자. 다음 [표 4]에 트리뱅크

SJT21로부터 동사의 출현빈도를 추출하여 누적백분율을 산출한 결과의
일부가 제시되어 있다.

[표 4] 동사의 누적백분율

순위	동사	빈도	누적빈도	누적백분율(%)
1	하	9897	9897	7.09
2	있	9408	19305	13.83
3	되	6436	25741	18.44
4	보	3244	28985	20.77
5	대하	2669	31654	22.68
6	가	2043	33697	24.14
7	위하	1926	35623	25.52
8	받	1863	37486	26.86
9	알	1721	39207	28.09
10	들	1566	40773	29.21
11	보이	1532	42305	30.31
12	오	1464	43769	31.36
13	만들	1332	45101	32.32
14	살	1273	46374	33.23
15	나오	1264	47638	34.13
16	모르	1249	48887	35.03
17	쓰	1196	50083	35.88
18	그러	1163	51246	36.72
19	따르	955	52201	37.4
20	나	887	53088	38.04
……	……	……	……	……
276	고치	79	110800	79.39
……	……	……	……	……
2769	우물대	1	139566	100
합계			139566	100

위의 표를 살펴보면, 동사 '하다'의 출현빈도가 가장 높으며 '있다', '되다', '보다' 및 '대하다'가 그 뒤를 이어 세종 트리뱅크에 자주 출현한다는 것을 알 수 있다. 또한, 모두 2,769개 동사 가운데 10%에 해당하는 276개 동사가 차지하는 비중이 79%를 넘기 때문에 다시 한 번 어휘사용의 집중도에 대해 생각하게 된다. 이 수치는 앞서 논의한 일반명사의 누적백분율보다 높은 집중도를 나타낸다. 여기에서 우리는 동사의 어휘분포와 관련하여 Zipf 법칙이 매우 타당하다는 사실을 확인한다.

세 번째로 형용사의 누적백분율에 대해 살펴보자. 세종 트리뱅크 SJT21로부터 형용사의 출현빈도를 추출하여 누적백분율을 산출한 결과의 일부가 다음 [표 5]에 제시되어 있다.

[표 5] 형용사의 누적백분율

순위	형용사	빈도	누적빈도	누적백분율(%)
1	없	5364	5364	16.97
2	같	3031	8395	26.55
3	그렇	1835	10230	32.35
4	많	1585	11815	37.37
5	크	1348	13163	41.63
6	좋	985	14148	44.75
7	새롭	902	15050	47.6
8	어떻	778	15828	50.06
9	이렇	735	16563	52.38
10	다르	564	17127	54.17
11	어렵	422	17549	55.5
12	높	420	17969	56.83
13	쉽	376	18345	58.02
14	작	373	18718	59.2
15	젊	304	19022	60.16
16	아름답	294	19316	61.09
17	길	287	19603	62

18	깊	272	19875	62.86
19	어리	262	20137	63.69
20	강하	224	20361	64.4
……	……	……	……	……
65	거칠	69	25751	81.44
……	……	……	……	……
652	눅	1	31618	100
합계			31618	100

위의 [표 5]를 통해 우리는 형용사 '없다'의 출현빈도가 가장 높고, 그 뒤를 이어 '같다', '그렇다', '많다' 및 '크다'가 트리뱅크 SJT21에 자주 출현한다는 것을 알 수 있다. 또한, 여기에서도 어휘사용의 집중도에 대해 생각해 보게 되는데, 모두 652개 형용사 가운데 10%에 해당하는 65개 형용사가 차지하는 비중이 81%를 넘기 때문이다. 이 수치는 앞서 논의한 일반명사와 동사의 누적백분율보다 높은 집중도를 나타내는 것으로 우리는 형용사의 어휘분포와 관련하여서도 Zipf 법칙이 매우 타당하다는 사실을 확인한다.

이제까지 논의한 바와 같이 검색시스템 TIGERSearch를 이용하여 개별 품사들의 통계적 분포를 추출할 수 있을 뿐만 아니라 구범주의 출현빈도도 생성할 수 있다. 이를 위해 다음 (3)에 제시된 검색식을 실행하면 된다.

(3) #1:[cat=/.*/]

이 검색식의 속성 cat는 세종 트리뱅크에서 구범주를 가리킨다. 보통 구범주는 구구조 수형도상에서 교점에 위치한다. 앞서 논의한 수형도 [그림 2]에서 최상위 교점에 위치한 'S'나 그 아래에 자리한 'NP_SBJ' 혹은 'VP' 등이 구범주에 속한다. 구범주명에 'NP'나 'VP'와 같은 통사범주 외에 문법기능을 나타내는 'SBJ', 'OBJ', 'MOD'나 'AJT' 등이 함께 쓰인 복합범주명이 허용된다는 점이 세종 트리뱅크의 특성이기도 하다. 아래의 [표 6]은 말뭉치 SJT21로부터 추출한 구범주의 빈도통계를 토대로 하여 누적백분율을 산출한 결과의 일부를 보여준다.3)

[표 6] 구범주의 누적백분율

순위	구범주(cat)	빈도	누적빈도	누적백분율(%)
1	VP	322018	322018	20.32
2	VP_MOD	185773	507791	32.04
3	NP_SBJ	163609	671400	42.36
4	NP_AJT	157934	829334	52.33
5	NP	148652	977986	61.71
6	NP_OBJ	118905	1096891	69.21
7	S	117885	1214776	76.65
8	NP_MOD	62709	1277485	80.6
9	VNP	61043	1338528	84.45
10	AP	55621	1394149	87.96
11	S_MOD	28512	1422661	89.76
12	NP_CNJ	28398	1451059	91.55
13	DP	23046	1474105	93.01
14	VNP_MOD	14000	1488105	93.89
15	NP_CMP	10840	1498945	94.58
16	L	9949	1508894	95.2
17	VP_CMP	9565	1518459	95.81
18	R	8496	1526955	96.34
19	VP_OBJ	6140	1533095	96.73
20	S_CMP	5225	1538320	97.06
	......	......	......	......
40	AP_MOD	774	1574773	99.36

3) 홍정하 외(2008)에서는 세종 구문분석 말뭉치의 통사범주 및 기능에 대한 통계적 분석을 시도한 바가 있다.

401	......	......	......	......
	S;18	1	1584914	100
합계			1584914	100

위의 표를 검토해 보면 구범주 'VP'가 SJT21에서 가장 빈번하게 출현하며, 'VP_MOD', 'NP_SBJ', 'NP_AJT' 및 'NP'가 그 뒤를 따라 자주 출현한다는 것을 알 수 있다. 모두 401개 구범주 가운데 10%에 해당하는 40개의 구범주가 차지하는 비중이 심지어 99%를 넘기 때문에, 어휘분포와 관련한 Zipf 법칙이 구범주의 분포에도 작용된다는 사실을 확인하게 된다.

지금까지 우리는 몇 가지 예를 들어 세종 트리뱅크의 품사와 구범주의 통계적 분포와 Zipf의 법칙에 대해 논의했는데 이제부터는 한국어의 합성어에 대해 논의하기로 한다.

먼저, 합성명사의 분포에 대해 살펴보자. 합성명사는 명사-명사 구조를 가진 합성어를 가리키는데, "건강 정보", "위험 부담" 및 "패턴 인식"과 같은 복합어를 예로 들 수 있다. 이러한 복합어들을 세종 트리뱅크로부터 추출하기 위해서는 다음 (4)와 같은 검색식을 실행한다.

(4)
#1 〉 #2:[pos="NNG"] &
#1 〉 #3:[pos="NNG"] &
#2.#3

이 검색식을 실행하면 모두 13,330개 용례가 추출되는데 한 용례안에 둘 이상의 합성명사가 포함된 경우도 있어 실제로 검색된 합성명사의 수는 21,494개이다. 이 가운데 용례 몇 개를 제시하면 아래 (5a)-(5c)와 같다.

(5)

  a. 형제 나 친구 가 없 는 아이 에게 컴퓨터 는 체스 , 바둑 놀이 를 하 는
     마음 좋 은 친구 가 되 어 주 기 도 하 ㄴ다 . [T$_{9249}$]

  b. 위험 부담 이 없 어 가족 끼리 즐기 기 에 좋 다 . [T$_{11825}$]

  c. 그것 이 바로 패턴 인식 이 다 . [T$_{59302}$]

위 용례들에는 "바둑 놀이", "위험 부담" 및 "패턴 인식" 등이 합성명사
로 나타나 있다.

  이 용례 가운데 (5c)의 구구조를 표상한 수형도를 살펴보면 다음 [그림
4]와 같다.

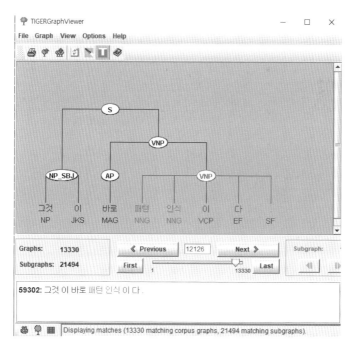

[그림 4] 수형도

이 수형도는 일반명사(NNG)인 "패턴"이 일반명사(NNG) "인식"에 직접 선행한다는 사실과 둘 다 구범주 "VNP"에 의해 직접 관할된다는 사실 등 두 가지 사실을 보여준다. 이 두 가지 사실은 이미 검색식 (4)로부터 예측이 가능한 것들인데, 관할관계는 검색식의 첫 행과 둘째 행에 표현되어 있고 선후관계는 검색식의 셋째 행에 표현되어 있기 때문이다.

검색식 (4)에서는 각 교점에 변수가 부여되어 있기 때문에 이 변수들을 활용하여 합성명사를 구성하는 개별 명사들의 빈도정보를 추출할 수 있다. 검색시스템 TIGERSearch의 통계도구를 이용하여 추출한 합성명사의 분포의 일부(1위-20위)는 다음 [표 7]과 같다.

[표 7] 합성명사의 분포

빈도	명사1	명사2	빈도	명사1	명사2
143	비교	문학	44	단기	기억
104	우주	구조	39	장기	기억
94	돌	토끼	37	민족	문학
86	과학	혁명	34	지능	검사
86	전통	문화	34	청년	문화
59	청년	층	34	과학	활동
59	방	안	29	가스	정압기
49	스크린	쿼터	28	자연	세계
48	산업	주의	28	왕립	학회
47	과학	혁명기	27	정상	회담

위 표를 보면 합성명사 "비교 문학", "우주 구조" 및 "돌 토끼"가 트리뱅크 SJT21에서 출현빈도가 가장 높은 합성명사들인 것을 확인할 수 있다. 한국어는 특성상 후행하는 요소가 핵심어 기능을 하기 때문에 어떤 명사들이 합성명사의 핵심어로 빈번히 출현하는 지를 검토하는 것도 흥미로운 주제일 수 있다. 이를 위해 트리뱅크로부터 추출한 핵심어들의

분포를 일부(1위–30위)만 보이면 [표 8]과 같다.

[표 8] 합성명사의 핵심어 분포

명사	빈도	명사	빈도
문화	251	토끼	95
문학	188	단체	93
운동	182	기억	92
구조	149	주의	91
교육	143	문제	89
안	117	과	89
속	116	생활	89
대회	110	이론	87
시간	106	세계	86
사회	105	층	86
과정	103	제도	81
활동	103	시대	79
영화	102	정책	79
집	99	선생	77
혁명	97	소리	75

표를 보면 명사 "문화", "문학" 및 "운동"이 합성명사들의 핵심어로 가장 많이 출현하는 것을 확인할 수 있다. 이 가운데 출현빈도가 가장 높은 "문화"를 핵심어로 하는 합성명사들에는 어떤 것들이 있는 지를 검색해 보자. 다음 검색식 (6)을 실행하면 "문화"를 핵심어로 하는 합성명사들의 목록을 추출할 수 있다.

(6)

#1 〉 #2:[pos="NNG"] &

#1 〉 #3:[pos="NNG"&word="문화"] &

#2,#3

검색식을 실행한 결과 추출된 용례 185개(합성명사 251개) 가운데 몇 개만 제시하면 다음 (7a)–(7c)와 같다.

(7)

a. 그러나 이런 생각 은 " 실험실 에서 실험 가운 을 입 고 생산 하 ㄴ 것 에 한하 아서 만 지 적 재산 권 이 인정 되 ㄹ 수 있 다 " 는 잘못 되 ㄴ 인식 을 전제 로 하 ㄴ 것 이 며 , 자연 자체 의 창조 성 이나 제 3 세계 토착 문화 의 창조 적 지식 을 인정 하 지 않 는다는 점 에서 매우 협소 하고 위험 하 ㄴ 제국주의 적 발상 이 다 . [T$_{539}$]

b. 어둡 고 슬프 ㄴ 장례 식장 풍경 을 밝 고 긍정 적 이 ㄴ 쪽 으로 바꾸 어가 면서 화장 문화 도 확산 하 자는 뜻 을 작품 에 담 았 다 . [T$_{7752}$]

c. 그만큼 젊은이 들 이 파티 문화 에 익숙 하 아 지 고 있 다는 이야기 이다 . [T$_{11835}$]

위 용례들을 통해 "문화"를 핵심어로 하는 합성명사들에는 "토착 문화", "화장 문화" 및 "파티 문화"들도 포함된다는 사실을 알 수 있다. 이제이를 위해 트리뱅크로부터 추출한 "문화"를 핵심어로 하는 합성명사들의 분포를 일부(1위–23위)만 보이면 [표 9]와 같다.

[표 9] "문화" 합성명사의 분포

빈도	명사	핵심어	빈도	명사	핵심어
86	전통	문화	3	교육	문화
34	청년	문화	3	양반	문화
15	서구	문화	2	서양	문화
9	현대	문화	2	교차	문화
7	미술	문화	2	시각	문화
5	외래	문화	2	초원	문화

5	여성	문화	2	서민	문화
4	생활	문화	2	유성기	문화
4	영상	문화	2	노동	문화
4	민족	문화	2	국제	문화
3	신바람	문화	2	힌두	문화
3	군사	문화			

합성명사 "전통 문화", "청년 문학" 및 "서구 문화"가 "문화"를 핵심어로 하는 합성명사로 가장 많이 출현하는 것을 위 표에서 확인할 수 있다. 마찬가지 방법으로 "놀이"를 핵심어로 하는 합성명사들도 추출할 수 있는데 이 용도로 쓸 수 있는 검색식은 다음 (8)과 같다.

(8)

#1 〉 #2:[pos="NNG"] &

#1 〉 #3:[pos="NNG"&word="놀이"] &

#2.#3

이 검색식을 실행하면 19개 용례(합성명사 20개)가 추출되는데, 출현빈도가 가장 높은 합성명사가 "돈 놀이"이라는 점이 흥미롭다. "돈 놀이" 다음으로 "전통 놀이", "차 놀이", "자전거 놀이"가 출현빈도가 높다. 이 가운데 "돈 놀이"가 포함된 용례들을 보이면 다음 (9a)-(9b)와 같다.

(9)

a. 이 장사 도 지금 보다 못 하 지 는 않 았 는데다 , 여편네 는 또 부근 의 색시 들 을 상대 로 돈 놀이 를 하 아 꽤 쏠쏠 하 ㄴ 재미 를 보 고 있 었 지 . [T$_{37292}$]

b. 돈 놀이 를 하 다 보 면 남 의 돈 도 조금 씩 끌 어다 일수 로 깔 는 법

이 ㄴ데 , 나 의 돈 남 의 돈 하 ㄹ 것 없이 그렇 게 반 토막 으로 자르
아 빼내 어 버리 니 무슨 수 로 견디 겠 오 ? [T₃₇₃₀₄]

이제 한국어의 연쇄동사 구문(serial verb construction, SVC)⁴⁾에 대해 논
의하자. 연쇄동사 구문은 한 문장내에 둘 이상의 완전동사가 연속해서
나타나는 구문을 지칭한다. 다음에 연쇄동사 구문 몇 가지가 제시된다.

(10)

a. 목구멍에서 억눌린 울음이 새어 나오기 시작했다.

b. 혜자는 다가가 조심조심 그의 어깨를 감싸 안았다.

c. 경술년은 이미 십년전 우리나라가 일본한테 완전히 집어 먹히던 해였다.

d. 저 나무들도 멀지 않아 도시의 공장으로 실려 가 더러는 책상도 되고 더
러는 장롱으로 변신을 하겠지.

위 예문들에서 확인할 수 있듯이 한국어의 연쇄동사 구문은 VV(동
사)-EC(연결어미)-VV(동사) 구성을 가진다. 이러한 구문을 세종 트리뱅크
로부터 추출하기 위해 필요한 검색식은 다음 (11)과 같다.

(11)

#0 〉 #1:[pos="VV"] &

#0 〉 #2:[pos="EC"] &

#0 〉 #3:[pos="VV"] &

#1.#2 &

#2.#3

---

4) 한국어 연쇄동사 구문에 대해서는 이익환(2013) 참조.

검색식을 실행하여 추출한 용례 909개(932 구문) 가운데 몇 개가 아래에 제시된다.

(12)

a. 자칫 일본 이 그 행보 를 그르치 면 이곳 의 평화 는 걷잡 을 수 없 는 소용돌이 에 휘말리 게 되 ㄴ다 . [T$_{3562}$]

b. 그때 꺼지 어 가 는 촛불 의 돌연 하 ㄴ 연소 처럼 그 가 그 어느 때 보다 강렬 하 ㄴ 어조 로 하 ㄴ 말 은 이런 것 이 었 다 . [T$_{40846}$]

c. 가운데 손가락 에 끼우 ㄴ 금반지 를 요리조리 쳐다보 면서 엄마 의 모습 을 그리 어 보 ㄴ다 . [T$_{41139}$]

아래의 [그림 5]는 용례 (12a)를 구구조로 표상한 수형도의 일부이다.

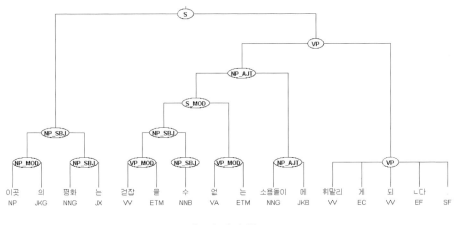

[그림 5] 수형도

위 수형도에서 연쇄동사 구문은 '휘말리–게–되'이고 이 구문은 구범주 VP에 의해 관할되고 있다.

　　이제 우리의 관심사는 연쇄동사 구문을 형성하는 동사쌍이다. 어떤 동사들이 함께 어우러져서 이 구문을 주로 형성하는 지를 파악하기 위해 검색도구 TIGERSearch가 제공하는 통계추출 기능을 활용할 수 있다. 빈도 정보를 추출한 결과의 일부를 제시하면 아래의 [표 10]과 같다.

[표 10] 연쇄 동사구문의 동사쌍 빈도

빈도	동사1	동사2	빈도	동사1	동사2
19	새	나오	8	울리	퍼지
18	터지	나오	7	끌리	나오
13	들	올리	7	펴	들
11	앞서	가	7	끌	모으
11	부풀	오르	7	옮기	가
9	사	먹	7	달리	나가
9	타	내리	6	무너지	내리
8	걷	나오	6	자	깨
8	걷	들어가	6	전하	듣
8	달리	나오	6	튀	오르
8	끼이	들	6	집	들
8	걷	다니	6	치밀	오르

　　표를 살펴보면 동사쌍 ‘새-나오’와 ‘터지-나오’의 출현빈도가 가장 많고, ‘들-올리’, ‘앞서-가’ 및 ‘부풀-오르’ 동사쌍들이 그 뒤를 따르는 것을 확인할 수 있다. 이 표를 통해 우리는 또한 동사 ‘나오’가 두 번째 동사로 많이 쓰인다는 사실이다. 때문에 어떤 동사들이 두 번째 자리에 자주 출현하는 지를 검토할 필요가 있다. 다음 [표 11]은 연쇄동사 구문의 핵심어인 두 번째 동사의 출현빈도를 기준으로 정리한 통계데이터를 보여준다.

[표 11] 동사쌍의 핵심어 빈도 통계

동사	빈도	동사	빈도
나오	97	앉	22
가	49	먹	20
들	44	들어가	20
넣	43	나가	19
올리	37	내리	19
오	35	보내	18
되	34	보이	15
다니	32	모으	13
오르	31	쓰	12
하	23	올라가	12

예상한 바와 이 표에서 동사 '나오'가 가장 많이 출현하고 그 뒤를 이어 동사 '가', '들', '넣', '올리' 및 '오'가 연쇄동사 구문에 많이 나타나는 것을 알 수 있다. 두 번째 동사로 '나오'가 출현하는 용례들을 몇 개만 보이면 다음 (13)과 같다.

(13)

    a. 수십 년 잠재 하 아 오 ㄴ 분노 와 한 이 폭발 하 ㄴ 개싸움 의 거칠 ㄴ 숨소리 사이 로 어디 서 이 ㄴ가 한 맺히 ㄴ 울음 이 새 어 나오 았 다 . [T7707]

    b. 그녀 의 입 에서 자조 적 이 ㄴ 웃음 이 발작 처럼 터지 어 나오 았 다 . [T28177]

    c. 저 여자 , 막 보 떼 로 그림 에서 걷 어 나오 ㄴ 거 같 네 . [T33175]

이 용례들을 통해 동사 '새', '터지' 및 '걷' 등이 동사 '나오'와 공기하는 것을 확인할 수 있는데, 여기서 한 걸음 더 나아가 '나오'–연쇄동사 구문에 출현하는 동사들을 트리뱅크 SJT21로부터 추출할 수 있다. 이러한 동사들을 추출하기 위해 우리는 다음 (14)에 제시된 검색식을 운용하면 된다.

> (14)
>
> #0 〉 #1:[pos="VV"] &
>
> #0 〉 #2:[pos="EC"] &
>
> #0 〉 #3:[pos="VV"&word="나오"] &
>
> #1.#2 &
>
> #2.#3

검색식을 실행한 결과 모두 97개의 '나오'-연쇄동사 구문이 추출되었다. 이 구문의 첫 번째 동사자리에 출현하는 동사들의 빈도를 정리한 결과가 다음의 [표 12]이다.

[표 12] '나오'-연쇄동사 구문의 동사군

빈도	동사	빈도	동사
19	새	3	쏟아지
18	터지	2	울리
8	걷	2	도망치
8	달리	2	배
7	끌리	2	구르
3	기	2	솟
3	들	2	살
3	걸	2	묻

위 표를 보면 '새', '터지', '걷' 및 '달리'가 '나오'-연쇄동사 구문에 가장 빈번히 출현하는 동사들인 것을 알 수 있다. 이를 뒷받침하는 용례들은 앞서 논의한 (13a)-(13c)이다.

연쇄동사 구문과 유사한 구문으로 보조동사 구문이 있는데, 이 구문은 한 문장내에 하나의 완전동사와 보조동사가 함께 나타나는 구문을 지칭한다. 다음에 보조동사 구문 몇 가지가 제시된다.

(15)

a. 승자에게 영예를, 패자에게도 박수를 한껏 안겨주자.

b. 그러나 아들의 마음은 변함이 없었고 박씨는 애만 태워야 했다.

c. 실력이 받쳐주지 못하는 열정이나 열정이 받쳐주지 못하는 실력은 돈 없고 열악한 언더만화판에서 오래 버티기 힘들다.

위 예문들에서 확인할 수 있듯이 한국어의 보조동사 구문은 VV(동사)-EC(연결어미)-VX(보조동사) 구성을 가진다. 다음 검색식 (16)은 이러한 구문을 트리뱅크 SJT21로부터 추출하는 데에 활용될 수 있다.

(16)

#0 〉 #1:[pos="VV"] &

#0 〉 #2:[pos="EC"] &

#0 〉 #3:[pos="VX"] &

#1.#2 &

#2.#3

이 검색식을 실행하여 추출한 용례 6,775개(7,342 구문) 가운데 몇 개를 보이면 다음과 같다.

(17)

a. 미술관 의 높 은 벽 이 허물 어 지 고 있 다 . [T₄₆₆]

b. 교사 들 도 막상 자기 자녀 를 가르치 려면 화 부터 내 게 되 ㄴ다 .
[T₁₁₂₉₂]

c. 도시 에서 만 살 다 보 니 맨 흙 을 밟 아 보 는 것 이 꽤 오랜만 의 일
같 았 다 . [T₂₄₂₀₁]

용례 (17a)를 구구조로 표상한 수형도의 일부가 아래의 [그림 6]이다.

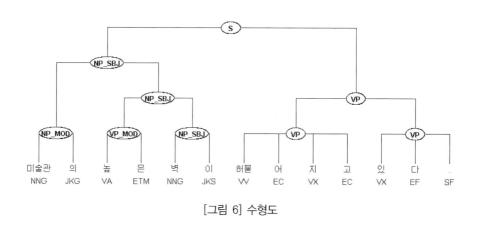

[그림 6] 수형도

위 수형도에서 보조동사 구문은 구범주 VP에 의해 관할되는 '허물-어
-지'이다. 보조동사 구문과 관련하여 우리는 어떤 동사들이 함께 어우러
져서 이 구문을 주로 형성하는 지를 살펴볼 필요가 있다. 이를 위해 검색
도구 TIGERSearch가 제공하는 통계추출 기능을 활용하면 된다. 다음 쪽
의 [표 13]은 트리뱅크SJT21로부터 추출한 빈도 정보를 정리한 것이다.

표를 살펴보면 동사쌍 '보이-주'의 출현빈도가 압도적으로 많고, '알리
-주', '느껴-지' 및 '하-지' 동사쌍들이 그 뒤를 따르는 것을 관찰할 수
있다. 우리는 또한 이 표를 통해 알 수 있는 것은 '지'가 이 구문에서 보
조동사로 많이 쓰인다는 사실이다. 때문에 어떤 동사들이 보조동사 자리

[표 13] 보조동사 구문의 동사쌍 빈도통계

빈도	동사	보조동사	빈도	동사	보조동사
305	보이	주	64	밝히	지
175	알리	지	60	여기	지
174	느끼	지	52	세우	지
137	하	주	51	얻	지
97	만들	지	49	씌	지
88	가	보	46	전하	지
84	얻	내	45	하	오
78	하	보	44	정하	지
77	받아들이	지	41	행하	지
75	만들	내	39	죽	가

에 자주 출현하는 지를 검토할 필요가 있다. 다음 [표 14]는 보조동사 구문에 출현하는 보조동사의 빈도데이터를 정리한 통계정보를 보여준다.

[표 14] 보조동사의 출현빈도

동사	빈도	동사	빈도
지	2075	대	169
주	1224	있	168
보	773	들	97
가	475	나가	94
내	473	먹	56
오	431	달	51
버리	399	않	30
놓	309	드리	27
하	204	나	25
두	183	가지	23

이 표를 통해 보조동사 '지'가 압도적으로 많이 출현하고 그 뒤를 이어

보조동사 '주', '보', '가', '내' 및 '오'가 보조동사 구문에 많이 나타나는 것을 알 수 있다. 여러 보조동사 가운데 두 번째로 출현빈도가 높은 보조동사 '주'가 출현하는 용례들을 몇 개만 보이면 다음 (18)과 같다.

(18)
a. 우리 가 어떤 민족 이 며 어떻 게 삶 을 누리 고 있 음 을 보이 어 주 ㄹ 좋 은 기회 이 다 . [T₄₃₆₆]

b. 올림픽 은 메달 보다 더 값지 ㄴ 것 을 우리 에게 안기 어 주 ㄹ 것 이 다 . [T₄₇₈₁]

c. 내 가 저 들 과 다르 ㄴ 종류 의 인간 이 라는 사실 만 이 나 의 자존심 을 지키 어 주 었 다 . [T₂₀₄₆₄]

이 용례들을 통해 동사 '보이', '안기' 및 '지키' 등이 보조동사 '주'와 공기하는 것을 확인할 수 있다. 용례 (18c)를 구구조로 표상한 수형도의 일부가 아래의 [그림 7]이다.

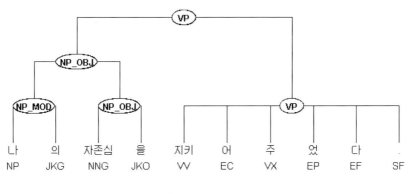

[그림 7] 수형도

또한 다음 (19)에 제시된 검색식을 운용하면 보조동사 '주'와 공기하는 동사들을 세종 트리뱅크로부터 추출할 수 있다.

(19)

#0 〉#1:[pos="VV"] &

#0 〉#2:[pos="EC"] &

#0 〉#3:[pos="VX"&word="주"] &

#1.#2 &

#2.#3

위 검색식을 실행한 결과 모두 1,224개의 '주'-보조동사 구문이 추출되었다. 빈도정보를 검토한 결과 '주'-보조동사 구문에 가장 빈번히 출현하는 동사들은 '보이'(출현빈도 305회), '하'(137), '알리'(37), '사'(30), '이르'(28), '안기'(19) '나누'(19) 및 '가르치'(18)인 것으로 확인되었다.

이 장의 세 번째 주제로, 한 문장내에서 형용사가 대칭형으로 반복되는 소위 "쌍둥이 형용사 구문"에5) 대해 살펴보기로 하자. 이 구문을 포함하는 문장을 몇 개 보이면 다음 (20a)-(20c)와 같다.

(20)

a. 그는 길고 긴 한숨을 내쉬었다.

b. 음악의 천국으로부터 내침을 받은 서글프디 서글픈 못잊음의 한탄이었다.

c. 한 해 겨울을 나는 착하디 착한 양처럼 순응하였던 것이다.

---

5) 영어의 경우 쌍둥이 구문은 'side by side'이나 'time to time'과 같이 전치사를 중심으로 앞뒤에 명사가 나타나는 구문이 있는데 이 구문을 Jackendoff(2008)는 NPN-구문이라 명명한다.

　　이런 쌍둥이 구문을 세종 트리뱅크로부터 추출하기 위해서 우리는 다음 (21)에 제시된 검색식을 운용하면 된다.

　　(21)

　　#0 〉 #1:[pos="VA"&word=#v] &

　　#0 〉 #2:[pos="VA"&word=#v] &

　　#1.*#2

　　이 검색식에서 첫째 줄안의 속성 word의 값으로 변수 '#v'가 나타나고 이 변수가 둘째 줄안의 속성 word의 값으로도 쓰임으로써 하나의 어휘가 반복적으로 출현하는 구문을 추출하는 것을 가능하게 한다. 이 검색식을 실행하면 용례 10개가 추출된다. 이 가운데 몇 개를 보이면 다음 (22)와 같다.

　　(22)

　　　a. 나 는 멀 고 멀 ㄴ 허공 을 날 아 이 땅 에 내리 ㄴ 뒤 몰래 너희 를 살펴
　　　　보 ㄹ 수 있 는 곳 에 이르 었 다 . [T₄₀₂₈₅]

　　　b. 나 는 나중 에 또 그 매 에게 나 의 청 을 들어주 어 고맙 다 는 절 을 하
　　　　자고 마음속 으로 굳 게 굳 게 다짐 을 하 았 습니다 . [T₄₄₄₂₈]

　　　c. 슬프 디 슬프 ㄴ 바이올린 의 가락 과 함께 선희 의 곱 ㄴ 목소리 가 밤
　　　　하늘 로 흐르 어 나가 았 다 . [T₄₉₄₇₇]

　　아래의 [그림 8]은 용례 (22c)를 구구조로 표상한 수형도의 일부이다.

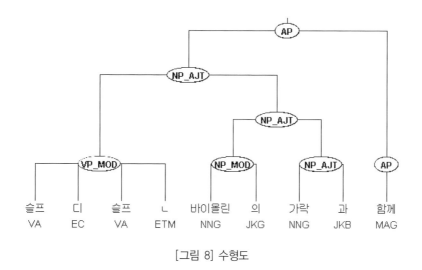

[그림 8] 수형도

위 수형도에서 쌍둥이 형용사 구문은 '슬프–디–슬프'이고 이 구문은 구범주 VP_MOD에 의해 관할되고 있으며 이 구범주는 수식어(MOD) 기능을 수행한다.

이 장에서 우리는 합성명사 구문, 연쇄동사 구문, 보조동사 구문 및 쌍둥이 형용사 구문을 세종 트리뱅크 SJT21로부터 추출하는 방법과 연관되는 검색식 및 통계정보에 대해 논의했다.

제4장

문장층위의 한국어 주제연구

이 장에서는 세종 트리뱅크로부터 추출한 통계데이터를 이용하여 문장 층위에서 주제연구를 수행하고자 한다. 부정구문, 명사화 내포구문 및 강조구문, 그리고 범주화 구문이 이 장에서 논의하는 소주제들이다.[1] 또한 트리뱅크 SJT21로부터 추출한 빈도통계를 중심으로 이 구문들의 특성을 분석하려고 한다.

먼저 부정구문에 대해 살펴보자. 한국어의 부정구문은 통사적으로 〈아니/못 + 동사/형용사〉 또는 〈-지 아니하다, -지 못하다, -지 말다〉 구성으로 실현된다.[2] 보통 전자는 단형 부정구문으로 후자는 장형 부정구문으로 명명된다.

먼저 〈아니 + 동사/형용사〉 구문에 대해 살펴보자.[3] 말뭉치에서 추출

---

1) 세종 트리뱅크를 이용하여 문장층위의 연구를 수행한 선행연구로는 어순 변이 문제를 다룬 신서인(2007)이 있다.
2) 권재일(1992:181) 참조
3) 권재일(1992)은 〈아니 + 동사/형용사〉 구문외에 〈아니 + 지정사〉 구문의 존재에 대해서도 논의하는데, 세종 트리뱅크 SJT21에서는 〈아니 + 지정사〉 구문이 독자적인 구문을 형성하지 않는다. 다음 용례가 지정사와 부정표현 '아니'가 결합한 예인데, 이 때 '아니'는 품사로 보아 VCN으로 분류되어 있다:
   예산 과용 이 아니 냐 는 지적 도 없 지 않 다 . [T$_{1876}$]
   (예산 과용이 아니냐는 지적도 없지 않다.)

한 몇 가지 용례가 다음에 제시되어 있다.[4]

(1)

a. 우리 경제 는 수출 이 안 되 면 모든 것 이 <u>안 되</u> 는 구조 이 다 . [T2837]
(우리 경제는 수출이 안 되면 모든 것이 안 되는 구조이다.)

b. 이 전 장관 의 해명 은 더욱 납득 이 <u>안 가</u> ㄴ다 . [T3444]
(이 전 장관의 해명은 더욱 납득이 안 간다.)

c. 형평 이 흔들리 면 질서 가 무너지 고 기강 이 <u>안 서</u> ㄴ다 . [T4018]
(형평이 흔들리면 질서가 무너지고 기강이 안 선다.)

d. 지금 의 경기 상태 가 <u>안 좋</u> 기 때문 에 사업가 들 이 苦戰 하 는 것 은 사실 이 다 . [T12178]
(지금의 경기 상태가 안 좋기 때문에 사업가들이 苦戰하는 것은 사실이다.)

e. " <u>안 그렇</u> 어도 곧 요 앞 에 있 는 피자 집 이 층 으로 이사 가 려고 . " [T23150]
("안 그래도 곧 요 앞에 있는 피자집 이층으로 이사가려고.")

위 용례들을 통해 SJT21에서 "부사(MAG)"로 분류된 "안"이 동사 "되다", "가다" 및 "서다"와 부정법 구문을 형성하는 경우와 부사 "안"이 형용사 "좋다", "그렇다"와 부정법 구문을 형성하는 경우를 확인할 수 있다. 트리 뱅크로부터 〈아니 + 동사/형용사〉 구문을 추출하기 위해서 다음 (2)와 같은 검색식을 사용한다.

---

4) 각 용례의 아래에 괄호로 제시된 문장은 가독성을 높이기 위해 어절기반의 원문장을 복원한 것이다.

(2)

#1:[pos="MAG" & word="안"] &

#2:[pos=/V.*/] &

#1.#2

이 검색식을 실행하면 903개 용례가 추출되는데 그 가운데 동사(VV)는 859개이고 형용사(VA)는 44개이다. 동사의 출현빈도를 보이면 다음 [표 1]과 같다.

[표 1] 단형 안-부정구문의 동사 출현빈도

빈도	동사	빈도	동사
285	되	12	보
145	하	10	들
53	가	10	주
20	보이	8	계시
19	나	7	쓰
17	듣	7	내
16	오	6	먹
14	나오	6	맞
14	받	5	들이
13	그러	5	들어오

이 표를 살펴보면, 단형 안-부정 구문에 동사 '되다'가 가장 많이 출현하고 '하다'와 '가다'가 뒤따르는 것을 알 수 있다. 이 구문에 나타나는 형용사는 '그렇다'(22), '좋다'(16), '아프다'(3), '편하다'(1), '아깝다'(1) 및 '바쁘다'(1) 순이다.

이어서 〈못 + 동사/형용사〉 구문에 대해 살펴보자. 말뭉치로부터 추출한 용례 몇 개가 아래에 제시되어 있다.

(3)

a. 적 의 침입 에 대비 하 ㄴ 작전 체계 가 신속히 가동 되 지 않 아 제구실 을 <u>못 하</u> ㄴ 탓 이 다 . [T~2752~]

(적의 침입에 대비한 작전 체계가 신속히 가동 되지 않아 제구실 을 못 한 탓이다.)

b. 제 5 공화국 들어오 아서 는 그러 하 ㄴ 국민 위 에 군림 하 는 *法外的* 존재 의 수 는 더 늘어나 았 으며 그 들 에 대하 ㄴ 국민 의 원성 도 계속 높 았 지만 국민 을 대표 하 ㄴ다는 국회 는 끝내 <u>못 보</u> ㄴ 체 외면 만 하 고 있 었 다 . [T~4241~]

(...... 그들에 대한 국민의 원성도 계속 높았지만 국민을 대표한다는 국회는 끝내 못 본 체 외면만 하고 있었다.)

c. 부모 은혜 는 아버지 , 어머니 를 양 어깨 에 들치 어 업 고 수미산 을 백 천 번 돌 더라도 <u>못 갚</u> 는 것 이 라 하 았 다 . [T~6533~]

(부모은혜는 아버지, 어머니를 양어깨에 들쳐 업고 수미산을 백천 번 돌 더라도 못 갚는 것이라 했다.)

d. 그 는 자신 에게 로 돌아가 기 를 거부 하 는 너희 모두 를 죽이 고 , 하 나 남기 ㄴ 노아 도 <u>못 미덥</u> 어 율법 을 세우 었 다 . [T~40351~]

(그는 자신에게로 돌아가기를 거부하는 너희 모두를 죽이고, 하나 남긴 노아도 못 미더워 율법을 세웠다.)

트리뱅크 SJT21에서 "부사(MAG)"로 분류된 "못"이 동사 "하다", "보다" 및 "갚다"와 부정법 구문을 형성하는 경우와 부사 "못"이 형용사 "미덥다" 와 부정법 구문을 형성하는 경우를 위 용례들을 통해 확인할 수 있다. 다음 (4)와 같은 검색식을 사용하여 SJT21로부터 〈못 + 동사/형용사〉 구문 을 추출할 수 있다.

(4)

```
#1:[pos="MAG" & word="못"] &
#2:[pos=/V.*/] &
#1.#2
```

이 검색식을 실행하면 593개 용례가 추출되는데 그 가운데 동사(VV)는 590개이고 형용사(VA)는 3개이다. 아래의 [표 2]는 동사의 출현빈도를 보여준다.

[표 2] 단형 못–부정구문의 동사 출현빈도

빈도	동사	빈도	동사
161	하	11	쓰
32	되	10	믿
28	보	10	미치
25	가	9	먹
19	들	7	만나
18	살	6	차리
15	받	6	올리
14	견디	6	참
13	이루	6	내
12	이기	6	자

이 표를 살펴보면, 단형 못–부정구문에 동사 '하다'가 가장 많이 출현하고 '되다'와 '보다'가 뒤따르는 것을 알 수 있다. 이 구문에 나타나는 형용사는 셋인데 모두 '미덥다'이다.

권재일(1992:179)에 따르면, 부정부사 '아니'는 어떤 상태가 그렇지 않음을 나타내거나 동작주의 의지에 의해서 어떤 일이 일어나지 않음을 나타내는 반면, 부정부사 '못'은 동작주의 능력이나 다른 외적인 원인으로 인해 어떤 일이 일어나지 못함을 나타낸다. 위의 용례 (1d)와 (3c)가 '아니'와 '못' 사이의 의미기능적 차이를 분명하게 드러낸다. 바로 이러한, 부사 '아니'와 '못'간의 의미적 상이성 때문에 [표 1]과 [표 2]에 정리된 동사들의 목록이 달라진 것으로 풀이된다.

이제 장형 부정구문 가운데 〈-지 아니하다〉 구성에 대해 살펴보자. 말뭉치로부터 추출한 용례 몇 개가 아래에 제시되어 있다.

(5)

a. 옷 이 가볍 어 지 는 여름 은 몸 의 변화 가 두드러지 게 드러나 <u>지 않</u> 도 록 하 는 것 이 어렵 ㄴ 계절 . [T$_{88}$]

(옷이 가벼워지는 여름은 몸의 변화가 두드러지게 드러나지 않도록 하는 것이 어려운 계절.)

b. 스포츠 패션 시계 는 이 부분 이 화려 하 ㄴ 색깔 로 장식 되 어 있 어 실제로 잠수 하 는 데 쓰 <u>지 않</u> 더라도 보 기 에 즐겁 다 . [T$_{307}$]

(스포츠 패션 시계는 이 부분이 화려한 색깔로 장식되어 있어 실제로 잠수하는데 쓰지 않 더라도 보기에 즐겁다.)

c. 하지만 이 제도 는 10 인 이상 업체 에 만 적용 되 지 4 인 미만 업체 에서 일 하 는 64 . 6 % , 5 ~ 9 인 규모 업체 에서 일 하 는 6 . 9 % 의 여성 에게 는 혜택 이 돌아가 <u>지 않</u> 습니다 . [T$_{1239}$]

(...... 4인 미만 업체에서 일하는 64.6%, 5~9인 규모 업체에서 일하는 6.9%의 여성에게는 혜택이 돌아가지 않습니다.)

d. 새벽 4 시 반 쯤 일어나 는 일 이 쉽 <u>지 않</u> 았 습니다 . [T$_{1695}$]

(새벽 4시반쯤 일어나는 일이 쉽지 않았습니다.)

e. 대항 경기 로 우애 를 다지 었 던 우리 나라 아이비 리그 의 역사 도 <u>짧 지 않</u> 다 [T$_{71541}$]

(대항경기로 우애를 다졌던 우리나라 아이비 리그의 역사도 짧지 않다)

위 용례들을 통해 SJT21에서 장형 부정어구 〈-지 안〉이 동사 '드러나다', '쓰다' 및 '돌아가다'와 부정법 구문을 형성하는 경우와 부정어구 〈-지 안〉이 형용사 '쉽다', '짧다'와 부정법 구문을 형성하는 경우를 확인할 수 있다. 트리뱅크로부터 장형 부정어구 〈-지 아니하다〉 구문을 추출하기 위해서 다음 (6)과 같은 검색식을 사용한다.

(6)

#1:[cat=/VP.*/] &

#1 〉 #2:[cat=/VP.*/]   &

#2 〉 #4:[pos=/(VV|VA)/] &

#2 〉 #5:[pos="EC" & word="지"] &

#4.#5 &

#1 〉 #3:[cat=/VP.*/]   &

#3 〉 #6:[pos="VX" & word="않"]

검색결과 동사(VV) 2,526개와 형용사(VA) 657개가 이 구문과 공기하는 것으로 나타난다.[5] 먼저 동사의 출현빈도를 살펴보자. 다음 [표 3]에 정리되어 있다.

[표 3] 장형 부정 〈-지 아니하다〉 구문의 동사 목록

빈도	동사	빈도	동사
185	하	28	가
142	보이	26	맞

[5] 동사와 형용사외에도 VX 200개 및 VCN 9개도 이 구문에 출현하지만 논의의 통일성을 유지하기 위해 이 품사들은 논의에서 제외시킨다. VX가 나타난 예는 "처자 가 있 는 것 으로 확인 되 었 으나 상세 하 ㄴ 내용 은 알리 어 지 지 않 고 있 다 . [T₂₂₇₃]"이고 VCN 이 나타난 예는 "예상 못하 ㄴ 일 도 아니 지 않 은가 . [T₃₃₄₇₉]"이다.

114	되	25	두
79	지나	25	그치
69	받	23	믿
41	쓰	23	오
38	있	22	잊
36	보	20	주
34	나	20	묻
31	나오	20	나타나
31	들		

이 표를 살펴보면, 장형 부정 〈-지 아니하다〉 구문에 동사 '하다'가 가
장 많이 출현하고 '보이다'와 '되다'가 뒤따르는 것을 알 수 있다. 이러한
부정 구문내에서의 동사의 출현빈도는 트리뱅크 SJT21 전체에 출현하는
동사의 출현빈도와 정확하게 대응하는 것이 아니어서 흥미롭다. 다음 [표
4]에 비교를 위해 전체 동사의 출현빈도를 정리해 제시한다.

[표 4] 트리뱅크 SJT21의 동사 목록

빈도	동사	빈도	동사
9897	하	2043	가
9408	있	1926	위하
6436	되	1863	받
3244	보	1721	알
2669	대하	1566	들

위 목록에서 상위를 차지하는 동사 '있다', '되다' 및 '보다'가 장형 부
정 〈-지 안〉 구문내에서는 출현빈도 최상위 동사군에 속하지 않는다는
사실에 주목할 필요가 있다.
이제 장형 부정 〈-지 아니하다〉 구문에 출현하는 형용사들에 대해 논
의하자. 아래의 [표 5]는 구문내 형용사들의 출현빈도를 보여준다.

[표 5] 장형 부정 〈-지 아니하다〉 구문의 형용사 목록

빈도	형용사	빈도	형용사
106	그렇	10	오래
63	적	10	부끄럽
59	없	9	부럽
49	쉽	9	크
35	좋	8	흔하
32	같	7	높
27	멀	6	싫
27	많	5	힘들
23	어렵	5	즐겁
22	다르	5	편하
20	아무렇		

이 표에서는 형용사 '그렇다'가 장형 부정 〈-지 아니하다〉 구문에 가장 많이 출현하고 '적다', '없다' 및 '쉽다'가 뒤따르는 것을 알 수 있다. 이러한 부정 구문내에서의 출현빈도도 트리뱅크 SJT21 전체에 출현하는 형용사의 출현빈도와 정확하게 대응하는 것이 아니기 때문에 흥미롭다. 다음 [표 6]에는 비교를 위해 트리뱅크 SJT21의 전체 형용사 빈도를 보여준다.

[표 6] 트리뱅크 SJT21의 형용사 목록

빈도	형용사	빈도	형용사
5364	없	985	좋
3031	같	902	새롭
1835	그렇	778	어떻
1585	많	735	이렇
1348	크	564	다르

이 표를 살펴보면 상위를 차지하는 형용사 '같다', '많다' 및 '크다'가

장형 부정 〈-지 아니하다〉 구문내에서는 출현빈도가 가장 높은 형용사군
에 속하지 않는다는 사실에 주목할 필요가 있다.

다음으로 이제 장형 부정구문 가운데 〈-지 못하다〉 구성에 대해 살펴
보자. 아래에 말뭉치로부터 추출한 몇 가지 용례가 제시되어 있다.

(7)

  a. 어머니 는 말 을 잇 <u>지 못</u>하 았 다 . [T$_{1955}$]

    (어머니는 말을 잇지 못했다.)

  b. 친구 는 이렇 게 말 을 맺 더니 더 이상 입 을 떼 <u>지 못</u>하 았 다 . [T$_{70040}$]

    (친구는 이렇게 말을 맺더니 더 이상 입을 떼지 못했다.)

  c. 현실 은 끊임없이 변화 하 는데 , 이론 이 현실 의 변화 를 따라가 <u>지 못</u>
    하 면 모순 에 부딪치 ㄴ다 . [T$_{19149}$]

    (현실은 끊임없이 변화하는데, 이론이 현실의 변화를 따라가지 못하면
    모순에 부딪친다.)

  d. 그러나 세계 는 밝 <u>지 못</u>하 ㄴ 미래 로 가 고 있 는 것 같 다 . [T$_{13589}$]

    (그러나 세계는 밝지 못한 미래로 가고 있는 것 같다.)

  e. 가파르 ㄴ 바위 와 표면 이 고르 <u>지 못</u>하 ㄴ 악 지형 이 었 던 것 이 다 . [T$_{31721}$]

    (가파른 바위와 표면이 고르지 못한 악지형이었던 것이다.)

위 용례들을 통해 SJT21에서 장형 부정어구 〈-지 못하〉가 동사 '잇다',
'떼다' 및 '따라가다'와 부정법 구문을 형성하는 경우와 부정어구 〈-지 못
하〉가 형용사 '밝다', '고르다'와 부정법 구문을 형성하는 경우를 확인할
수 있다. 트리뱅크로부터 장형 부정어구 〈-지 못하다〉 구문을 추출하기
위해서 다음 (8)과 같은 검색식을 사용한다.

(8)

#1:[cat=/VP.*/] &

#1 〉#2:[cat=/VP.*/]   &

#2 〉#4:[pos=/(VV|VA)/] &

#2 〉#5:[pos="EC" & word="지"] &

#4.#5 &

#1 〉#3:[cat=/VP.*/]   &

#3 〉#6:[pos="VX" & word="못하"] &

#5.#6

이 검색식을 실행하면 823개 용례가 추출되는데 그 가운데 동사(VV)는 790개이고 형용사(VA)는 33개이다. 먼저, 동사의 출현빈도를 보이면 다음 [표 7]과 같다.

[표 7] 장형 〈-지 못하다〉 부정구문의 동사 출현빈도

빈도	동사	빈도	동사
43	하	14	느끼
43	알	13	벗어나
35	보	12	깨닫
29	받	12	얻
23	갖	12	가
21	참	11	면하
21	이루	11	주
17	되	11	잡
17	찾	10	믿
15	내	9	헤어나

이 표를 살펴보면, 장형 〈-지 못하다〉 부정구문에 동사 '하다'가 가장

많이 출현하고 '알다'와 '보다'가 뒤따르는 것을 알 수 있다. 이 구문에 나타나는 형용사는 유형을 기준으로 모두 16개 인데 출현빈도를 정리하면 아래의 [표 8]과 같다.

[표 8] 장형 〈-지 못하다〉 부정구문의 형용사 출현빈도

빈도	형용사	빈도	형용사
12	그렇	1	아름답
3	고르	1	모질
3	좋	1	바르
2	옳	1	공변되
2	같	1	밝
1	있	1	강하
1	능하		
1	많		
1	매끄럽		
1	야물		

이 표를 통해 형용사 '그렇다'가 장형 〈-지 못하다〉 부정구문에 가장 많이 출현하고 '고르다'와 '좋다'가 뒤따르는 것을 확인할 수 있다. 이 목록에 나열된 형용사들이 한결같이 사람이나 사물이 마땅히 지녀야 할 바람직한 품성 혹은 속성을 표현한다는 점이 흥미롭다. 사물이나 사람이 이러 이러한 속성 혹은 품성을 지녀야 하는데 그러하지 않을 경우에 장형 〈-지 못하다〉 부정구문을 사용하여 표현한다고 풀이할 수 있다.

마지막으로 장형 부정구문 가운데 〈-지 말다〉 구성에 대해 살펴보자. 아래에 트리뱅크로부터 추출한 용례 몇 개가 제시되어 있다.

(9)

a. 시민 의 관전 태도 도 그만큼 성숙 하 았 음 을 잊 지 말 아야 하 ㄴ다 .
   [T$_{4377}$]

(시민의 관전태도도 그만큼 성숙했음을 잊지 말아야 한다.)

b. " 주제넘 게 끼어들 <u>지 말</u> 고 얌전히 앉 아 있 어라 . " [T₂₅₅₄₀]

("주제넘게 끼어들지 말고 얌전히 앉아 있어라. ")

c. 쓸데없 는 걱정 과 뉘우침 으로 스스로 를 괴롭히 <u>지 말</u> 아요 . [T₃₆₇₈₄]

(쓸데없는 걱정과 뉘우침으로 스스로를 괴롭히지 말아요.)

위 용례들을 통해 SJT21에서 장형 부정어구 〈-지 말다〉가 동사 '잊다', '끼어들다' 및 '괴롭히다'와 부정법 구문을 형성하는 경우를 확인할 수 있다. 트리뱅크로부터 장형 부정어구 〈-지 말다〉 구문을 추출하기 위해서 다음 (10)과 같은 검색식을 사용한다.

(10)

\#1:[cat=/VP.*/] &

\#1 〉 \#2:[cat=/VP.*/] &

\#2 〉 \#4:[pos=/V.*/] &

\#2 〉 \#5:[pos="EC" & word="지"] &

\#4.\#5 &

\#1 〉 \#3:[cat=/VP.*/] &

\#3 〉 \#6:[pos="VX" & word="말"] &

\#5.\#6

검색결과 형용사(VA)는 단 하나도 발견되지 않고 동사(VV) 225개만이 이 구문과 공기하는 것으로 나타난다. 다음 [표 9]에 정리된 동사의 출현 빈도를 살펴보자.

[표 9] 장형 부정 〈-지 말다〉 구문의 동사 목록

빈도	동사	빈도	동사
28	하	3	받
12	잊	3	끌
8	그러	3	죽
8	웃기	3	얽매이
7	뽐내		
6	울		
6	쓰		
5	보		
4	묻		
4	얼		

　　이 표를 살펴보면 상위를 차지하는 동사 '하다', '잊다', '그러다', '웃기다', 및 '뽐내다'가 장형 부정 〈-지 말다〉 구문내에서는 출현빈도가 가장 높은 동사군에 속하지 않는다는 사실에 주목해야 한다. 이 동사들을 포함하여 표에 기재된 동사들은 모두 부정적인 의미를 내포한 동사들이라는 점에 주목을 할 필요가 있다. 바로 이 점 때문에 "금지"를 의미하는 〈-지 말다〉 구문과 이 동사들이 잘 어울리는 것으로 이해할 수 있다.

　　지금까지 우리는 한국어 부정구문과 관련하여 5가지 하위유형이 가진 통사적 특성에 대해 논의했다. 이들 다섯 가지 유형의 공통점과 차이점을 살펴보기 위해 표 하나로 통합하면 다음 [표 10]과 같다.

[표 10] 부정구문의 하위유형

	구문명칭	하위 구문 명칭	출현빈도	동사/형용사 대표
단형	아니-구문	아니-동사 구문	859	보이다. 나다
		아니-형용사 구문	44	좋다, 아프다
	못-구문	못-동사 구문	590	보다. 듣다

		못−형용사 구문	3	미덥다
장형	−지 아니하다 구문	동사−지 아니하다 구문	2,526	보이다, 지나다
		형용사−지 아니하다 구문	657	적다, 쉽다
	−지 못하다 구문	동사−지 못하다 구문	790	알다. 보다
		형용사−지 못하다 구문	33	고르다, 좋다
	−지 말다 구문	동사−지 말다 구문	225	잊다, 뽐내다
		형용사−지 말다 구문	0	−−−

　이 표를 통해 한국어 부정구문 가운데 '동사−지 아니하다' 구문이 가장 많이 쓰인 반면, '못−형용사' 구문이 가장 적게 사용된다는 사실을 알 수 있다. 뿐만 아니라 하위 구문유형에 따라서는 공기하는 동사나 형용사들이 제한적이라는 점도 확인가능하다.

　이제부터 이 장의 두 번째 연구주제인 '명사화' 구문에 대해 살펴본다. 명사화 구문이 구조적으로 상위문에 내포되어서 상위술어의 보문 기능을 수행할 때 우리는 명사화 내포구문이라 부를 수 있다.[6] 다음 예문들을 살펴보자(권재일 1992:310).

(11)

a. 나는 학교에 감을 원한다.

b. 나는 학교에 가기를 원한다.

　위 (11a)에서 '학교에 감'이 〈−음〉−명사화 구문의 예이고 (11b)에서는 '학교에 가기'가 〈−기〉−명사화 구문의 예이다. 우리는 명사화 구문의 두 가지 하위유형과 관련하여 명사화가 이루어지는 동사군에 있어 두 유형이 차이를 보이는 지와 명사화 구문을 보문으로 취하는 상위술어군에 있

---

6) 권재일(1992) 참조.

어서도 두 하위유형이 차이를 보이는 지에 대해서 검토하고자 한다.

먼저 〈-음〉-명사화 구문에 대해 트리뱅크 SJT21로부터 추출한 용례를 중심으로 논의를 시작한다. 다음 용례들을 살펴보자.

(12)

a. 어렵 ㄴ 살림 이 었 지만 아들 은 착실 하 았 고 , 주위 의 <u>부럽 ㅁ</u> 을 받 는 행복 하 ㄴ 생활 이 었 다 . [T₁₉₃₇]

(어려운 살림이었지만 아들은 착실했고, 주위의 부러움을 받는 행복한 생활이었다.)

b. 대학원 에서 연극 을 전공 하 고 연출가 로 활동 하 고 싶 다 는 생각 에 는 아직 <u>변하 ㅁ</u> 이 없 다 . [T₉₆₈₈]

(대학원에서 연극을 전공하고 연출가로 활동하고 싶다는 생각에는 아직 변함이 없 다.)

c. 내 가 , 나 도 모르 는 사이 에 사랑 의 수렁 으로 빠지 어 들 고 <u>있 음</u> 을 느끼 ㄹ 무렵 이 었 다 . [T₉₇₁₂]

(내가, 나도 모르는 사이에 사랑의 수렁으로 빠져들고 있음을 느낄 무렵 이었다.)

d. 이렇 게 따지 고 보 면 스포츠 정신 에 걸맞 게 룰 이 바뀌 어 지 어야 하 ㄹ 종목 이 하나 둘 이 <u>아니 ㅁ</u> 을 알 ㄹ 수 있 다 . [T₇₁₀₃₂]

(이렇게 따지고 보면 스포츠 정신에 걸맞게 룰이 바뀌어 져야할 종목이 하나 둘이 아님을 알 수 있다.)

e. 진하 ㄴ 장미꽃 향기 속 으로 <u>고요 하 ㅁ</u> 이 밀려들 는 소리 가 들리 어 오 ㅂ니다 . [T₇₃₉₅]

(진한 장미꽃 향기 속으로 고요함이 밀려드는 소리가 들려 옵니다.)

위 용례들을 통해 형용사(VA), 동사(VV), 보조동사(VX) 혹은 부정지정사

(VCN)의 어간에 명사화 접미사 '-음'이나 '-ㅁ'을 붙여서 명사를 생성하는 것을 확인할 수 있다. 트리뱅크에서 동사에 파생어미가 붙은 경우는 123회, 형용사(VA)에 파생접미사가 부착된 경우는 65회, 보조동사(VX)에 파생접미사가 붙은 경우는 61회이고 부정지정사(VCN)의 어간에 명사화 접미사 '-음'이나 '-ㅁ'가 부착된 경우는 6회이다.

세종 트리뱅크로부터 〈-음〉-명사화 구문에 속하는 용례들을 추출하기 위해서 사용할 검색식은 다음 (13)과 같다.

(13)
#1:[cat=/VP.*/] &
#1 〉 #2:[pos=/V.*/] &
#1 〉 #3:[pos="ETN"&word=/(음|ㅁ)/] &
#2.#3 &
#3.#4:[word=/(이|가|을|를)/] &
#4.#5:[pos=/V.*/]

이 검색식은 〈-음〉-명사화 구문이 상위술어에 내포된 용례들을 추출하기 위한 의도로 작성된 것이다. 따라서 이 검색식을 실행할 경우에 명사화를 겪는 동사, 형용사, 보조동사와 부정지정사 뿐만 아니라 상위술어들도 추출할 수 있다. 검색식을 활용하여 추출한 명사화 구문은 모두 255개이다. 이 가운데 명사화 구문이 주어 기능을 수행하는 용례는 75개이고, 목적어 기능을 수행하는 용례는 180개이다. 주어 기능을 수행하는 명사화 구문의 상위술어를 살펴보면 다음과 같다.

[표 11] 주어 기능 〈-음〉-명사화 구문의 상위술어

빈도	술어	빈도	술어
37	없	1	드러나
11	있	1	슬프
5	아니	1	가
2	섞이	1	들려오
2	사라지	1	일
1	꿈틀거리	1	아깝
1	나타나	1	두드러지
1	주	1	심하
1	즐겁	1	느끼
1	생기	1	나오
1	일어나	1	성가시
1	드러나	1	빚

위 표를 살펴보면 형용사 '즐겁다', '슬프다', '아깝다', '심하다' 및 '성가시다' 등 심리형용사와 '느끼다'와 같은 지각동사가 이 구문과 잘 호응하는 것을 확인할 수 있다. 이러한 관찰은 감각적인 인지 행위를 의미 특성으로 하는 상위동사들이 〈-음〉-명사화를 선호한다는 권재일(1992:309)의 주장과 일맥상통한다.

아래의 [표 12]는 목적어 기능을 수행하는 명사화 구문의 상위술어를 보여준다.

[표 12] 목적어 기능 〈-음〉-명사화 구문의 상위술어

빈도	술어	빈도	술어
38	알	2	나타내
26	보이	2	가르치
20	받	2	사
19	느끼	2	통하

8	보	1	나누
7	깨닫	1	비웃
6	당하	1	놓치
3	위하	1	가져오
3	잊	1	알아내
2	밝혀내	1	살피

위 표를 살펴보면 동사 '알다', '보다', '깨닫다', '밝혀내다' 및 '가르치다' 등 인지동사가 목적어 기능을 수행하는 〈-음〉-명사화 구문과 잘 어울리는 것을 확인할 수 있다. [표 11]과 [표 12]를 비교해 보면 〈-음〉-명사화라 하더라도 문장내에서 아떤 문법적 기능을 수행하느냐에 따라 상위술어의 분포가 달라짐을 알 수 있다. 이 점에서 본 연구가 문법기능의 구별없이 〈-음〉-명사화의 상위술어가 지닌 의미 특성을 일괄적으로 규정한 권재일(1992:309)의 연구성과와 구별된다.

다음으로 〈-기〉-명사화 구문에 대해 논의하기로 한다. 아래에 트리뱅크로부터 추출한 용례들이 제시되어 있다.

(14)

a. 참 , 결정 을 <u>내리 기</u> 가 힘들 었 어요 . [T$_{15923}$]

　(참, 결정을 내리기가 힘들었어요.)

b. 사실 은 소희 얼굴 을 마주 <u>보 기</u> 가 두렵 었 던 것 이 다 . [T$_{20885}$]

　(사실은 소희 얼굴을 마주보기가 두려웠던 것이다.)

c. 꿈 에서 깨어나 아 현실 로 돌아오 아서 는 다시 <u>꿈꾸 기</u> 를 바라 ㄹ 일 이 다 . [T$_{8360}$]

　(꿈에서 깨어나 현실로 돌아와서는 다시 꿈꾸기를 바랄 일이다.)

d. 내심 그 말 <u>듣 기</u> 를 기다리 고 있 었 던 눈치 이 었 다 [T$_{25433}$]

　(내심 그 말 듣기를 기다리고 있었던 눈치였다)

e. 그리고 춤추 기 를 좋아하 고 발랑 <u>드러눕</u> 기 를 좋아하 ㄴ다 . [T₁₃₃₈₈]
(그리고 춤추기를 좋아하고 발랑 드러눕기를 좋아한다.)

위 용례들을 통해 '힘들다', '두렵다' 등 심리형용사가 주어 기능을 수
행하는 〈-기〉-명사화와 잘 호응하고, '바라다', '기다리다' 등 소위 요구
동사 부류와 '좋아하다'와 같은 판단동사 부류에 속하는 동사들이 목적어
기능을 수행하는 〈-기〉-명사화와 잘 어울리는 것을 알 수 있다.
　다음 검색식을 사용하여 〈-기〉-명사화 구문에 속하는 용례들을 세종
트리뱅크로부터 추출할 수 있다.

(15)
#1:[cat=/VP.*/] &
#1 〉 #2:[pos=/V.*/ & word !="하"] &
#1 〉 #3:[pos="ETN" & word="기"] &
#2.#3 &
#3.#4:[word=/(이|가|을|를)/] &
#4.#5:[pos=/V.*/]

위 검색식 (15)를 실행하면 명사화 구문이 주어 기능을 수행하는 용례
68개와 목적어 기능을 수행하는 용례 116개 등 모두 184개 용례가 추출된
다. 이 검색식을 이용하여 〈-기〉 명사화 구문을 주어나 목적어로 취하는
상위술어들의 통계분포를 산출할 수 있다. 아래의 [표 13]은 트리뱅크로
부터 추출한 빈도정데이터를 표로 정리한 것이다.

[표 13] 〈-기〉-명사화 구문의 상위술어

빈도	동사/형용사	빈도	동사/형용사
37	바라	3	겨루
19	기다리	3	마치
18	어렵	3	통하
16	좋아하	3	두렵
12	쉽	2	이르
10	무섭	2	권하
8	힘들	2	꾀하
6	하	2	멈추
4	싫	2	꺼리
4	바쁘	2	즐기
3	되	2	싫어하

위 표를 살펴보면 '어렵다', '쉽다', '힘들다', '편하다'와 같은 평가형용사들과 '바라다', '기다리다', '꾀하다'와 같은 요구동사 및 '좋아하다', '싫다', '즐기다', '싫어하다'와 같은 판단동사 부류들이 〈-기〉-명사화의 상위술어로서 주로 쓰이는 것을 알 수 있다. 이러한 관찰은 〈-기〉-명사화에 통합되는 상위동사들이 판단동사 부류와 요구동사 부류에 속한다는 권재일(1992:310)의 주장과 일맥상통한다.

이제 〈-기〉-명사화 구문 가운데 '이해하다', '단정하다'와 같은 〈-하〉-경동사를 명사화한 구문에 대해 논의한다. 아래의 트리뱅크 SJT21로부터 추출한 용례들을 살펴보자.

(16)

a. 극 의 상황 을 설명 하 는 합창 에 주목 하 고 멜로디 보다 는 음향 의 색 깔 에 귀 를 기울이 면 <u>이해 하 기 가</u> 쉽 다 [T$_{7973}$]

(극의 상황을 설명하는 합창에 주목하고 멜로디보다는 음향의 색깔에 귀를 기울이면 이해하기가 쉽다)

b. 황남대총 의 유물 과 중앙아시아 유목 민족 유물 의 조형 적 유사 성 을 꼼꼼히 짚 어 보 면 이 주장 을 마냥 허구 이 라고 단정 하 기 가 쉽 지 않 다 . [T8889]

(황남대총의 유물과 중앙아시아 유목민족 유물의 조형적 유사성을 꼼꼼히 짚어 보면 이 주장을 마냥 허구라고 단정하기가 쉽지 않다.)

c. 사람 들 은 나이 에 의미 부여 하 기 를 좋아하 ㄴ다 . [T6186]

(사람들은 나이에 의미 부여하기를 좋아한다.)

d. 속 이 시커멓 ㄴ 놈 들 이 라도 순정 만 은 깨끗 하 게 간직 되 기 를 바 라 는 법 이 었 다 . [T22142]

(속이 시커먼 놈들이라도 순정만은 깨끗하게 간직되기를 바라는 법이었다.)

위 용례들을 살펴보면, 동사 '이해하다', '단정하다', '부여하다' 및 '간직되다' 등 〈-하〉-경동사의 어간과 파생접미사 '-기'와 결합하여 명사화가 이루어진 것을 확인할 수 있다. 더 나아가 이 명사화 구문들이 문장내에서 주어나 목적어 기능을 수행하는 것을 알 수 있다. 이와 같은 용례를 추출하기 위해 다음 (17)에 제시된 검색식을 사용할 수 있다.

(17)

#1:[cat=/VP.*/] &

#1 〉 #2:[pos="NNG"] &

#1 〉 #3:[pos="XSV"] &

#1 〉 #4:[pos="ETN"&word=/기.*/] &

#2.#3 &

#3.#4 &

#4.#5:[word=/(이|가|을|를)/] &

#5.#6:[pos=/V.*/]

이 검색식과 위에서 논의한 검색식 (15) 모두 〈-기〉-명사화 구문에 속하는 용례들을 추출하는데 사용할 수 있는데 (17)에 제시된 검색식의 경우 〈-하〉-경동사가 포함된 〈-기〉-명사화 용례들을 추출하는 반면, 앞서 살펴 본 검색식 (15)는 〈-하〉-경동사가 포함되지 않은 〈-기〉-명사화 용례들을 추출하는 데에 사용된다. 이 검색식을 실행하면 명사화 구문이 주어 기능을 수행하는 용례 41개와 목적어 기능을 수행하는 용례 11개 등 모두 52개 용례가 추출된다. 이 검색식을 이용하여 〈-기〉 명사화 구문을 주어나 목적어로 취하는 상위술어들의 분포도 산출할 수 있다. 산출결과를 표로 정리한 것이 아래의 [표 14]이다.

[표 14] 〈-기〉-명사화 구문의 상위술어

빈도	동사/형용사
19	어렵
11	쉽
6	힘들
5	바라
4	싫
2	좋아하
1	기다리
1	즐기
1	빌
1	편하
1	겁내

위 표를 살펴보면 〈-기〉-명사화의 상위술어로서 '어렵다', '쉽다', '힘들다', '편하다'와 같은 난이도를 표현하는 평가형용사들과 '바라다', '기다리다', '빌다'와 같은 요구동사들이 주로 쓰이는 것을 알 수 있다.

지금까지 우리는 한국어 명사화 구문과 관련하여 두 가지 하위유형이 가진 통사적, 의미적 특성에 대해 논의했다. 이들 두 가지 유형의 공통점과 차이점을 살펴보기 위해 표 하나로 통합하면 다음과 같다.

[표 15] 명사화 구문의 하위유형

구문명칭	하위 구문 명칭	문법 기능	출현빈도	상위술어 대표
〈-음〉-명사화 구문	〈-음〉-명사화 구문	주어	75	즐겁다, 아깝다
		목적어	180	알다, 깨닫다
〈-기〉-명사화 구문	일반 〈-기〉-명사화 구문	주어	68	어렵다, 무섭다
		목적어	116	바라다, 좋아하다
	경동사 〈-기〉-명사화 구문	주어	41	쉽다, 편하다
		목적어	11	좋하다, 즐기다

이 표를 통해 한국어의 명사화 내포구문 가운데 목적어 기능을 수행하는 〈-음〉-명사화 구문이 가장 많이 쓰인 반면, 목적어 기능을 수행하는 경동사 〈-기〉-명사화 구문이 가장 적게 사용된다는 사실을 확인할 수 있다. 뿐만 아니라 하위 구문유형과 명사화 구문의 문법적 기능에 따라서 공기하는 상위문의 동사나 형용사들의 의미부류들이 달라진다는 점도 인지할 수 있다.

이 장에서 다루는 세 번째 주제로 '〈-ㄴ/-는〉-것이다' 강조구문에 대해 논의하자.[7] 아래의 수형도는 '〈-ㄴ/-는〉-것이다' 강조구문을 명시적으로 보여준다.

---

7) 김종복·강우순·안지영(2008)과 김종복·이승한·김경민(2008) 및 박나리(2012)에서 '〈-ㄴ/-는〉-것이다' 강조구문에 대해 논의한 바 있다.

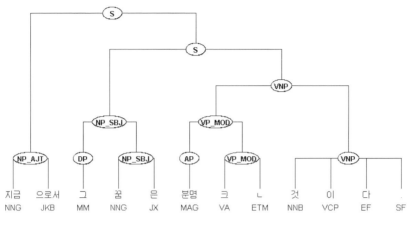

[그림 1] 강조구문 수형도

수형도를 살펴보면 어구 'ㄴ-것-이-다'가 형용사 '크다'의 어간과 결합하여 '꿈이 크다'는 사실을 강조하는 함축의미가 부가된 것을 확인할 수 있다. 이러한 강조구문의 예로는 다음과 같은 용례들이 있다.

(18)

a. 우리 옷 을 만들 고 싶 어 하 는 이 들 에게 도움 을 주 기 **위하** ㄴ 것 이 다 . (VV) [T_{878}]

(우리옷을 만들고 싶어하는 이들에게 도움을 주기 위한 것이다.)

b. 초창기 회원 70 명 이 이제 2 백 50 여 명 으로 늘어나 아 소 그룹 연구 모임 이 활성 화 되 었 **다** 는 것 이 다 . (EC) [T_{1296}]

(초창기 회원 70명이 이제 2백50여명으로 늘어나 소그룹 연구모임이 활성화 되었다는 것이다.)

c. 품종 별 로 유전자 의 아미노산 구성 이 독특 하 ㄴ 특성 을 이용 **하** ㄴ 것 이 다 . (XSV) [T_{1437}]

(품종별로 유전자의 아미노산 구성이 독특한 특성을 이용한 것이다.)

d. 말 하 자면 자본주의 의 현장 을 공부 하 려 **하** 는 것 이 다 . (VX) [T₂₂₀₃]
(말하자면 자본주의의 현장을 공부하려 하는 것이다.)

e. 결국 그런 북한 의 군사 접촉 제의 를 미국 이 수락 하 ㄴ 것 은 주목 하 ㄹ 만 하 ㄴ 사태 진전 **이** ㄴ 것 이 다 . (VCP) [T₂₈₁₇]
(결국 그런 북한의 군사 접촉 제의를 미국이 수락한 것은 주목할 만한 사태진전인 것이다.)

f. 지금 으로서 그 꿈 은 분명 **크** ㄴ 것 이 다 . (VA) [T₁₇₀₅₁]
(지금으로서 그 꿈은 분명 큰 것이다.)

위의 용례들을 살펴보면, '-는 것' 어구와 결합하는 품사가 매우 다양함을 확인할 수 있다. 이를테면 (18a)에서는 동사(VV) '위하다'의 어간이, (18b)에서는 연결어미(EC) '다'가, (18c)에서는 동사파생접미사(XSV) '하'가, (18d)에서는 보조동사(VX) '하다'의 어간이, (18e)에서는 긍정지정사(VCP) '이'가, 그리고 (18f)에서는 형용사(VA) '크다'의 어간이 '-ㄴ/-는 것' 어구와 결합한다. 이러한 용례들은 다음에 제시된 검색식을 이용하여 검색가능하다.

(19)
#1 〉 #2:[pos=/.*/] &
#1 〉 #3:[word=/(ㄴ|는)/&pos="ETM"] &
#4:[word="것" & pos="NNB"] &
#2.#3 &
#3.#4 &
#4.#5:[word="이" & pos="VCP"] &
#5.#6:[word="다" & pos="EF"]

이 검색식을 실행하면 관형형 전성어미 '-ㄴ'이 포함된 용례가 708개, 관형형 전성어미 '-는'이 포함된 용례가 975개 추출되는데, 어떤 품사들이 '-ㄴ' 혹은 '-는'과 결합하는 지에 대해서도 검토할 수 있다. 트리뱅크로부터 산출한 품사의 빈도데이터를 정리한 결과가 다음 [표 16]에 제시되어 있다.

[표 16] '-ㄴ/-는 것' 어구와 결합하는 품사 분포 (전체 SJT21과의 비교)

⟨-ㄴ/-는⟩-것 구문			트리뱅크 SJT21		
POS	빈도	백분율(%)	POS	빈도	백분율(%)
VV	642	38.15	VV	139566	31.68
VX	397	23.59	VX	39240	8.91
XSV	315	18.72	XSV	42583	9.67
VCP	149	8.85	VCP	36073	8.19
VA	100	5.94	VA	31618	7.18
XSA	43	2.55	XSA	18128	4.11
EC	28	1.66	EC	129789	29.46
VCN	9	0.53	VCN	3583	0.81
합계	1,683	100	합계	440,580	100

이 표를 토대로 트리뱅크 SJT21내의 출현빈도와 비교하여 살펴보면 ⟨-ㄴ/-는⟩-것 구문내의 출현빈도가 동사(VV)가 압도적으로 많고, 보조용언(VX) 및 동사파생 접미사(XSV)가 아주 많이 출현한다는 것을 알 수 있다. 품사를 넘어 형태소를 기준으로 하여 출현빈도를 순위를 기준으로 1위부터 20위까지 보이면 다음과 같다.

[표 17] 형태소의 빈도정보

형태소	빈도	품사	형태소	빈도	품사
하	230 [1]	XSV	주	30 [11]	VX
되	195	VV	지	24	VX
있	188	VX	오	21	VX
이	149	VCP	버리	18	VX
있	82	VV	다	17	EC
되	70	XSV	못하	16	VX
없	68	VA	보	14	VV
하	52	VV	말	14	VX
하	43	VX	않	14	VX
하	42 [10]	XSA	시키	12 [20]	XSV

이 표를 살펴보면, 동사파생 접미사(XSV) '하'와 동사(VV) '되'가 이 구문에서 가장 많이 출현하고, 보조용언(VX) '있', 긍정지정사(VCP) '이', 동사 '있'과 동사파생 접미사 '되'가 그 뒤를 따르는 것을 확인할 수 있다. 이 가운데 긍정지정사(VCP)가 나타나는 용례들이 흥미로운데 몇 개를 살펴보기로 하자.

(20)
  a. 전방 을 군 이 책임지 듯이 후방 의 안보 책임 은 경찰 의 **몫** 이 ㄴ 것 이다 . [T₂₉₁₇]
     (전방을 군이 책임지듯이 후방의 안보 책임은 경찰의 몫인 것이다.)
  b. 향수 의 감정 이 며 분명 **상실감** 이 ㄴ 것 이 다 . [T₅₇₂₉]
     (향수의 감정이며 분명 상실감인 것이다.)
  c. 그만치 기대 와 불안 이 급하 게 교차 하 는 **시점** 이 ㄴ 것 이 다 . [T₁₄₄₈₁]
     (그만치 기대와 불안이 급하게 교차하는 시점인 것이다.)

위 (20a)-(20c)에서 명사 '몫', '상실감' 및 '시점'이 긍정지정사(VCP)와 결합하는 보어 기능을 수행한다. 우리의 관심은 이처럼 긍정지정사가 나타나는 '〈-ㄴ/-는〉-것이다' 강조구문에서 긍정지정사와 결합하는 명사들에는 어떤 것들이 있는 지를 검토하는 일이다. 이를 위해 아래 검색식을 실행한다.

(21)

#0 〉 #1:[pos="NNG"] &

#0 〉 #2:[pos=/VCP.*/] &

#1.#2 &

#0 〉 #3:[word=/(ㄴ|는)/&pos="ETM"] &

#4:[word="것" & pos="NNB"] &

#2.#3 &

#3.#4 &

#4.#5:[word="이" & pos="VCP"] &

#5.#6:[word="다" & pos="EF"]

이 검색식을 실행하면 117개 구문이 추출되는데, 이 강조구문내에서 긍정지정사와 결합하는 명사들의 목록을 추출한 결과는 다음의 [표 18]과 같다.

[표 18] 강조구문내 긍정지정사와 결합하는 명사 목록

빈도	명사	빈도	명사
5	일	2	집단
4	상황	2	문명
3	사실	2	책
3	힘	2	문제
2	의식	2	사회
2	경기	2	요소

위 표를 살펴보면 명사 '일'이 가장 많이 강조구문에 출현하고 '상황', '사실' 및 '힘'이 그 뒤를 따르는 것을 확인할 수 있다. 이 명사들 모두 중요한 개념들을 내포하고 있어서 이 명사들이 강조구문에 상대적으로 빈번하게 출현하는 것으로 이해할 수 있다. 하지만 트리뱅크의 규모가 작아 이 통계빈도가 충분한 근거를 제공하는 지는 의문이다.

이 장에서 다루는 마지막 구문으로 범주화(categoriazetion) 구문8)에 대해 살펴보자. 이 구문은 의미론 분야, 특별히 틀의미론(frame semantics) 분야에서 주로 논의된다. 이 구문의 특성을 명시적으로 보여주는 구성구조 수형도로부터 우리의 얘기를 시작하자.

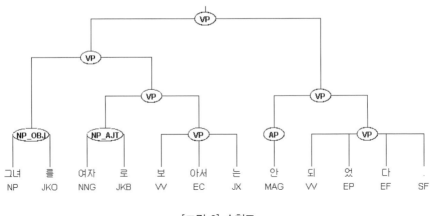

[그림 2] 수형도

이 수형도는 세종 트리뱅크 SJT21로부터 추출한 용례 (22)의 구성구조를 표상한 수형도의 일부를 보여주는데 이 구조는 전형적인 범주화 구문을 담고 있다.

---

8) 의미론적인 관점에서 논의하는 범주화 구문에 대해서는 다음 웹사이트 참조: https://framenet.icsi. berkeley.edu/fndrupal/frameIndex. 독일어의 범주화 구문에 대해서는 이민행(2018) 참조.

(22)

어쨌든 , 그녀 와* 계약 결혼 관계 를 유지 하 며 한 집 에서 살 기 위하 아 서 는 <u>그녀 를 여자 로 보</u> 아서 는 안 되 었 다 . [T₂₆₅₉₃]

구성구조로 표상된 범주화 구문의 핵심은 위 수형도에서 보는 바와 같 이 동사구(VP)이다. 이 구조를 들여다보면 상위교점에 위치한 구범주 VP 가 목적어 기능을 수행하는 명사구(NP_OBJ)와 동사구(VP)로 구성되고, 이 하위교점의 동사구는 다시 부가어 기능을 수행하는 명사구(NP_AJT)와 핵 어 기능을 수행하는 동사구(VP)로 구성되어 있는 것을 알 수 있다. 그리 고 이 동사구의 핵어는 동사(VV) ─ 위 예에서는 '보다' ─ 이다. 이러한 구조 가 전형적인 범주화 구문인데, 이 구문들을 트리뱅크로부터 추출하기 위 해서는 다음 (23)과 같은 복합검색식을 사용하면 된다.

(23)

#1:[cat="VP"] 〉 #2:[cat="NP_OBJ"] &

#2 〉 #7:[pos="JKO" & word=/을|를/] &

#1 〉 #3:[cat="VP"] &

#3 〉 #4:[cat="NP_AJT"] &

#4 〉 #8:[pos="JKB" & word=/로|으로/] &

#3 〉 #5:[cat=/VP.*/] &

#5 〉 #9:[pos=/VV.*/] &

#7 .* #8 &

#8 .* #9

이 검색식을 실행하면 모두 130개 용례(128 문장)가 추출된다. 이 중에 서 몇 개만 제시하면 다음 (24)와 같다.

(24)

a. 그리고 반 오자와 계열 은 오부치 를 회장 으로 , <u>가지야마 를 간사장 으</u>
   <u>로</u> 밀 고 하시모토 를 차기 수상 후보 로 내정 하 았 다 . [T$_{2642}$]

b. 그러나 OECD 가 <u>한국 을</u> 신참 <u>회원국 으로 받아들이</u> 면서 첫 사업 으로
   우리 의 교육 정책 등 12 개 교육 분야 에 대하 ㄴ 분석 을 통하 아 교육
   현실 을 진단·평가 하 았 고 문제점 을 개선 하 기 위하 ㄴ 권고 안 을
   준비 하 고 있 다 는 것 은 의미 부여 를 하 기 에 충분 하 다 . [T$_{3320}$]

c. 1948 년 대한민국 을 승인 , 건국 의 産婆役 으로 시작 하 아 한국전쟁
   때 는 <u>북한 을 침략자 로 낙인찍</u> 고 유엔군 을 파견 , 공산군 을 격퇴 시
   키 었 으며 戰後 복구 에 도 많 은 지원 을 하 아 주 ㄴ 것 은 잘 알리 어
   지 ㄴ 사실 이 다 . [T$_{4662}$]

용례 (24c)를 예로 들어 세밀히 살펴보면, 목적어 기능을 하는 명사구
'북한을'과 부가어 기능을 하는 명사구 '침략자로'가 함께 나타나고 여기
에 더해서 동사 '낙인찍다'가 출현하는 것을 확인할 수 있다. 여기서 사실
부가어 기능을 갖는 명사구는 자격을 표현하는데, 세종 트리뱅크에서는
부가어들을 의미에 따라 세분화하지 않고 뭉뚱그려서 기술하기 때문에
표층구조만 보아서는 이 사실을 알기가 어렵다. 또한 동사 '낙인찍다'는
앞서 살펴본 용례 (22)의 동사 '보다'와 더불어 범주화 구문을 이끄는 대
표적인 소위 범주화 동사로 간주된다. TIGERSearch의 통계추출 도구를
이용하여 추출한 범주화 동사들로는 '보다', '낙인찍다' 외에도 '하다', '삼
다', '모시다' 및 '받아들이다' 등이 있다. 특별히 동사 '하다'가 범주화 구
문에서 가장 출현빈도가 높기 때문에 어떤 맥락에서 이 동사가 범주화
동사로 사용되는 지를 검토할 필요가 있다. 범주화 구문의 용례들을 몇
개 제시하면 다음 (25a)-(25e)와 같다.

(25)

a. 그 원인 을 따지 자면 권위주의 정권 아래 서 <u>폭력 을 대항 수단 으로 하</u>
   아 반 독재 투쟁 을 전개 하 는 것 이 용인 되 었 던 학생 들 이 투쟁 이
   슈 를 상실 하 ㄴ 김영삼 정부 아래 서 도 과거 의 폭력 투쟁 방식 을 버
   리 지 못하 고 있 기 때문 이 ㄴ 것 이 다 . [T$_{3689}$]

b. 주제 선정 은 <u>다수결 을 원칙 으로 하</u> ㄴ다 . [T$_{16769}$]

c. ' 호랑이 할아버지 ' 는 이 땅 을 살리 는 일 에 관심 이 있 는 사람 이 라
   면 남자 , 여자 , 젊은이 , 늙은이 를 가리 지 않 고 언제 , 어느 곳 이나
   뛰어다니 며 <u>그분 들 을 선생 님 으로 모시</u> 어 문하 에서 배우 거나 마을
   로 모시 어 오 았 다 . [T$_{17172}$]

d. 춘복이 에게 매달리 어 얻어먹 는 처지 이 라 영애 는 별수 없이 <u>그 를</u>
   <u>사내 로 받아들이</u> 었 다 . [T$_{41569}$]

e. 오늘날 우리 사회 의 청년 층 은 <u>서구 문화 를 基準 으로 하</u> 아 현대 문화
   를 수용 하 아 오 았 다 . [T$_{50490}$]

위 용례들에 나타난 동사구는 모두 의미를 보존한 체 각각 다음
(26a)-(26e)와 같은 문장으로 변환될 수 있다는 공통점을 지닌다.

(26)

a. 폭력이 대항수단이다.

b. 다수결이 원칙이다.

c. 그분들이 선생님이다.

d. 그가 사내이다.

e. 문화가 기준이다.

이와 같이 NP_JKO NP_AJT V 연속체가 의미의 상실없이 문장으로 변

형될 수 있는 경우에만 그 연속체를 범주화 구문으로 허가한다면 범주화 구문을 식별하기가 가능할 뿐만 아니라 용이해진다. 트리뱅크로부터 추출되지만 범주화 구문에 속하지 않는 용례들 몇 개를 보이면 다음 (27a)-(27c)와 같다.

(27)

    a. 유령 들 은 <u>스크루지 를 우주 로 내보내</u> 거나 몸 을 아주 작 게 만들 는 등 의 방법 으로 일상 에서 쉽 게 느끼 기 어렵 ㄴ 물리학 의 세계 를 체험 하 게 하 아 주 ㄴ다 . [T$_{5465}$]

    b. 욕구 불만 , 애정 결핍 과 같 은 내재 적 이 ㄴ 갈등 요인 이 외부 로 표출 되 는데 입 주위 에 잦 은 경련 이 일어나 고 <u>고개 를 한쪽 으로 기울 의</u> 거나 어깨 를 들썩거리 ㄴ다 . [T$_{12023}$]

    c. 피아노 소리 가 거칠 어 지 자 그 들 은 턱 을 당기 고 <u>서로 를 눈 으로 올려다보</u> 며 잠시 떨어지 었 다 . [T$_{27741}$]

    d. 그리고 그 순환 은 늘 <u>자연 을 필요</u> 로 하 ㄴ다 . [T$_{54784}$]

    e. 주인 은 <u>파출소 를 뒤 로 하</u> 고 서커스 천막 이 있 는 쪽 으로 부지런히 걷 었 다 . [T$_{66920}$]

이 용례들에 포함된 밑줄 친 동사구들을 아래 (28a)-(28e)와 같이 문장으로 변환할 경우에 모두 의미의 상실이 일어난다. 때문에 이 구문들은 범주화 구문으로 분석할 수 없다.

(28)

    a. 스크루지는 우주이다.

    b. 고개는 한쪽이다.

    c. 서로가 눈이다.

d. 자연이 필요이다.

e. 파출소가 뒤이다.

여기에서 우리가 보이고자 하는 바는 위 (23)에 제시된 검색식을 실행하여 세종 트리뱅크로부터 추출한 모든 용례가 범주화 구문을 포함하고 있다고 보장할 수 없기 때문에 용례들 가운데 범주화 구문을 포함하고 있는 용례와 그렇지 않은 용례들을 구별해야 할 필요가 있다는 사실이다.

이제까지 살펴본 범주화 구문과 구범주의 구성 패턴이 상이한 용례들이 있는데 몇 개를 다음 (29)에 제시한다.

(29)

a. 미국 을 아군 으로 착각 하 고 (CNN) 의 이라크 공습 화면 을 구경 하 는 이 들 또한 그 들 에게 ㄴ 언제나 잠재 적 이 ㄴ 적 , 그 이상 도 이하 도 아니 기 때문 이 다 . [T$_{13160}$]

b. 그래서 근대 올림픽 의 창시자 쿠베르탱 을 아마추어리즘 을 성역 (聖 域) 으로 선포 하 았 고 , 이 성역 을 마치 성배 (聖杯) 를 지키 는 아더 왕 의 기사 처럼 지키 어 내려오 ㄴ 분 이 20 년 간 IOC 회장 을 역임 하 ㄴ 브런디지 이 었 다 . [T$_{71351}$]

c. 김굉필 은 일찍이 어리 어서 그 의 스승 이 ㄴ 김종직 에게 서 { 소학 } 의 중요 성 을 가르침 받 았 다고 전하 아 지 는데 , 장년 에 이르 어서 도 자신 을 ' 小學童子 ' 로 자칭 하 며 , 한시 도 그것 을 손 에서 놓 지 않 았 다는 것 이 다 . [T$_{50216}$]

위 용례 (29a)의 구성구조를 일부만 보이면 다음 [그림 3]과 같다.

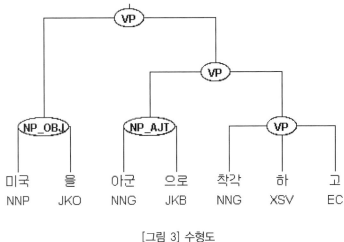

[그림 3] 수형도

이 수형도의 구조를 들여다 보면 상위교점에 위치한 구범주 VP가 목적어 기능을 수행하는 명사구(NP_OBJ)와 동사구(VP)로 구성되고, 이 하위교점의 동사구는 다시 부가어 기능을 수행하는 명사구(NP_AJT)와 핵어 기능을 수행하는 동사구(VP)로 구성되어 있으며 이 동사구는 다시 명사(NNG)와 경동사(XSV) '-하'로 구성된 것을 알 수 있다. 이 수형도의 구성관계를 앞서 살펴본 바 있는 수형도 [그림 2]와 비교해 보면 최하위 교점에 위치한 구범주 VP의 구성에서 차이가 있음을 알 수 있다. 이 수형도 [그림 3]의 경우 동사구의 핵어가 동사(VV)가 아니고 명사와 경동사의 결합체인 '착각하다'이다. 이처럼 경동사 구문이 범주화 구문의 구성성분으로 포함된 새로운 패턴의 범주화 구문을 트리뱅크로부터 추출하기 위해 필요한 검색식은 다음 (30)과 같다.

(30)

#1:[cat="VP"] 〉 #2:[cat="NP_OBJ"] &

#2 〉 #7:[pos="JKO" & word=/을|를/] &

```
#1 〉 #3:[cat="VP"] &
#3 〉 #4:[cat="NP_AJT"] &
#4 〉 #8:[pos="JKB" & word=/로|으로/] &
#3 〉 #5:[cat=/VP.*/] &
#5 〉 #9:[pos="NNG"] &
#5 〉 #10:[pos="XSV" & word="하"] &
#7 .* #8 &
#8 .* #9 &
#9 . #10
```

이 검색식을 실행하면 모두 20개 용례(문장 20개)가 추출된다. 이 가운데 몇 개가 앞서 제시한 (29a)–(29c)이다. 이 검색식을 사용하여 추출한 용례 20개 가운데 몇 개는 범주화 구문을 포함하고 있지 않다. 이들 중 몇 개만 제시하면 다음 (31a)와 (31b)이다.

(31)
    a. 이번 설 연휴 연극 무대 에 도 유달리 <u>관객 들 을 과거 로 초대 하</u> 거나 가 족 의 단란 하 ㄴ 화목 을 담 은 작품 들 이 눈길 을 끌 고 있 다 . [T5401]
    b. 햄릿 은 <u>오필리어 를 진심 으로 사랑 하</u> 았 다 . [T28160]

이 용례들의 공통점은 밑줄친 동사구를 문장으로 변형하면 문맥속의 의미가 상실된다는 점이다. 왜냐하면 '관객들이 과거이다'라는 문장이나 '오필리어가 진심이다'라는 문장의 의미를 위 용례들에서 발견할 수 없기 때문이다.

트리뱅크로부터 범주화 구문을 추출하는 방법은 크게 두 가지인데 하나는 이제까지 논의한 바대로 범주화 구문의 패턴을 반영하여 구성구조를 토대로 검색하는 방법이고 다른 하나는 범주화 구문을 이끄는 동사들을 기반으로 추출하는 방법이다. 두 번째 방법을 이용하여 범주화 구문을 추출하고자 하면 선행연구들을 토대로 하여 범주화 동사목록을 확보하고 있어야 한다. 틀의미론적인 관점에서 한국어 범주화 구문을 분석하여 연구로는 KAIST에서 수행한 프레임넷 프로젝트가 있다.9) 이 프로젝트의 성과로 제시된 바 다음 (32)에 열거된 동사들이 범주화 프레임을 유발시키는 동사들이다.10)

　　(32)

　　간주되다 간주시키다 간주하다 감별하다 감안하다 단정되다 따지다 보다 보이다 분류되다 분류하다 분별하다 알아보다 양해되다 여겨지다 여기다 이해되다 이해하다 정의하다 정하다 찾다 해석하다 확인하다

　이 목록속에 우리가 여기서 논의한 동사 몇 개―삼다, 모시다, 낙인찍다 등―는 포함되어 있지 않음을 알 수 있다. 그 까닭은 Kaist의 프레임넷 프로젝트가 아직 진행중인 과제이기 때문인 것으로 이해할 수 있다.
　이 장을 마무리하면서 세종 트리뱅크 SJT21에서 사용된 구구조 규칙들에는 어떤 것들이 있는 지를 살펴보자. SJT21의 구구조 규칙은 모두 11,981개이다. 이 가운데 출현빈도가 높은 규칙 5개를 제시하면 다음 (33)와 같다.11)

---

9) 한국어 프레임넷에 대해서는 김정욱/최기선(2016) 및 웹사이트 http://framenet.kaist.ac.kr/ 참조.
10) 프레임넷 프로젝트를 통해 생성한 언어자원은 github에 공개되어 있다. http://github.com/machinereading/koreanframenet 참조.
11) 괄호안의 숫자들은 규칙들의 사용빈도를 나타낸다.

(33)

    a. VP → VV EC   (50703)

    b. S → NP_SBJ VP   (48644)

    c. NP → NNG   (47583)

    d. VP → VP VP   (45466)

    e. NP_OBJ → NNG JKO   (45159)

위에 제시된 정보를 살펴보면, 구구조 규칙 'VP → VV EC'이 트리뱅크에서 가장 많이 출현하고, 규칙 'S → NP_SBJ VP'이 그 뒤를 따르는 것을 알 수 있다. 첫 번째 규칙은 아래 [그림 4]에 제시된 수형도상의 우측 하단에 위치한 VP 교점−[찾는다]−을 표상하는 데에 사용된다.

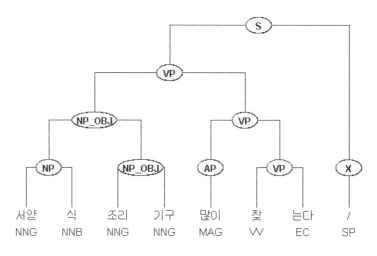

[그림 4] 구구조 규칙 'VP → VV EC'의 사용 예

한편, [그림 5]에 제시된 수형도상의 우측 하단에 위치한 S 교점−[손색없어]−을 표상하는 데에 두 번째 규칙이 사용된다.

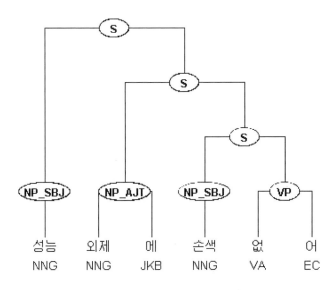

[그림 5] 구구조 규칙 'S → NP_SBJ VP'의 사용 예

이처럼 구구조 규칙이 트리뱅크내에서 사용된 빈도정보를 이용하여 그 누적백분율을 산출함으로써 언어사용의 경제성 원리로 불리는 Zipf 법칙이 구구조 규칙의 쓰임에도 적용가능한 지를 검증할 수 있다. 다음 쪽의 [표 19]는 구구조 규칙들의 사용에 관한 빈도 및 누적백분율을 산출한 결과를 보여준다.[12]

이 표를 살펴보면 구구조 규칙의 사용과 관련하여 집중도에 대해 생각해 보게 된다. 모두 11981개 구구조 규칙의 1% 정도에 해당하는 120개 규칙이 차지하는 비중이 거의 80%에 이르기 때문이다. 이 수치는 구구조 규칙의 사용과 관련하여서도 Zipf 법칙[13]이 매우 타당하다는 사실을 뒷

---

12) 최재웅 외(2008)에서도 세종 구문분석 말뭉치에 나타난 구구조 규칙들의 통계적 분포에 대해 논의한 바 있다.

13) Zipf 법칙은 통계학적인 개념에 기초한 것으로서 다음과 같이 정의된다(이민행 2012): "특정한 단어의 빈도에 순위를 곱하면 동일한 텍스트에 출현하는 다른 단어의 빈도 곱하기 순위와 거의 동일한 값을 갖게 된다."(Hausser 2001:295). 이러한 수학적인 계산

[표 19] 구구조 규칙의 누적백분율

순위	구구조 규칙	빈도	누적빈도	누적백분율(%)
1	VP → VV EC	50703	50703	3.20
2	S → NP_SBJ VP	48644	99347	6.27
3	NP → NNG	47583	146930	9.27
4	VP → VP VP	45466	192396	12.14
5	NP_OBJ → NNG JKO	45159	237555	14.99
6	AP → MAG	44654	282209	17.81
7	NP_AJT → NNG JKB	41920	324129	20.45
8	VP → NP_OBJ VP	39094	363223	22.92
9	VP_MOD → VV ETM	38033	401256	25.32
10	VP → NP_AJT VP	36342	437598	27.61
119	VP → VV EC SP	2324	1262426	79.65
120	VNP → NNG VCP EC	2305	1264731	79.80
11981	VNP → NNG SS SH SS	1	1584914	100.00

받침한다. 이 사실은 독일어 전산문법을 연구한 이민행(2012)에서 주장된 가설과도 맥을 같이 한다.

　이 장에서는 문장층위와 연관된 주제로서 부정구문과 명사화 내포구문, 그리고 '⟨-ㄴ/-는⟩-것이다' 강조구문의 언어적 특성에 대해 논의했다. 여기서 다룬 부정구문으로는 단형인 '안/못' 부정구문과 장형인 '⟨-지⟩ 않다/못하다/말다' 부정구문에 대해 살펴보았다. 명사화 내포구문으로는 ⟨-ㅁ/-음⟩ 명사화와 ⟨-기⟩ 명사화의 공통점과 차이점에 대해 검토했다. 또한 '⟨-ㄴ/-는⟩-것이다' 강조구문의 언어적 특성에 대해서도 기

이 항상 정확하게 일치하는 것은 아니지만, 단어를 비롯한 여러 가지 언어적인 범주가 사용되는데 있어 그 집중도를 보이는 경향성은 분명하게 확인할 수가 있다.

술했다. 그리고 의미론 분야에서 논의가 많이 이루어진 범주화 구문의 통사적 특성에 대해서도 살펴보았다. 마지막으로 트리뱅크 SJT21로부터 구구조 규칙들의 사용빈도를 추출하여 이를 토대로 Zipf 법칙이 구구조 규칙의 사용양상에도 적용되는 지의 여부에 대해 검토했다.

영어 구문분석 말뭉치의 이해

제5장

Penn 트리뱅크의 변환

영어 구문분석 말뭉치 Penn Treebank는 세상에 존재하는 모든 구문분석 말뭉치의 어머니이다. 검색도구 TIGERSearch에 의해 검색이 가능하도록 변환한 트리뱅크 PennTree21은 73,436 문장에 대한 구성성분 구조를 담고 있다.[1]

구성성분 구조를 표상하는 이 트리뱅크의 데이터 구조에는 S, NP, VP 등 구범주와 SBJ, OBJ, MOD 등 통사기능이 분리되어 나타난다. 이 외에도 품사정보와 문장을 구성하는 어휘형태 정보가 데이터 구조안에 포함되어 있으나 기본형(lemma) 정보는 포함되어 있지 않다. 구범주(S, NP 등), 문법기능(SBJ, TPC), 품사(NNS, PRP, RB 등) 및 어휘형태(ideas, everywhere 등)에 대한 정보를 [그림 1]의 수형도상에서 확인할 수 있다.

이 수형도는 영어 문장 "Ideas we must have, and we seek them everywhere."의 구구조를 표상하고 있다. 이 수형도상에는 첫 단어 ideas 가 동사 have의 목적어 자리에 흔적(trace, T)을 남기고 그 자리로부터 이동해 온 것으로 분석되어 있다. 촘스키의 지배와 결속이론에서 고안된 흔적 개념을 도입하고 흔적을 남기고 다른 자리로 이동한 이동 구성성분과

---

1) Penn Treebank에 대한 일반적인 논의는 Marcus et. al. (1993) 참조. 또한 Penn Treebank-2 의 데이터 구성과 라이센스 조건에 대해서는 웹사이트 참조: https://catalog.ldc.upenn.edu/LDC95T7

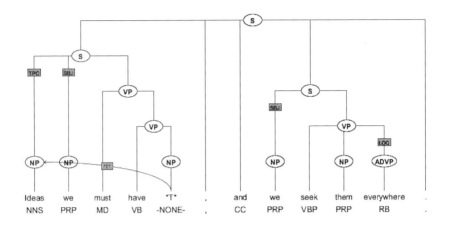

[그림 1] 수형도의 예

흔적 교점간의 관계를 선으로 연결하여 표상한 점이 Penn 트리뱅크의 독특한 특성이다. 이 수형도의 경우에 명사구 Ideas가 동사 have의 목적어 자리에 흔적(*T*)을 남기고 문장의 가장 앞자리로 이동한 것으로 나타내고 있다. 따라서 이 말뭉치는 영어의 도치구문을 연구하는데 있어 매우 유용한 디지털 자원이다. 이 트리뱅크의 규모는 어휘형태를 기준으로 하여 구두점 표지들을 포함하여 1,738,654 토큰이다. 위 [그림 1]의 수형도는 검색도구 TIGERSearch를 이용하여 명사구(NP)가 통사적으로 주제구(TPC) 기능을 수행하는 문장들만을 추출한 157개 수형도들 중의 하나이다. 이를 위해 사용한 검색식은 다음 (1)과 같다.

  (1) [cat="S"] ⟩TPC [cat="NP"]

  이처럼 영어 Penn 트리뱅크를 대상으로 TIGERSearch 시스템내에서 검색을 할 수 있기 위해서는 원래 Penn 트리뱅크의 데이터 파일이 가진 Penn 트리뱅크 포맷을 다시 TIGER XML 포맷으로 변환하여야 한다.

Penn 트리뱅크 파일의 데이터 구조는 다음 (2)와 같다.

    (2)

    ((S

      (S

        (NP-TPC-1 (NNS Ideas))

        (NP-SBJ (PRP we))

        (VP (MD must)

          (VP (VB have)

            (NP (-NONE- *T*-1)))))

      (, ,)

      (CC and)

      (S

        (NP-SBJ (PRP we))

        (VP (VBP seek)

          (NP (PRP them))

          (ADVP-LOC (RB everywhere))))

      (. .)))

위 (2)와 같은 데이터 구조를 TIGER XML 포맷으로 변환하는 작업의 수행을 위해 penn2TIGER.groovy라는 이름을 가진 Groovy 스크립트를 운용한다.[2]

데이터 구조 (2)를 입력으로 하여 이 Groovy 스크립트를 작동시킨 결과는 다음 (3)과 같다.

---

[2] 이 스크립트는 https://dkpro.github.io/dkpro-core/groovy/recipes/convert-penn-combined-to-TIGER-xml/에서 제공되고 전체 코드는 [부록 4]에서 볼 수 있다.

(3)

⟨s id="s5226" ⟩

    ⟨graph root="s5226_500" ⟩

        ⟨terminals⟩

            ⟨t id="s5226_1" word="Ideas" pos="NNS" /⟩

            ⟨t id="s5226_2" word="we" pos="PRP" /⟩

            ⟨t id="s5226_3" word="must" pos="MD" /⟩

            ⟨t id="s5226_4" word="have" pos="VB" /⟩

            ⟨t id="s5226_5" word="*T*" pos="-NONE-" ⟩

                ⟨secedge idref="s5226_502" label="*T*" /⟩

            ⟨/t⟩

            ⟨t id="s5226_6" word="," pos="," /⟩

            ⟨t id="s5226_7" word="and" pos="CC" /⟩

            ⟨t id="s5226_8" word="we" pos="PRP" /⟩

            ⟨t id="s5226_9" word="seek" pos="VBP" /⟩

            ⟨t id="s5226_10" word="them" pos="PRP" /⟩

            ⟨t id="s5226_11" word="everywhere" pos="RB" /⟩

            ⟨t id="s5226_12" word="." pos="." /⟩

        ⟨/terminals⟩

        ⟨nonterminals⟩

            ⟨nt id="s5226_502" cat="NP" ⟩

                ⟨edge idref="s5226_1" label="--" /⟩

            ⟨/nt⟩

            ⟨nt id="s5226_503" cat="NP" ⟩

                ⟨edge idref="s5226_2" label="--" /⟩

            ⟨/nt⟩

```
〈nt id="s5226_506" cat="NP" 〉
        〈edge idref="s5226_5" label="--" /〉
〈/nt〉
〈nt id="s5226_505" cat="VP" 〉
        〈edge idref="s5226_4" label="--" /〉
        〈edge idref="s5226_506" label="--" /〉
  〈/nt〉
  〈nt id="s5226_504" cat="VP" 〉
        〈edge idref="s5226_3" label="--" /〉
        〈edge idref="s5226_505" label="--" /〉
〈/nt〉
  〈nt id="s5226_501" cat="S" 〉
        〈edge idref="s5226_502" label="TPC" /〉
        〈edge idref="s5226_503" label="SBJ" /〉
        〈edge idref="s5226_504" label="--" /〉
〈/nt〉
  〈nt id="s5226_508" cat="NP" 〉
        〈edge idref="s5226_8" label="--" /〉
〈/nt〉
  〈nt id="s5226_510" cat="NP" 〉
        〈edge idref="s5226_10" label="--" /〉
〈/nt〉
  〈nt id="s5226_511" cat="ADVP" 〉
        〈edge idref="s5226_11" label="--" /〉
〈/nt〉
  〈nt id="s5226_509" cat="VP" 〉
```

```
                        〈edge idref="s5226_9" label="--" /〉
                        〈edge idref="s5226_510" label="--" /〉
                        〈edge idref="s5226_511" label="LOC" /〉
                〈/nt〉
                〈nt id="s5226_507" cat="S" 〉
                        〈edge idref="s5226_508" label="SBJ" /〉
                        〈edge idref="s5226_509" label="--" /〉
                〈/nt〉
                〈nt id="s5226_500" cat="S" 〉
                        〈edge idref="s5226_501" label="--" /〉
                        〈edge idref="s5226_6" label="--" /〉
                        〈edge idref="s5226_7" label="--" /〉
                        〈edge idref="s5226_507" label="--" /〉
                        〈edge idref="s5226_12" label="--" /〉
                〈/nt〉
        〈/nonterminals〉
    〈/graph〉
〈/s〉
```

이와 같은 XML 포맷의 데이터 구조가 확보되면, 이 파일을 검색도구 TIGERSearch에서 사용할 수 있도록 인코딩하는 단계가 뒤따른다.

인코딩 작업은 등록도구 TIGERRegistry를 실행하여 수행한다. 이 단계에서 먼저 XML파일을 ANSI로 인코딩하여 저장해야 한다. 배치 파일 'runTRegistry.bat'[3]를 이용하여 등록도구를 실행한다. 다음 [그림 2]는

---

3) 배치파일의 명령식은 다음과 같다: java -Xms2048m -Xmx8192m -jar -Dims.TIGER.install=. TIGERRegistryMain.jar CorporaDir &

TIGERRegistry를 실행하여 처음 마주하는 화면이다.

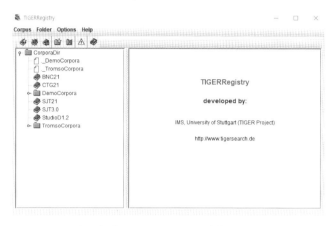

[그림 2] TIGERRegistry를 실행한 화면

이 화면에서 메뉴의 [Corpus]를 선택하면 몇 가지 선택가능한 옵션이
나타나는데 그 가운데 가장 위의 〈Insert Corpus〉를 클릭하면 다음 [그림
3]과 같은 색인(indexing) 초기 단계의 화면으로 바뀐다.

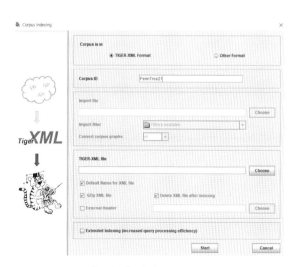

[그림 3] 색인 초기 화면

　이 단계에서 아래의 [그림 4]와 같이, 상위의 포맷을 〈TIGER-XML Format〉으로, Corpus ID를 PennTree21로 명명한 후에 색인작업을 수행할 데이터 파일 'PennTree21.xml'을 선택한 후에 하단의 [Start] 키를 누르면 색인작업이 시작된다.

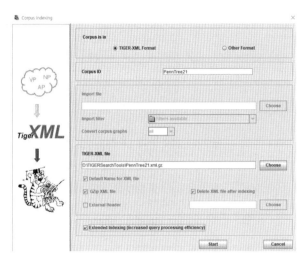

[그림 4] 색인 준비 단계

　색인작업이 완료되면 다음 [그림 5]와 같이 트리뱅크에 대한 정보를 기록하는 화면을 마주하게 되는데, 이 단계에서 간단히 'Corpus ID'와 'Corpus Name'에 대해 적절한 ID와 이름를 적어넣고 하단의 [OK] 키를 클릭한다.

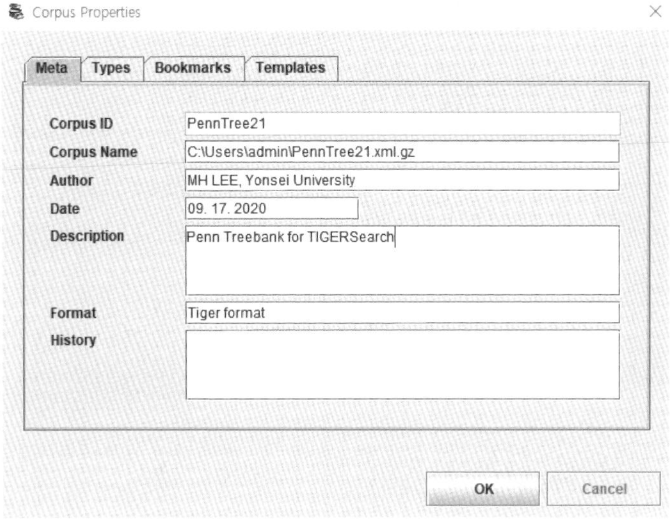

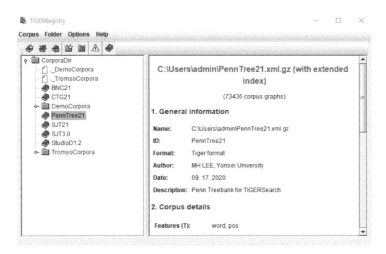

[그림 5] 트리뱅크 PennTree21 정보 등록 화면

트리뱅크 PennTree21에 대한 정보등록을 마치면 화면이 바뀌어 다음 [그림 6]과 같은 화면을 마주하게 된다.

[그림 6] 트리뱅크 PennTree21의 색인 완료 화면

이 그림에서 확인할 수 있듯이 색인 작업이 완료되면 검색도구 TIGERSearch
를 이용하여 트리뱅크 PennTree21 속에 담긴 73,436 문장을 대상으로 하
여 구문구조 검색이 가능하다.

다음 [그림 7]은 트리뱅크 PennTree21을 검색도구 TIGERSearch에서
불러들인 화면을 보여준다.

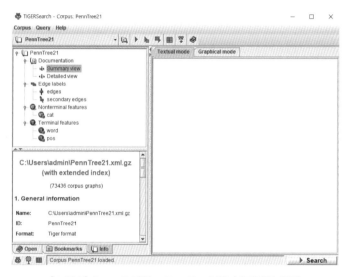

[그림 7] Penn 트리뱅크 PennTree21을 불러들인 화면

이처럼 트리뱅크를 검색도구 TIGERSearch에서 불러들인 후에는 이 트
리뱅크를 대상으로 다양한 검색을 수행할 수 있다. 앞서 논의한 바와 같이
언어학적 연구 수행에 필요한 데이터를 추출하기 위해서는 TIGERSearch
도구와 함께 제공하는 검색언어에 대한 이해가 필수적이다.

이 장에서는 TIGERSearch를 이용하여 검색이 가능한 트리뱅크 PennTree21
의 변환 과정 및 인코딩 과정에 대해 상세하게 기술했다.

제6장

전산문법의 재구성

PennTree21에서 채택된 전산문법은 보다 일반적인 형식문법의 일종으로 간주될 수 있다. 보통 형식문법은 아래의 정의에 나타나 있는 바와 같이 개별 어휘들과 어휘들이 속하는 어휘범주, 구들이 속하는 구범주, 어휘범주나 구범주가 문장내에서 수행하는 문법기능 및 이들을 상호연결시키는 결합규칙으로 구성된다. 우리는 이러한 특성을 가진의 PennTree21의 전산문법을 다음의 (1)과 같이 정의할 수 있다.[1]

(1)

PennTree21의 형식문법은 G=⟨ N, T, GF, P, S ⟩로 정의된다. 이때

ⅰ. N은 비단말어휘의 유한한 집합이고,

ⅱ. T는 단말어휘의 유한한 집합이며,

ⅲ. GF는 문법기능의 유한한 집합이며,

ⅳ. P는 p→q의 형태를 가진 생성규칙들의 유한한 집합이며,

ⅴ. S는 N의 한 원소로서 초기기호이다.

---

[1] TIGER 트리뱅크에서 채택된 독일어 형식문법에 대해서는 이민행(2015) 참조.

위의 형식문법의 정의 중 네 번째 조건 (iv)에 제시된 생성규칙의 형태가 어떠냐에 따라, 문맥의존문법, 순환문법, 문맥자유문법, 정규문법 등여러유형의 문법들이 정의되는데, 문맥자유문법의 생성규칙은 화살표 다음의 q가 빈 기호연쇄가 아니라는 제약을 가진다(이민행 2005:47).

위 (1)에 정의된 바에 따라 Penn 트리뱅크에 들어 있는 영어 문장을 생성할 수 있는 문법을 하나 구성해 본다면 다음과 같은 모양일 것이다.

(2) 영어 구구조 문법 (E-PSG)

N = {S, NP, VP, PP, NN, IN, DT, PRP, PRP\$, VB, VBZ, VBP, JJ, RB, ⋯}

T = {i, she, my, father, divorce, accept, hate, does, not, ⋯}

GF = {SBJ, PRD, ADV, TMP, ⋯}

P = { p1 : S → NP VP,

　　　p2 : NP → PRP,

　　　p3 : VP → VBP NP,

　　　p4 : NP → PRP\$ NN

　　　p5 : PRP → i, she, …

　　　p6 : PRP\$ → my, …

　　　p7 : NN → father, …

　　　p8 : VBP → hate, …

　　　p9 : VB → accept

　　　⋯⋯　　}

　S : S

위 문법에서 N은 비단말어휘의 집합이고, T는 단말어휘의 집합이며, GF는 문법기능들의 집합이고 P는 생성규칙들의 집합이며 S는 초기기호이다. 이 영어 구구조문법에 의해 아래의 영어문장 (3)이 문법적인 것으로 인식된다.

(3) I hate my father.

문장 (3)은 PennTree21에 포함되어 있는 문장 (4)의 절이다.

(4)

Naturally , the patient does not say , " I hate my father " , or " Sibling rivalry is what *T* bugs me " . [T₅₆]

문장 (3)의 구구조는 아래의 [그림 1]과 같은 수형도로 표상되어 있다.

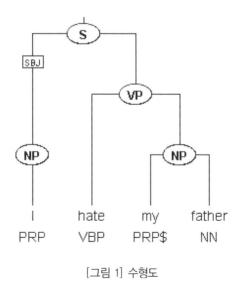

[그림 1] 수형도

어떤 문장 하나가 위의 형식문법 (2)에 주어진 문법 E-PSG에 의해 생성가능한 문장이면, 그 문장은 그 문법에 의해 인식된다고 할 수 있다. 문장 (3)이 위에 주어진 문법에 의해 생성되는 과정은 다음의 (5)와 같이 기술될 수 있다.

(5)

i.	S			(초기기호)
ii.	NP	VP		(규칙 p1)
iii.	NP	VBP	NP	(규칙 p3)
iv.	PRP	VBP	NP	(규칙 p2)
v.	PRP	VBP	PRP$	NN	(규칙 p4)
vi.	I	VBP	PRP$	NN	(규칙 p5)
vii.	I	hate	PRP$	NN	(규칙 p8)
viii.	I	hate	my	NN	(규칙 p6)
ix.	I	hate	my	father	(규칙 p7)

위의 문장생성 과정은 생성규칙의 화살표 왼편의 비단말기호가 오른편의 기호들로 대치되는 과정이 반복됨으로써 영어문장 하나가 생성되는 것을 보여준다. 이러한 기호들의 대치과정을 다시쓰기(rewriting)라 부르며, 다시쓰기에 이용되는 생성규칙을 다시쓰기 규칙(rewriting rule)이라 부르기도 한다. 곧 문장 "I hate my father"는 위의 문법 E-PSG에 의해 생성이 되는 문장이기 때문에 문법적인 문장으로 인식된다고 할 수 있다.

이제 앞서 논의한 바 트리뱅크 PennTree21의 형식문법을 구성하는 요소들 중 비교적 이해가 명확한 초기기호 S와 단말어휘를 제외한 다른 집합들에는 어떤 기호들이 속하는 지를 하나씩 구체적으로 살펴보기로 하자.

먼저 어휘범주에 대해 검토하자. 어휘범주는 형식문법적인 개념으로 표현하면 비단말어휘 집합의 부분집합이다. 어휘범주와 함께 비단말어휘 집합을 구성하는 부분집합은 구범주로서 어휘범주에 이어 논의하기로 한다. 코퍼스언어학에서는 어휘범주를 품사표지라 부르는데 Penn Treebank 에서 정의된 품사표지 집합은 아래의 [표 1]에 제시되어 있다.[2]

[표 1] Penn Treebank 태크셋

어휘범주	명칭	예
CC	Coordinating Conjunction (등위접속사)	and, or
CD	Cardinal Number (기수)	one, two as in "one dollar"
DT	Determiner (관사, 한정사)	all an another any both each either every many much neither no some such that the them these this those
Ex	Existential There (존재구문의 there)	there
FW	Foreign Word (외래어)	icli jeux habeas jour suiutaris oui corporis
IN	Prepostion/Subordinating conjunction (전치사/종속접속사)	• among upon in into below atop until over· under touiards to • whether despite if
JJ	Adjective (형용사)	third ill—truumered reqrettoble calamitous clean nice
JJR	Adjective, Comparative (형용사 비교급)	cleaner nicer
JJS	Adjective, Superlative (형용사 최상급)	cleanest nicest
LS	List Item Marker (리스트 항목 표지)	Assumption 1 Assumption 2
MD	Modal (조동사)	can could may might must need ought shall
NN	Nour, singular or mass	machine computer air wind

2) Marcus et.al.(1993) 참조. 어휘범주가 구두점 태그 12개를 포함하여 48개로 설정되어 있다.

	(명사 단수형이나 물질명사)	
NNP	Proper Noun, Singular (고유명사 단수형)	Philadelphia Delaware Eagles
NNPS	Proper Noun, Plural (고유명사 복수형)	Americas
NNS	Noun plural (명사 복수형)	machines computers
PDT	Predeterminer (선한정사)	all both half
POS	Possessive ending (소유격 표지)	's
PP$	Possesive pronoun (소유대명사)	her our ours
PRP	Personal pronoun (인칭 대명사)	him himself we
RB	Adverb (부사)	quickly swiftly
RBR	Adverb, Comparative (부사 비교급)	greater more
RBS	Adverb, Superlative (부사 최상급)	best hardest most
RP	Particle (첨사)	across up
SYM	Symbol, mathematical or scientific (수학이나 과학 기호)	= +
TO	to (전치사니 부정사구문 to)	to
UH	Interjection (감탄사)	goodbye, sliucks, heck, oops
VB	Verb, base form (동사 기본형)	hit, assign run
VBD	Verb, past tense (동사 과거형)	hit assigned ran
VBG	Verb, gerund/present participle (동사 동명사/현재분사형)	hitting
VBN	Verb, past participle (동사 과거분사형)	assigned
VBP	Verb, nou-3rd person singular, present (동사 1-2인칭 현재형)	displease
VBZ	Verb, 3rd person singular, present (동사 3인칭 현재형)	displeases
WDT	wh-determiner (의문 한정사)	that which whichever what
WP	wh-pronoun (의문 대명사)	that which what whom
WP$	Possessive wh-pronoun (의문대명사 소유격)	whose
WRB	Wh-adverb (의문부사)	how however wherein why

위 태크셋은 36개인데, 이 외에도 #나 $ 등 화폐를 표지하거나 , : 등 구두점을 표지하는 태크들도 12개가 있다.

트리뱅크 PennTree21에서는 속성 pos를 어휘범주에 대해 할당하고 있기 때문에 검색식 (6)을 실행하면 어휘범주의 목록과 더불어 개별 범주의 출현빈도를 추출할 수 있다.

(6) #1:[pos=/.+/]

이 검색과정을 거쳐 추출된 빈도정보를 토대로 누적빈도 및 누적백분율을 계산하여 얻은 어휘범주의 통계분포는 다음 [표 2]와 같다.

[표 2] PennTree21의 어휘범주 분포

어휘범주(pos)	빈도	누적빈도	누적백분율(%)
NN	220908	220908	15.56
IN	169613	390521	27.50
DT	143643	534164	37.61
NNP	133501	667665	47.02
JJ	101756	769421	54.18
NNS	91013	860434	60.59
VBD	65369	925803	65.19
RB	61908	987711	69.55
PRP	49845	1037556	73.06
CD	48408	1085964	76.47
…	…	…	…
…	…	…	…
LS	85	1420091	100.00

PennTree21에서 어휘범주는 모두 36개의 범주로 구성된다. 위 표를 살펴보면 트리뱅크에 가장 많이 출현하는 어휘범주가 일반명사(NN)이고, 그

뒤를 이어 전치사(IN), 관사(DT), 단수 고유명사(NNP)와 형용사(JJ)가 상대적으로 많이 출현하는 것을 확인할 수 있다. 또한 순위 1위-5위를 차지하는 다섯 어휘범주의 누적백분율이 거의 55%에 이르는 것을 확인할 수 있다.

한편, 비단말 어휘 집합을 구성하는 다른 한 축은 구범주인데, 일반적으로 구범주는 수형도상에서 교점의 자리에 나타나며, P → Q1 Q2 ⋯ Qn의 형식을 가진 구구조 규칙에서 화살표 왼편의 P 자리를 차지한다. 트리뱅크 PennTree21에서 사용된 구구조 규칙들 몇 가지가 아래의 (7)에 제시되어 있다. 이 규칙들을 통해 우리는 NP, VP, PP 및 S 등이 구범주에 속함을 할 수 있다. 각 구구조 규칙 뒤의 숫자는 그 규칙이 적용된 빈도를 가리킨다.

(7) 구구조 규칙

S → NP VP   (94,177)

NP → DT NN   (54,756)

NP → NP PP   (56,794)

VP → VB NP   (14,001)

VP → MD VP   (13,716)

PP → IN NP   (130,461)

이제 트리뱅크 PennTree21의 전산문법에서 정의된 구범주 26개의 전체 목록을 제시하면 다음과 같다.

[표 3] 구범주 목록

범주 기호	설명	범주 기호	설명
S	문장(절)	NX	명사구의 핵어
SBAR	종속절	PP	전치사구
SBARQ	(의문사가 이끄는) 직접의문문	PRN	괄호구
SINV	도치 평서문	PRT	첨사구
SQ	도치 yes/no 의문문, 의문사절의 주문장	QP	양화사구
ADJP	형용사구	RRC	축약관계절
ADVP	부사구	UCP	유사 등위접속구
CONJP	접속사구	VP	동사구
FRAG	단편	WHADJP	의문 형용사구
INTJ	감탄구	WHADVP	의문 부사구
LST	리스트표지	WHNP	의문 명사구
NAC	비구성성분	WHPP	의문 전치사구
NP	명사구	X	미지구

위의 구범주 26개 가운데 그 명칭이 S, SBAR, SBARQ, SINV 및 SQ 등 S-로 시작하는 구범주들은 모두 절단위의 구범주들이다.

위의 목록에 나타나 있는 구범주들이 어떤 맥락에서 사용되는 지를 검토하기 위해 몇 가지에 대해서만 그 범주들이 출현하는 용례들을 살펴보기로 한다.

먼저 구범주 SINV가 출현하는 예를 보면 이 구범주가 주어와 동사간의 순서가 뒤바뀐 도치문들이 출현하는 구성성분임을 확인할 수 있다. 아래 문장의 분석에 적용된 구구조 규칙중의 하나가 SINV → PP VP NP이다. 이 규칙은 모두 113회 적용된 것으로 확인되었다.

(8) In front of him is *T* a gold phone . [T$_{3418}$]

이 용례의 수형도는 다음 [그림 2]와 같다.

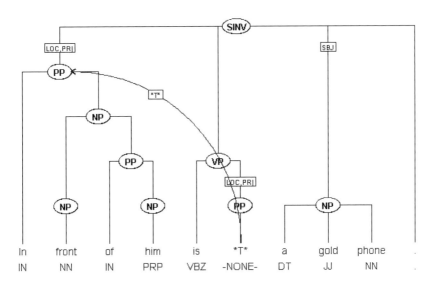

[그림 2] 도치문의 수형도

위 수형도에서 확인할 수 있듯이 용례 (8)은 전치사구(PP) 선치가 일어
난 문장으로 동사 is가 주어 NP(a gold phone)앞에 나타나는 전형적인 도
치구문이다.

다음의 예들은 각각 구구조 규칙 UCP → NN CC JJ과 UCP → ADVP
CC이 적용된 경우인데, 이처럼 구범주 UCP는 어휘범주들간 혹은 어휘범
주와 구범주들간의 비대칭형 등위접속을 표상하기 위해 도입된 범주명이
다. 이 가운데 첫 번째 규칙은 73회, 두 번째 규칙은 44회 적용되었다.

(9)

　a. The company is active in *office and residential* development in New
　　York . [T$_{42147}$]

b. There was *always and at all times* a contemporary music and it
expresses the era in which it was created * *T* . [T₃₇₃₉]

위 용례 (9a)의 구구조를 보여주는 수형도는 다음 [그림 3]과 같다.

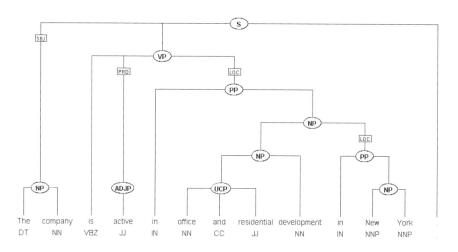

[그림 3] 유사 등위접속 구문의 수형도

위 수형도를 통해 확인할 수 있듯이 상이한 어휘범주 NN과 JJ에 속하
는 명사 office와 형용사 residential이 등위접속사 and를 가운데 두고 접
속되어 유사 등위접속구 UCP를 구성하고 있다. 일반적으로 등위접속 구
문은 등위접속사를 중심으로 한 동일한 구범주들간의 결합이거나 동일한
어휘범주들간의 결합이어야 하는데 이 구문은 그러한 제약을 준수하지
않은 것이어서 유사 등위접속 구문으로 분류된다.

이어서 구범주 NAC(비구성성분)가 출현한 예가 아래에 제시되어 있는
데, 이 경우 구구조 규칙 NAC → NNP NNP PP가 적용되었다. 그리고
NAC가 구구조 규칙의 왼편에 나타나는 경우는 트리뱅크에서 모두 28회

발견된다.

(10)

The issue exploded this year after a <u>Federal Bureau of Investigation</u> operation led to charges of widespread trading abuses at the Chicago Board of Trade and Chicago Mercantile Exchange . [T$_{66611}$]

이 용례에서 밑줄 친 Federal Bureau of Investigation(FBI)가 고유명사
–고유명사–전치사구 구조를 가진 비구성성분(NAC)에 속한다.

마지막으로 구범주 RRC는 축약 관계절에 대해 부여하는 범주명인데,
아래의 용례들을 통해 이를 확인할 수 있다.

(11)

a. Mr. Keo , *once a diplomat in Paris and Washington* , was Commissioner of Rural Affairs . [T$_{2377}$]

b. Alberto M. Paracchini , *currently chairman of BanPonce* , will serve as president of the bank holding company and chairman of the subsidiary . [T$_{57540}$]

이 예에서는 구구조 규칙 RRC → ADVP NP이 적용되었다. 이 규칙이
트리뱅크에서 21회 쓰인 것으로 나타난다. 이 규칙이 적용된 예들을 살
펴보면, 부사구(ADVP)의 핵어인 부사의 자리에 once, now, formerly,
currently 등 시간을 표현하는 부사들이 많이 출현하는 것을 확인할 수
있다. 이러한 RRC 구문 및 부사의 분포를 살펴보기 위해 실행한 검색식
은 다음 (12)와 같다.

(12)

#1:[cat="RRC"] &

#1 〉 #2:[cat="ADVP"] &

#1 〉 #3:[cat="NP"] &

#2 〉 #4:[pos="RB"] &

#2.*#3

이 검색식을 실행하여 #4로 지정된 부사(RB)의 출현빈도를 추출한 결과는 다음 [표 4]와 같다.

[표 4] 축약 관계절의 부사 출현빈도

출현빈도	부사	출현빈도	부사
5	once	1	out
5	now	1	usually
3	then	1	formerly
2	currently	1	hardly
1	not	1	long

종합하는 의미에서 트리뱅크 PennTree21에서 정의되고 적용된 구범주의 적용빈도가 어떻게 되는 지에 대해 살펴보자. 트리뱅크에서는 속성 cat를 구범주에 대해 할당하고 있다. 때문에 검색식 (12)를 실행하면 구범주의 목록과 더불어 개별 구범주의 출현빈도를 추출할 수 있다.

(13) #1:[cat=/.+/]

이 검색과정을 거쳐 추출된 빈도정보를 토대로 누적빈도 및 누적백분율을 계산하여 얻은 구범주의 통계분포는 다음 [표 5]와 같다.

[표 5] PennTree21의 구범주 분포

통사범주(cat)	빈도	누적빈도	누적백분율(%)
NP	594147	594147	42.79
VP	264467	858614	61.84
S	182434	1041048	74.98
PP	162683	1203731	86.70
SBAR	52827	1256558	90.50
ADVP	46264	1302822	93.84
ADJP	27133	1329955	95.79
WHNP	16429	1346384	96.97
QP	11862	1358246	97.83
WHADVP	5768	1364014	98.24
...	...	...	...
...	...	...	...
UH	1	1388403	100.00

PennTree21의 구범주는 모두 26개의 범주로 구성되는데 위 표를 살펴
보면 트리뱅크에 가장 많이 출현하는 구범주가 명사구(NP)이고, 동사구
(VP)와 문장(S)이 그 뒤를 따르는 것을 알 수 있다.[3] 또한 순위 1위-3위
를 차지하는 구범주들의 누적백분율이 거의 75%에 이르는 것을 확인할
수 있다.

트리뱅크 PennTree21의 전산문법에서는 앞서 여러 차례 서술한 바와
같이 구성성분의 문법기능(grammatical function)을 수형도상에서 교점과
교점을 연결하는 가지 위에 표시한다. 다음의 수형도를 보자.

---

[3] 구범주에 대해서는 Santorini et. al. (1991) 참조.

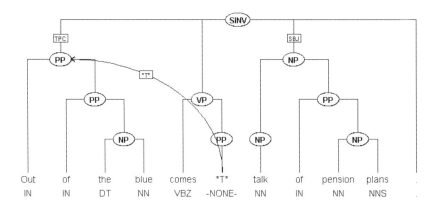

[그림 4] 수형도

위 수형도는 문장 Out of the blue comes talk of pension plans.의 구
성구조를 표상한 결과이다. 이 수형도상에 교점과 교점을 연결하는 가지
위에 붙은 표지들이 문법기능을 나타내는데, TPC(주제구)와 SB(주어)가 문
법기능을 표상한다. PennTree21의 전산문법에서는 이제까지 논의한 몇
가지 문법기능을 포함하여 모두 19가지 종류의 문법기능을 가정한다. 문
법기능의 전체 목록을 제시하면 다음과 같다.

(14) 문법기능 목록

ADV	부사어
BNF	수혜어
CLF	강조어
CLR	밀접연관어
DIR	방향어
DTV	간접목적어
EXT	영역확대부사어
HLN	표제어

LGS	논리적 주어
LOC	장소부사어
MNR	양태부사어
NOM	명사성분/명사어
PRD	보어
PRP	목적/이유 부사어
PUT	동사 put의 공간보충어
SBJ	주어
TMP	시간부사어
TPC	주제어
TTL	제목
VOC	호격

위 목록에서 "논리적 주어(LGS)"가 나타나는 문장을 검색하기 위해 아래 (15)와 같은 검색식을 사용한다.

(15) #1 〉LGS #2

검색결과 아래의 용례를 포함하여 3,654개 문장에서 한 번 이상씩 모두 3,939번 문법기능 LGS가 출현했다.

(16)

"Use of such weapons has been outlawed * by *the general opinion of civilized mankind* . [T$_{79}$]

위 용례를 통해 우리는 문법기능 LGS(논리적 주어)가 수동구문에 나타난다는 사실을 확인하게 된다. 이 용례의 수형도는 다음 [그림 5]와 같다.

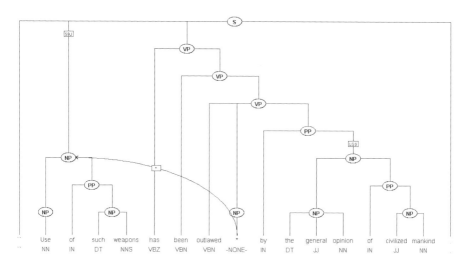

[그림 5] 논리적 주어(LGS)가 나타나는 수형도

위의 수형도상에서 논리적 주어 기능을 수행하는 명사구(NP)는 대응하는 능동문의 주어라는 사실도 확인가능하다. 수동구문에 등장하는 과거분사형 동사(VBN)에 우리의 관심을 돌려보면 영어의 경우 어떤 동사들이 주로 수동구문에 출현하는 지에 대한 통계적 지식을 산출할 수 있다. 이 목적을 위해 다음 (17)과 같은 검색식을 실행하면 된다.

(17)

#1:[cat="VP"] &

#1 〉 #2:[pos="VBN"] &

#1 〉 #3:[cat="PP"] &

#3 〉 #5:[pos="IN"] &

#3 〉LGS #6

이 검색식을 실행하여 지표 #2가 부여된 과거분사(VBN)의 출현빈도를 추출할 수 있다. 추출된 정보를 토대로 하여 출현빈도 순위를 기준으로 1위-30위를 차지한 수동분사-수동구문의 과거분사-의 빈도통계는 다음 [표 6]과 같다.

[표 6] PennTree21의 수동분사 분포

출현빈도	수동분사	출현빈도	수동분사
90	made	33	paid
88	led	30	headed
68	owned	30	produced
54	caused	28	acquired
52	backed	28	taken
50	hurt	27	affected
49	sold	27	created
48	followed	25	covered
47	used	24	issued
44	controlled	22	filed
43	offset	22	helped
42	held	22	set
40	approved	22	accompanied
39	offered	21	supported
36	rated	21	developed

위 표를 살펴보면 동사 make, lead, own, cause 및 back이 수동구문에 많이 출현하는 것을 확인할 수 있다. 이 동사들의 과거분사가 수동구문에 나타나는 용례들을 제시하면 다음 (18)과 같다.

(18)

a. He is a utopian with a stake in tomorrow and he is a vulnerable human *made* * captive by the circumstances of today . [T$_{5723}$]

b. Nasdaq 's gain was led * by its biggest industrial stocks . [T$_{30681}$]

c. It is 38.5 % owned * by Canadian Express , another holding company
. [T$_{29331}$]

d. The accident was caused * by faulty operation of a valve . [T$_{33071}$]

e. The loan is backed * by Healthcare 's 5.4 % stake in HealthVest and
interest in certain facilities . [T$_{29054}$]

위 용례들 가운데 용례 (18b)의 수형도를 살펴보자.

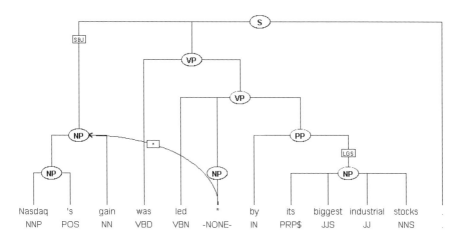

[그림 6] 수동구문의 수형도

위 수형도를 통해 문법적으로 명사구 *its biggest u=industrial stocks*
가 논리적 주어(LGS) 기능을 수행하고 이 수동문의 표층주어(SBJ) 기능을
맡은 명사구 *Nasdaq's gain*은 타동사 *lead*의 목적어 자리에 흔적(*)을 남
기고 주어 자리로 이동한 사실을 확인할 수 있다.

이제까지 몇 가지 문법기능에 대해 논의를 했다. 다음 [표 7]은 트리뱅크로부터 추출한 빈도정보를 토대로 생성한 문법기능들의 누적빈도 및 누적백분율을 보여준다.

[표 7] 문법기능의 출현빈도 및 누적 백분율

문법기능	빈도	누적빈도	누적백분율(%)
SBJ	170405	170405	51.39
TMP	36269	206674	62.33
PRD	30016	236690	71.39
LOC	22716	259406	78.24
CLR	16722	276128	83.28
ADV	13319	289447	87.30
DIR	8752	298199	89.94
MNR	7167	305366	92.10
NOM	6009	311375	93.91
TPC	5731	317106	95.64
PRP	5624	322730	97.34
LGS	3939	326669	98.52
EXT	2423	329092	99.26
TTL	728	329820	99.47
VOC	674	330494	99.68
DTV	555	331049	99.85
PUT	348	331397	99.95
BNF	91	331488	99.98
CLF	61	331549	100.00
HLN	13	331562	100.00

PennTree21에서 문법기능은 모두 20개로 구성된다. 위 표를 살펴보면 트리뱅크에 가장 많이 출현하는 문법기능 주어(SBJ)이고, 그 뒤를 이어 시간부사어(TMP), 보어(PRD) 및 장소부사어(LOC)가 상대적으로 많이 출현하는 것을 확인할 수 있다. 또한 순위 1위-4위를 차지하는 네 가지 문법

기능의 누적백분율이 거의 80%에 이르는 것을 확인할 수 있다. 이 가운데 출현빈도가 가장 높은 주어(SBJ)가 실현되는 구범주(cat)에는 어떤 것들이 있는 지를 검토하는 것도 의의가 있다. 이를 위해 다음 (19)와 같은 검색식을 실행하면 된다.

(19) #1 〉SBJ #2

이 검색식을 실행한 다음에 변수 #2를 대상으로 하여 구범주(cat)의 출현빈도를 추출하여 그 결과를 살펴보기로 한다.

[표 8] 주어기능을 수행하는 구범주 통계

출현빈도	구범주(cat)
170263	NP
75	SBAR
59	S
4	PP
2	ADJP
1	SQ
1	UCP

이 통계를 살펴보면 명사구(NP)가 압도적으로 많이 주어 기능을 수행하는 것을 알 수 있다.

트리뱅크 PennTree21의 문법기능과 연관된 내용을 정리하자면, 이 트리뱅크의 전산문법에서는 모두 20개의 문법기능 표지를 설정하여 문장분석에 사용하고 있다. 수형도상에서는 교점과 교점을 연결하는 가지에 선택적으로 문법기능 표지가 하나씩 부여된다. 문법기능 중 가장 출현빈도가 높은 기능은 주어(SBJ)로서 170,405회 나타나는데 백분율이 50%를 상회한다. 마지막으로 코퍼스내에서 문법기능과 관련한 용례를 검색할 때

#1 〉SBJ #2 와 같은 유형의 검색식-수형도상에서 상하 관할관계를 나타 내는 기호인 '〉' 뒤에 문법기능 표지를 붙이는 형식-을 사용하는데, 문 법기능의 경우 변수가 허용되지 않아 출현빈도의 추출시에 문법기능별로 통계를 산출해야 한다.

앞서 논의한 바와 같이 형식문법적인 용어로 생성규칙(Production Rules) 이 구구조 문법에서는 구구조 규칙(Phrase Structure Rules)이다. PennTree21 의 전산문법에서는 모두 24,611개의 구구조 규칙이 사용되고 있으며 그 중에서 가장 많이 사용된 규칙은 전치사구 규칙 PP → IN NP이다.[4) 아 래의 [표 9]에 Penn 트리뱅크에서 출현빈도가 가장 높은 구구조 규칙 6 개의 출현빈도, 누적빈도 및 누적백분율이 제시되어 있다.

[표 9] 구구조 규칙의 누적백분율

순위	구구조 규칙	빈도	누적빈도	누적백분율(%)
1	PP → IN NP	130461	130461	9.40
2	S → NP VP	94177	224638	16.18
3	NP → -NONE-	65688	290326	20.91
4	NP → NP PP	56794	347120	25.00
5	NP → DT NN	54756	401876	28.95
6	NP → PRP	49370	451246	32.50
…	…	…	…	…
2460	VP → VB ADVP PP ADV	12	1344747	96.86
…	…	…	…	…
24611	ADJP → VBN PRT PP	1	1388403	100

위의 데이터를 살펴보면 전치사(IN)와 명사구(NP)가 결합하여 전치사구

---

4) PennTree21의 구구조 규칙 전체 목록은 웹사이트 http://www.smart21.kr/digling에 제시 된다. 구구조 규칙의 사용빈도를 기반으로 하여 "누적빈도"와 "누적백분율"을 구하기 위 해 PERL 스크립트를 사용했다.

(PP)를 이루는 전치사구 생성규칙이 가장 많이 출현하는 것을 확인할 수 있다. 명사구(NP)와 동사구(VP)가 결합하여 문장(S)을 만드는 결합규칙이 그 뒤를 따른다. 세 번째 규칙은 어떤 구성성분이 다른 자리로 이동을 해 가면서 남긴 흔적, 어휘범주 대신 '-NONE-'으로 표기됨, 이 명사구(NP)에 의해 관할되는 구성관계를 나타낸 것이다.

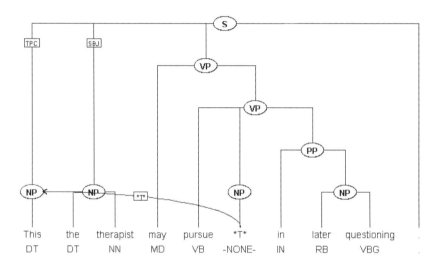

[그림 7] 범주들간의 구성관계

위 수형도에서는 본래 동사 pursue의 직접목적어 자리에 있던 지시대명사 this가 문장의 가장 앞자리로 이동하고 그 자리에 흔적(*T*)이 남는데, 이 흔적으로 명사(NP)가 관할하는 것으로 표상되어 있다. 네 번째 순위를 차지한 구구조 규칙 NP → NP PP은 명사구(NP)가 명사구(NP)와 전치사구(PP)를 직접적으로 관할하고 하위에 위치한 NP가 PP보다 선행하는 구구조를 나타낸 것이다. 이러한 구성관계를 보이는 예들로는 the recorded transcript of a professional linguist과 the woods on the school grounds 등을 들 수 있다. 다섯 번째로 자주 출현하는 규칙 NP → DT NN은 관사

(DT)가 명사(NN)에 선행하고 둘이 결합하여 명사구(NP)를 구성하는 구성 관계를 포착하기 위한 것이다. 위 수형도에서 확인할 수 있듯이 명사구 the therapist가 이 규칙을 적용하여 표상한 구구조이다. 위에 제시한 구 구조 규칙들은 모두 24,611개 구구조 규칙들 가운데 사용빈도가 높은 규 칙들이다. 이 규칙들의 구성관계를 살펴보면 모든 규칙은 화살표를 기준 으로 왼편의 비단말 통사범주 하나와 오른편의 하나 혹은 둘 이상의 비 단말 통사범주 혹은 단말 어휘범주의 조합으로 구성된다. 규칙 PP → IN NP의 경우 화살표 왼편에 비단말 통사범주(PP) 하나가 나타나고 오른편 에 단말 어휘범주(IN) 하나와 비단말 통사범주(NP) 하나가 나타난 구조를 보인다. 반면, 규칙 S → NP VP은 화살표 왼편에 비단말 통사범주(S) 하 나가 나타나고 오른편에 단말 어휘범주(NP, VP) 두 개가 나타나는 구조를 보인다. 마지막으로 규칙 NP → PRP의 경우에는 화살표 왼편에 비단말 통사범주(NP) 하나가, 오른편에 단말 어휘범주(PRP) 하나가 나타난 구조 로 되어 있다. 이처럼 개별 구구조 규칙의 구성관계는 여러 가지 유형으 로 분석될 수 있다.

하버드 대학의 언어심리학자 Zipf는 언어사용자들이 어휘사용에 있어 자주 사용하는 어휘를 더 자주 사용한다는 관찰로부터 언어사용과 관련 한 최소노력의 법칙("The Principle of Least Effort")을 세웠다. 이는 일종의 언어경제성 원리라 할 수 있다. 앞서 논의한 [표 9]를 자세히 들여다보면 Zipf 법칙이 개별 어휘를 넘어 구구조 규칙에도 적용된다는 사실을 다시 확인하게 된다. 왜냐하면 구구조 규칙들 가운에 사용빈도가 상위 10%(규 칙 24,611개 가운데 상위 2,460개 규칙)에 속하는 구구조 규칙들의 누적 사용 백분율이 무려 96.86%에 이르기 때문이다.

이제 주요 구범주를 중심으로 어떤 구구조 규칙들이 빈번히 사용되는 지를 살펴보자. 이제 상위교점의 구범주가 S, NP, VP, AP, PP인 규칙들 의 분포 및 누적빈도 등에 대해 차례로 살펴보기로 하자.

먼저 구범주 S를 상위범주로 하는 구구조 규칙들에 대해 논의한다. S 를 구구조 규칙의 화살표 왼쪽에 두는 규칙들 가운데 출현빈도가 높은 규칙들의 통계분포는 다음 [표 10]과 같다. 이 표에는 출현빈도, 누적빈 도 및 누적백분율에 대한 통계정보가 포함되어 있다.

[표 10] S를 상위범주로 하는 구구조 규칙들

구구조 규칙	빈도	누적빈도	누적백분율(%)
S → NP VP	94177	94177	51.62
S → NP VP .	30750	124927	68.48
S → -NONE-	7164	132091	72.40
S → PP , NP VP .	3992	136083	74.59
S → NP ADVP VP	2513	138596	75.97
S → S , CC S .	2371	140967	77.27

이 표를 보면, 명사구(NP)와 동사구(VP)가 함께 문장층위의 구범주 S를 구성하는 규칙이 가장 많이 사용되는데, S를 상위범주로 하는 구구조 규 칙들가운데 50% 넘게 적용되는 것을 알 수 있다.

다음으로 구범주 NP를 상위범주로 하는 구구조 규칙들에 대해 살펴보 자. 명사구 NP를 구구조 규칙의 화살표 왼쪽에 두는 규칙들 가운데 출현 빈도가 높은 규칙들의 통계분포는 다음 [표 11]과 같다.

[표 11] NP를 상위범주로 하는 구구조 규칙들

구구조 규칙	빈도	누적빈도	누적백분율(%)
NP → -NONE-	65688	65688	11.06
NP → NP PP	56794	122482	20.61
NP → DT NN	54756	177238	29.83
NP → PRP	49370	226608	38.14
NP → NN	24806	251414	42.32
NP → NNP	22560	273974	46.11

이 표를 살펴보면, 구범주 NP를 구성하는 규칙 가운데 흔적을 남기고
다른 자리로 이동한 명사구가 가장 많이 사용된 것을 확인할 수 있다. 그
뒤를 이어 명사구(NP)와 전치사구(PP)가 함께 구범주 NP를 구성하는 규칙
이 많이 사용되는데, 이 규칙의 사용율도 10%에 이른다. 세 번째로 많이
쓰이는 명사구 규칙은 NP → DT NN이다. 이 규칙은 한정사(DT)와 명사
(NN)이 명사구를 구성하는 구성관계를 보여준다.

다음으로 구범주 VP를 상위범주로 하는 구구조 규칙들에 대해 살펴보
자. 동사구 VP를 구구조 규칙의 화살표 왼쪽에 두는 규칙들 가운데 출현
빈도가 높은 규칙들의 통계분포는 다음 [표 12]와 같다.

[표 12] VP를 상위범주로 하는 구구조 규칙들

구구조 규칙	빈도	누적빈도	누적백분율(%)
VP → TO VP	21872	21872	8.27
VP → VB NP	14001	35873	13.56
VP → MD VP	13716	49589	18.75
VP → VBD NP	10076	59665	22.56
VP → VBD VP	8447	68112	25.75
VP → VBN NP PP	8419	76531	28.94

이 표를 들여다보면, 부정사구를 이끄는 to와 동사구(VP)가 함께 구범
주 VP를 구성하는 규칙이 동사구를 생성하는 규칙들 가운데 가장 많이
사용된 것을 확인할 수 있다. 그 뒤를 이어 동사(VB)가 명사구(NP)가 함께
구범주 VP를 구성하는 규칙이 많이 사용된다. 구구조 규칙 VP → MD
VP이 세 번째로 많이 쓰이는 동사구 규칙인데 이 규칙은 조동사(MD)와
동사구(VP)가 동사구를 재구성하는 구성관계를 보여준다.

다음으로 구범주 ADJP를 상위범주로 하는 구구조 규칙들에 대해 살펴
보자. 형용사구 ADJP를 구구조 규칙의 화살표 왼쪽에 두는 규칙들 가운
데 출현빈도가 높은 규칙들의 통계분포는 다음 [표 13]과 같다.

[표 13] ADJP를 상위범주로 하는 구구조 규칙들

구구조 규칙	빈도	누적빈도	누적백분율(%)
ADJP → JJ	6161	6161	22.71
ADJP → RB JJ	2978	9139	33.68
ADJP → JJ PP	2131	11270	41.54
ADJP → JJ S	1113	12383	45.64
ADJP → JJ CC JJ	952	13335	49.15
ADJP → CD NN	901	14236	52.47

이 표를 살펴보면, 형용사(JJ)가 단독으로 구범주 ADJP를 구성하는 규칙이 형용사구를 생성하는 규칙들 가운데 가장 많이 사용된 것을 확인할 수 있다. 그 뒤를 이어 부사(RB)가 형용사(JJ)가 함께 구범주 ADJP를 구성하는 규칙이 많이 사용된다. 구구조 규칙 ADJP → JJ PP이 세 번째로 많이 쓰이는 형용사구 규칙인데 이 규칙은 형용사(JJ)와 전치사구(PP)가 형용사구를 재구성하는 구성관계를 보여준다.

다음으로 구범주 PP를 상위범주로 하는 구구조 규칙들에 대해 살펴보자. 전치사구 PP를 구구조 규칙의 화살표 왼쪽에 두는 규칙들 가운데 출현빈도가 높은 규칙들의 통계분포는 다음 [표 14]와 같다.

[표 14] PP를 상위범주로 하는 구구조 규칙들

구구조 규칙	빈도	누적빈도	누적백분율(%)
PP → IN NP	130461	130461	80.19
PP → TO NP	13795	144256	88.67
PP → IN S	4649	148905	91.53
PP → -NONE-	1698	150603	92.57
PP → IN PP	1436	152039	93.46
PP → ADVP IN NP	1155	153194	94.17

이 표를 살펴보면, 전치사(IN)가 명사구(NP)와 함께 구범주 PP를 구성

하는 규칙이 전치사구를 생성하는 규칙들 가운데 가장 많이 사용된 것을
확인할 수 있다. 그 뒤를 이어 전치사 to(TO)가 명사구(NP)와 함께 구범주
PP를 구성하는 규칙이 많이 사용된다. 구구조 규칙 PP → IN S가 세 번
째로 많이 쓰이는 전치사구 규칙인데 이 규칙은 전치사(IN)와 문장(S)이
전치사구를 재구성하는 구성관계를 보여준다.

　이 장을 마무리하기 전에, 검색시스템 TIGERSearch를 이용하여 Penn
트리뱅크로부터 구성성분들간의 결합관계에 대한 데이터를 추출하는 과
정에 설명하려고 한다. 먼저 아래의 스크린 샷 [그림 8]과 같이 검색기
TIGERSearch을 열어 트리뱅크 PennTree21을 불러들인 다음 상단 메뉴의
"Query"를 클릭한다.

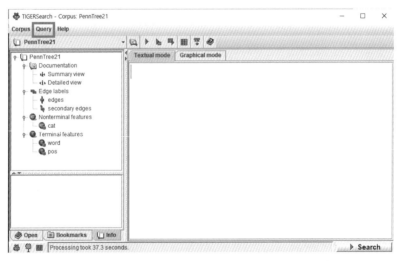

[그림 8] 트리뱅크 PennTree21을 불러들여 상단 메뉴의 "Query"를 선택

　다음, "Query"의 하위항목 중 "Export Matches"를 선택하면 [그림 9]와
같은 화면을 접하게 된다.

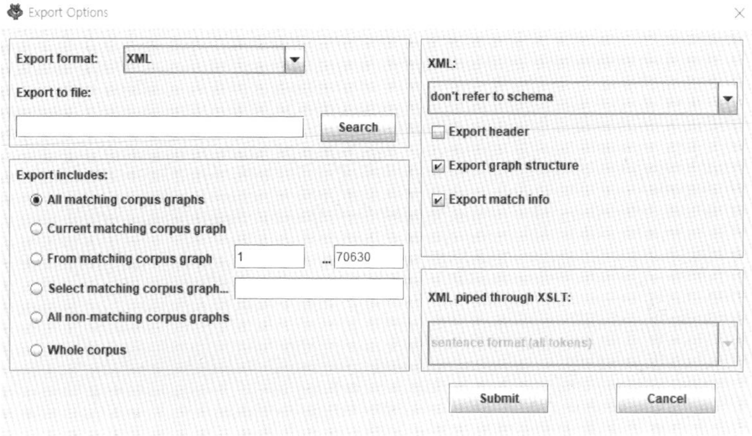

[그림 9] 구구조 규칙 내보내기 기능 사용가능 환경

이어서, 좌측 상단의 포맷을 "XML piped through XSLT"를 선택한 후에 결과를 저장할 파일을 "PSG-PennTree21.txt"로 명명한다. 이어 좌측 최하단의 "Whole corpus"를 선택한 다음에 우측 최하단의 하위메뉴 가운데 "context-free rules"를 선택한다. 최종적으로 [그림 10]과 같은 화면을 마주하게 된다.

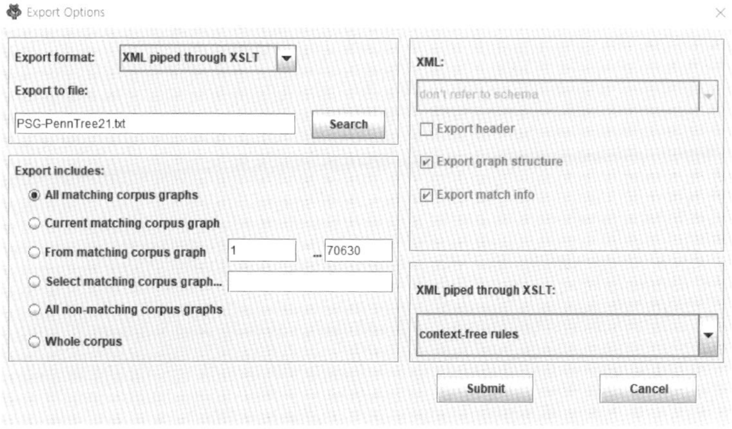

[그림 10] 저장할 파일 이름을 기재한 상태

　위 상태에서 우측 하단의 "submit" 버튼을 클릭함으로써 Penn 트리뱅크에 사용된 모든 구구조 규칙에 대한 데이터 파일 "PSG-PennTree21.txt"을 생성할 수 있다. 이 데이터를 가공하여 구구조 규칙의 출현빈도, 누적빈도 및 누적백분율을 산출함으로써 영어의 전산문법을 재구성할 수 있다.

　이 장에서는 트리뱅크 PennTree21의 기저가 되는 형식문법의 이모저모에 대해 논의를 했다. 논의의 대상으로 삼은 주제들은 어휘범주 체계, 구범주 체계, 문법기능 체계 및 구구조 규칙 부문이다. 구구조 규칙들의 사용과 연관하여 Zipf 법칙이 구구조 규칙에도 타당하게 적용된다는 사실을 확인할 수 있었다.

제7장

어휘층위의 영어 분석

이 장에서는 어휘층위와 연관되는 주제들로서 품사차원에서 명사와 동사, 형용사, 전치사/접속사의 분포 및 파생어와 합성어의 통계적 분포에 대해서 검토한다. 파생어로는 명사 파생어, 동사 파생어, 형용사 파생어 및 부사 파생어에 대해, 합성어로는 형용사 합성어 및 명사 – 명사 구성을 보이는 명사 합성어에 대해 논의한다.

먼저 명사의 분포에 대해 살펴보자. 명사들의 출현빈도를 구하기 위해 아래의 (1)과 같은 검색식을 사용한다.

(1) #1:[pos="NN"]

이 검색식을 실행하면 일반명사의 단수형이 단어형(토큰)을 기준으로 220,908개 추출된다. 다음 쪽의 [표 1]은 트리뱅크로부터 추출한 빈도정보를 토대로 생성한 명사들의 누적빈도 및 누적백분율을 보여준다.

이 표를 살펴보면 추출된 14,363개(type기준) 명사 가운데 상위 20%(순위 2,870위)에 해당하는 명사 celebrity까지의 누적백분율이 88%를 넘는 것을 확인할 수 있다. 이러한 통계는 앞 장에서 논의한 바 있는 Zipf 법칙이 명사의 사용에도 적용된다는 사실에 대한 적절한 근거이다.

[표 1] 명사의 출현빈도 및 누적 백분율

순위	명사	빈도	누적빈도	누적백분율(%)
1	company	3111	3111	1.45
2	year	2855	5966	2.78
3	market	2550	8516	3.96
4	share	1762	10278	4.79
5	stock	1599	11877	5.53
6	time	1593	13470	6.27
7	trading	1225	14695	6.84
8	president	1133	15828	7.37
9	business	1102	16930	7.88
10	government	1026	17956	8.36
11	quarter	973	18929	8.81
12	week	904	19833	9.23
13	way	902	20735	9.65
14	man	884	21619	10.06
15	group	867	22486	10.47
16	price	865	23351	10.87
17	interest	822	24173	11.25
18	money	780	24953	11.62
19	yesterday	765	25718	11.97
20	day	726	26444	12.31
...	...			
1434	planet	25	168440	78.42
1436	passion	25	168490	78.44
...	...			
2870	celebrity	9	189631	88.28
...	...			
14363	krona	1	214795	100.00

이제 동사의 분포에 대해 논의하자. 다음 쪽의 (2)와 같은 검색식을 사용하여 동사들의 출현빈도를 구할 수 있다.

(2) #1:[pos="VB"]

이 검색식을 실행함으로써 단어형(토큰)을 기준으로 동사 47,894개가 트리뱅크로부터 추출된다. 빈도정보를 토대로 생성한 명사들의 누적빈도 및 누적백분율이 아래의 [표 2]에 제시되어 있다.

[표 2] 동사의 출현빈도 및 누적 백분율

순위	동사	빈도	누적빈도	누적백분율(%)
1	be	6487	6487	13.54
2	have	2323	8810	18.39
3	make	902	9712	20.28
4	get	870	10582	22.09
5	do	794	11376	23.75
6	take	710	12086	25.23
7	see	613	12699	26.51
8	go	603	13302	27.77
9	buy	521	13823	28.86
10	sell	517	14340	29.94
11	say	435	14775	30.85
12	know	397	15172	31.68
13	give	374	15546	32.46
14	pay	367	15913	33.23
15	help	365	16278	33.99
16	come	340	16618	34.70
17	keep	324	16942	35.37
18	think	298	17240	36.00
19	find	292	17532	36.61
20	continue	279	17811	37.19
...	...			
293	wish	25	36858	76.96

...	...			
588	warn	11	41630	86.92
...	...			
2931	theorize	1	47894	100.00

위의 표를 살펴보면 추출된 2,931개(type기준) 일반동사 가운데 상위
20%(순위 588위)에 해당하는 동사 warn까지의 누적백분율이 87% 정도 되
는 것을 확인할 수 있다. 이러한 통계는 Zipf 법칙이 일반동사의 사용에
도 적용된다는 사실을 뒷받침한다.

세 번째 품사로 형용사의 분포에 대해 검토하자. 형용사들의 출현빈도
를 구하려면 아래의 (3)과 같은 검색식을 사용해야 한다.

(3) #1:[pos="JJ"]

이 검색식을 실행하면 형용사의 기본형이 단어형(토큰)을 기준으로
101,756개 추출된다. 다음 [표 3]은 트리뱅크로부터 추출한 빈도정보를
토대로 생성한 형용사들의 누적빈도 및 누적백분율을 보여준다.

[표 3] 형용사의 출현빈도 및 누적 백분율

순위	형용사	빈도	누적빈도	누적백분율(%)
1	other	2194	2194	2.16
2	new	2018	4212	4.14
3	last	1457	5669	5.57
4	first	1250	6919	6.80
5	such	1208	8127	7.99
6	many	1133	9260	9.10
7	own	810	10070	9.90

8	next	772	10842	10.65
9	major	758	11600	11.40
10	good	730	12330	12.12
11	big	730	13060	12.83
12	few	657	13717	13.48
13	federal	625	14342	14.09
14	same	622	14964	14.71
15	old	619	15583	15.31
16	much	603	16186	15.91
17	recent	599	16785	16.50
18	little	597	17382	17.08
19	financial	586	17968	17.66
20	small	560	18528	18.21
...	...			
1596	pertinent	7	83167	81.73
1597	surgical	7	83174	81.74
...	...			
3192	marvelous	3	90373	88.81
...	...			
15969	ound-foolish	1	101756	100.00

위의 표를 살펴보면 트리뱅크로부터 추출된 15,969개(type기준) 형용사 가운데 상위 20%(순위 3,192위)에 해당하는 형용사 marvelous까지의 누적 백분율이 89% 가량 되는 것을 확인할 수 있다. 이러한 통계는 앞서 여러 차례 논의한 바 있는 Zipf 법칙이 형용사의 사용에도 적용된다는 사실에 대한 좋은 근거이다.

이제 마지막으로 전치사와 접속사의 분포에 대해 논의하자. PennTree21 에서 품사태그 IN이 to를 제외한 전치사들과 접속사들을 아우른다. 따라서 다음 쪽의 (4)와 같은 검색식을 사용하여 전치사와 접속사들의 출현빈도를 구할 수 있다.

(4) #1:[pos="IN"]

이 검색식을 실행함으로써 단어형(토큰)을 기준으로 전치사와 접속사 169,6134개가 트리뱅크로부터 추출된다. 빈도정보를 토대로 생성한 전치사와 접속사들의 누적빈도 및 누적백분율이 아래의 [표 4]에 제시되어 있다.

[표 4] 전치사와 접속사의 출현빈도 및 누적 백분율

순위	전치사&접속사	빈도	누적빈도	누적백분율(%)
1	of	39233	39233	23.13
2	in	24864	64097	37.79
3	for	12656	76753	45.25
4	on	8486	85239	50.25
5	that	8343	93582	55.17
6	with	7940	101522	59.86
7	at	7413	108935	64.23
8	from	6969	115904	68.33
9	by	6883	122787	72.39
10	as	6351	129138	76.14
11	about	2715	131853	77.74
12	In	2684	134537	79.32
13	than	2610	137147	80.86
14	into	1982	139129	82.03
15	if	1674	140803	83.01
16	because	1494	142297	83.90
17	after	1478	143775	84.77
18	over	1313	145088	85.54
19	like	1149	146237	86.22
20	through	1047	147284	86.84
...	...			
23	under	853	149993	88.43

...	...			
47	across	273	162590	95.86
...	...			
234	agin	1	169613	100.00

위의 표를 살펴보면 출현빈도 순위 1위부터 4위까지가 전치사(of, in, for, on)이고 접속사 that이 5위를 차지하고, 접속사 than이 13위 그리고 접속사 if가 15위를 차지하는 것을 확인할 수 있다. 전치사와 접속사의 사용에도 Zipf 법칙이 적용되는 것을 볼 수 있는데, 트리뱅크로부터 추출된 234개 (type기준) 전치사와 접속사 가운데 상위 20%(순위 47위)에 해당하는 단어 across까지의 누적백분율이 95%를 넘기 때문이다. 그 밖에도, 아래의 용례들에서처럼 순전히 전치사로 사용된 to는 트리뱅크에 14,065회 출현한다.

(5)

a. In other words , the way 0 the speaker relates *to* mother *T* is clearly indicated * . [T$_{25}$]

b. Consequently , it is referred * *to* the therapist for attention . [T$_{43}$]

c. Richardson glanced *to* sea and started slightly . [T$_{140}$]

다음 [그림 1]은 위 용례 (5b)의 구성구조를 표상한 수형도이다.

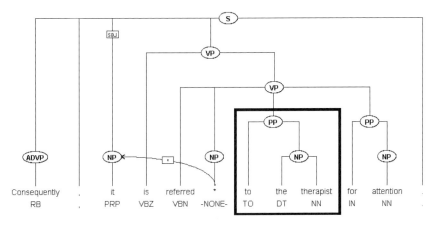

[그림 1] 전치사 to가 출현하는 수형도

위 수형도에서 인지할 수 있듯이 순수하게 전치사로 사용되는 to는 전치사구(PP)에 의해 직접 관할되고 자매성분인 명사구(NP)에 선행한다. 따라서 이와 같이 전치사 to가 출현하는 용례들을 추출하기 위해서는 다음 (6)과 같은 검색식이 필요하다.

(6)
#1:[cat="PP"] &
#1 〉 #2:[pos="TO"] &
#1 〉 #3:[cat="NP"]

이 검색식을 실행시키면 12,478개 수형도가 검색되는데, 둘 이상의 전치사가 출현하는 용례들도 있기 때문에 모두 14,065개 to가 추출된다.
to는 전치사외에도 to-부정사 구문을 이끌기도 하는데 다음 용례들이 그런 예들이다.

(7)

a. Influential people in America were warning the Pentagon *to* be prepared * against desperation gas attacks by the Germans in future campaigns . [T₇₄]

b. Some extremists went so far as * *to* urge our using it first . [T₇₅]

아래의 [그림 2]는 to-부정사 구문이 포함된 용례 (7b)의 수형도이다.

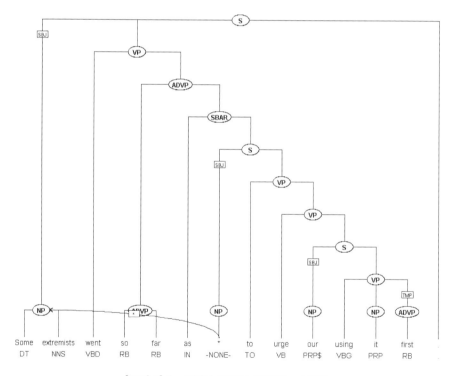

[그림 2] to-부정사 구문이 출현하는 수형도

위 수형도를 통해 to-부정사 구문을 이끄는 to는 동사구(VP)에 의해 직접 관할되고 자매성분인 동사구(VP)에 선행한다는 것을 알 수 있다.

이제 파생어의 분포에 대해 살펴보자. 먼저 두 가지 유형의 파생명사에 대해 논의한다. 첫째 유형으로서 형용사에 접미사 '-ity'를 붙여서 명사를 만들 수 있다. 명사의 어미가 접미사 '-ity'로 끝나는 명사목록을 추출하기 위해 사용하는 검색식은 다음 (8)과 같다.

(8) #1:[word=/.+ity/&pos="NN"]

이 검색식을 실행하면 모두 3,637개 용례가 추출되고 그 안에는 3,871개 -ity 파생명사가 포함되어 있다. 다음 (9a)-(9c)는 -ity 파생명사가 출현하는 용례들이다.

(9)

a. More than that , Allied air had complete <u>superiority</u> in the Eighth Army 's sector . [T$_{104}$]

b. Richardson had returned their departing grins with the noncommittal nod that *T* is the <u>security</u> officer 's stock in trade . [T$_{138}$]

c. The Director , Walter E. Clark , believes that a school with children living full time in its care must take full <u>responsibility</u> for their welfare . [T$_{264}$]

위 문장들속의 'superiority', 'security' 및 'responsibility'가 -ity 파생명사들이다. 'superiority'는 명사 파생접미사 '-ity'의 도움으로 형용사 'superior'로부터, 'security'는 형용사 'secure'로부터 그리고 'responsibility'는 형용사 'responsible'로부터 파생된 것이다. 이처럼 접미사 '-ity'가 붙은 파생명사들의 목록을 제시하면 다음 쪽의 [표 5]와 같다.

[표 5] -ity 파생명사들의 빈도통계

빈도	파생명사	빈도	파생명사
165	activity	57	utility
141	majority	57	liability
135	capacity	54	reality
125	ability	49	university
123	security	41	profitability
122	volatility	37	priority
110	community	35	credibility
105	opportunity	32	electricity
83	responsibility	31	stability
79	maturity	30	productivity
76	facility	28	publicity
74	minority	27	charity
73	possibility	27	flexibility
72	liquidity	25	popularity
64	commodity	22	intensity

　　빈도 순위를 기준으로 1위부터 30위까지의 파생명사들을 나열한 위의 표를 살펴보면 형용사 'active'로부터 파생한 'activity'와 형용사 'major'로부터 파생한 'majority'가 트리뱅크 PennTree21에서 가장 많이 출현하고 그 뒤를 형용사 'capacious'로부터 파생한 'capacity', 형용사 'able'로부터 파생한 'ability' 및 형용사 'secure'로부터 파생한 'security' 등이 따른다는 것을 알 수 있다.

　　두 번째 유형의 파생명사는 'politician', 'historian', 'musician'과 같이 접미사 '-ian'으로 끝나는 명사이다. 파생접미사 '-ian'은 명사에 붙어 어근명사가 의미하는 일을 하는 '사람'이라는 추가의미를 부여하는 기능을 수행한다. 이러한 파생명사들을 트리뱅크로부터 추출하기 위해 다음 (10)에 제시된 검색식을 사용한다.

(10) #1:[word=/.+ian/ & pos="NN"]

이 검색식을 실행하면 96개의 용례속에 출현하는 파생명사 100개가 추출된다. 먼저 용례들을 몇 개 살펴보자.

(11)

a. The advantages of dilatation by the <u>physician</u> are both physical and psychological . [T$_{658}$]

b. Yet nationalism has lost few of its charms for the <u>historian</u> , writer or man in the street . [T$_{1826}$]

c. The <u>musician</u> ran away from school when he was fifteen *T* , but this escapade did not save him from the Gymnasium . [T$_{3691}$]

위 용례 (11a)에 나타나는 'physician'은 명사 'physic(치료법)'으로부터 파생한 명사로서 '내과의사'라는 의미를, (11b)에 출현하는 명사 'historian'은 명사 'history'로부터 파생한 명사로서 '역사학자'라는 의미를 그리고 (11c)에 들어 있는 명사 'musician'은 명사 'music'으로부터 파생한 명사로서 '음악가'라는 의미를 갖는다. 이와 같이 접미사 '-ian'이 붙은 파생명사들의 목록이 아래의 [표 6]에 제시된다.

[표 6] -ian 파생명사들의 빈도통계

빈도	파생명사	빈도	파생명사
18	physician	2	ruffian
17	politician	2	librarian
7	historian	2	median
7	musician	2	pediatrician

5	guardian	1	agrarian
4	comedian	1	custodian
3	mathematician	1	statistician
3	technician	1	humanitarian
3	pedestrian	1	obsidian
2	veterinarian	1	electrician

위의 표에는 빈도 순위를 기준으로 1위부터 20위까지의 파생명사들이 열거되어 있다. 이 표를 통해서 명사 'physic'으로부터 파생한 'physician'과 명사 'politics'로부터 파생한 'politician'이 트리뱅크 PennTree21에서 가장 많이 출현하고 명사 'history'로부터 파생한 'historian', 명사 'music'으로부터 파생한 'musician' 및 명사 'guard(보호)'로부터 파생한 'guardian(보호자)' 등이 그 뒤를 따른다는 것을 확인할 수 있다.

이어서 두 가지 유형의 파생동사에 대해 논의한다. 첫째 유형으로서 명사나 동사에 '-을 없애는'이라는 의미를 가진 접두사 'dis-'를 붙여서 동사를 생성하는 dis-파생동사에 대해 살펴본다. 접두사 'dis-'로 시작하는 동사목록을 추출하기 위해 사용하는 검색식은 다음 (12)와 같다.

(12) #1:[word=/dis.+/ & pos="VB"]

이 검색식을 실행하면 모두 338개의 용례가 추출되고 그 안에는 344개의 dis-파생동사가 포함되어 있다. 다음 (13a)-(13c)는 dis-파생동사가 출현하는 용례들이다.

(13)

a. But the older and wiser heads had <u>dismissed</u> his warning as alarmist .
   [T_{100}]

b. Very few fried foods are used * and the use of salt and pepper is
   <u>discouraged</u> * . [T₃₄₈]

c. Early in her life she had <u>discovered</u> that where there were men *T* ,
   there was money , and with the two came luxury and liquor . [T₈₂₆]

위 용례들속의 'dismiss', 'discourage' 및 'discover'가 dis-파생동사들
이다. 'dismmis'는 동사 파생접두사 'dis-'의 도움으로 명사 'miss'로부터,
'discourage'는 명사 'courage'로부터 그리고 'discover'는 명사 'cover'로부
터 파생된 것이다. 이처럼 접두사 'dis-'가 붙은 파생동사들의 목록을 제
시하면 아래의 [표 7]과 같다.

[표 7] dis-파생동사들의 빈도통계

빈도	파생동사	빈도	파생동사
58	disclose	7	dismiss
56	discuss	7	disagree
17	discover	6	disgorge
16	distribute	6	dispose
14	disappear	5	discount
11	discourage	4	dislike
10	display	4	disarm
9	disrupt	4	distract
8	dissolve	3	discontinue
7	disturb	3	dispatch

빈도 순위를 기준으로 1위부터 20위까지의 파생동사들을 나열한 위의
표를 살펴보면, 동사 'close'로부터 파생한 'disclose'와 명사 'cuss'로부터
파생한 'discuss'가 트리뱅크 PennTree21에서 가장 많이 출현하고 그 뒤
를 명사 'cover'로부터 파생한 'discover', 명사 'tribute'로부터 파생한

'distribute' 및 동사 'appear'로부터 파생한 'disappear' 등이 따른다는 것을 알 수 있다.

두 번째 유형의 파생동사는 'overemphasize', 'overload', 'overgrow'과 같이 접두사 'over-'로 시작하는 동사이다. 파생접두사 'over-'는 어근동사에 붙어 '과도하게, 넘어서는'라는 추가의미를 부여하는 기능을 수행한다. 이러한 파생동사들을 트리뱅크로부터 추출하기 위해 다음 (14)에 제시된 검색식을 사용한다.

(14) #1:[word=/over.+/ & pos=/VB.+/]

이 검색식을 실행하면 86개의 용례속에 출현하는 파생동사 86개가 추출된다. 먼저 용례들을 몇 개 살펴보자.

(15)

a. The effects of earthquakes on civilization have been widely publicized
   * , even <u>overemphasized</u> * . [T$_{2064}$]

b. We flew in rickety planes so <u>overloaded</u> that we wondered why they
   did n't crash *T* . [T$_{2344}$]

c. In the Delaware River , three long islands were <u>overgrown</u> * with
   greening trees and underbrush . [T$_{7250}$]

위 용례 (15a)에 나타나는 'overemphasize'는 동사 'emphasize'로부터 파생한 동사로서 '과장하다'라는 의미를, (15b)에 출현하는 동사 'overload'는 동사 'load'로부터 파생한 동사로서 '초과해서 싣다'라는 의미를 그리고 (15c)에 들어 있는 동사 'overgrow'은 동사 'grow'로부터 파생한 동사로서 '무성하다'라는 의미를 갖는다. 이와 같이 접두사 'over-'가 붙은 파생동사들의 목록이 아래의 [표 8]에 제시된다.

[표 8] over-파생동사들의 빈도통계

빈도	파생동사	빈도	파생동사
19	overcome	2	overreact
12	override	1	overpay
11	overhaul	1	overrule
8	oversee	1	overbid
6	overthrow	1	overpower
5	overstate	1	overlap
5	overturn	1	oversell
3	overlook	1	overpurchase
3	overwhelm	1	overheat
2	overemphasize	1	overtake

위의 표에는 빈도 순위를 기준으로 1위부터 20위까지의 파생명사들이 열거되어 있다. 이 표를 통해서 동사 'come'으로부터 파생한 'overcome'과 동사 'ride'로부터 파생한 'override'가 트리뱅크 PennTree21에서 가장 많이 출현하고 동사 'haul'로부터 파생한 'overhaul', 동사 'see'로부터 파생한 'oversee' 및 동사 'throw'로부터 파생한 'overthrow' 등이 그 뒤를 따른다는 것을 확인할 수 있다.

이제 파생형용사에 대해 살펴보자. 우리가 분석하고자 하는 대상은 파생접미사 -able이 동사어간에 추가되어 '-이 가능한'이라는 의미가 부가되는 -able 파생형용사이다. 이 부류에 속하는 형용사들을 트리뱅크로부터 추출하기 위해 사용하는 검색식은 다음 (16)과 같다.

(16) #1:[pos="JJ"&word=/.+able/]

이 검색식을 실행하면 1,799개 용례속에 나타나는 1,859개의 -able 파생형용사를 추출할 수 있다. 이와 관련한 몇 가지 용례를 보이면 다음 (17a)-(17c)와 같다.

(17)

    a. For example , if you are a reasonably well-adjusted person , there are certain ways that *T* are <u>reasonable</u> and appropriate for * addressing your mother . [T$_{20}$]

    b. The radar station with the best location was still not <u>serviceable</u> . [T$_{109}$]

    c. Some hymens are so strongly developed that they can not be torn * without <u>considerable</u> pain to the girl and marked loss of blood . [T$_{642}$]

위 용례들속의 'reasonable', 'serviceable' 및 'considerable'이 -able 파생형용들이다. 'reasonable'은 형용사 파생접미사 '-able'의 도움으로 동사 'reason'으로부터, 'serviceable'은 동사 'service'로부터 그리고 'considerable'은 동사 'consider'로부터 파생된 것이다. 이처럼 접미사 '-able'이 붙은 파생형용사들의 목록을 제시하면 아래의 [표 9]와 같다.

[표 9] -able 파생형용사들의 빈도통계

빈도	파생형용사	빈도	파생형용사
206	available	32	vulnerable
79	profitable	28	adjustable
60	comparable	27	remarkable
55	comfortable	26	durable
53	reasonable	25	taxable
49	considerable	23	sizable

40	favorable	21	desirable
36	capable	18	acceptable
35	payable	17	inevitable
33	valuable	16	questionable

빈도 순위를 기준으로 1위부터 20위까지의 파생형용사들을 나열한 위의 표를 살펴보면, 동사 'avail'로부터 파생한 'available'와 동사 'profit'로부터 파생한 'profitable'이 트리뱅크 PennTree21에서 가장 많이 출현하고 그 뒤를 동사 'compare'로부터 파생한 'comparable', 동사 'comfort'로부터 파생한 'comfortable' 및 동사 'reason'으로부터 파생한 'reasonable' 등이 따른다는 것을 알 수 있다.

마지막으로 파생부사에 대해 살펴보자. 영어에서 형용사 어간에 부사형 파생접미사 '-ly'를 붙여 부사를 생성하는 기재는 매우 생산적이다. 부사의 어미가 접미사 '-ly'로 끝나는 부사목록을 추출하기 위해 사용하는 검색식은 다음 (18)과 같다.

(18) #1:[pos="RB" & word=/.+ly/]

이 검색식을 실행하면 모두 14,043개 용례가 추출되고 그 안에는 16,094개 -ly 파생부사가 포함되어 있다. 다음 (19a)-(19c)는 -ly 파생부사가 출현하는 용례들이다.

(19)

a. I state categorically that we shall under no circumstances resort to the use of such weapons unless they are first used * by our enemies ". [T$_{81}$]

b. Richardson glanced to sea and started slightly . [T$_{140}$]

c. At <u>exactly</u> 7:30 , he felt a fluttering object brush his face . [T$_{150}$]

위 문장들속의 'categorically', 'slightly' 및 'exactly'가 -ly 파생부사들이다. 'categorically'는 파생접미사 '-ly'의 도움으로 형용사 'categorical'로부터, 'slightly'는 형용사 'slight'로부터 그리고 'exactly'는 형용사 'exact'로부터 파생된 것이다. 이처럼 접미사 '-ly'가 붙은 파생부사들의 목록을 제시하면 아래의 [표 10]과 같다.

[표 10] -ly 파생부사들의 빈도통계

빈도	파생부사	빈도	파생부사
336	recently	149	largely
305	nearly	148	sharply
296	really	133	closely
276	probably	130	fully
227	currently	127	suddenly
206	especially	127	apparently
201	slightly	126	finally
199	simply	121	partly
197	particularly	119	highly
187	quickly	118	certainly
177	previously	114	immediately
177	usually	108	widely
157	generally	108	heavily
151	actually	105	relatively
149	directly	104	clearly

빈도 순위를 기준으로 1위부터 30위까지의 파생부사들을 나열한 위의 표를 살펴보면 형용사 'recent'로부터 파생한 'recently'와 형용사 'near'로부터 파생한 'nearly'가 트리뱅크 PennTree21에서 가장 많이 출현하고 그

뒤를 형용사 'real'로부터 파생한 'really', 형용사 'probable'로부터 파생한 'probably' 및 형용사 'current'로부터 파생한 'currently' 등이 따른다는 것을 알 수 있다.

이제 주제영역을 달리하여 합성어(compounding)에 대해 논의하자. 먼저, 형용사 합성어에 대해 살펴본다. 우리가 관심있게 분석하고자 하는 형용사 합성어는 하이픈으로 연결된 합성어로서 핵어가 형용사로 분류되는 합성어이다. 그 예로는 'world-wide', 'blue-chip', 'well-known' 등이 있다. 이러한 형용사 합성어들을 트리뱅크로부터 추출하기 위해 다음 (20)에 제시된 검색식을 사용한다.

(20) #1:[pos="JJ" & word=/.+W-.+/]

이 검색식을 실행하면 9,287개의 용례 속에 출현하는 합성어 10,695개가 추출된다. 아래에 트리뱅크로부터 추출한 용례들이 제시된다.

(21)

   a. Newest to this <u>high-powered</u> battery are *T* the experts in linguistics who *T* have carried that minimum to a new level . [T$_{34}$]

   b. Of course they learned in time that they not only could use <u>whole-wheat</u> bread , but the children liked it better . [T$_{299}$]

   c. When the chance came *T* , they first eliminated cold cereal once a week , then gradually converted to hot <u>fresh-ground</u> cereal every day . [T$_{316}$]

위 용례 (21a)에 나타난 형용사 합성어는 'high-powered'는 형용사 'high'와 과거분사 'powered'가 결합하여 생성된 합성형용사이다. (21b)에

출현하는 형용사 합성어 'whole-wheat'는 형용사 'whole'과 명사 'wheat'
가 결합하여 만들어진 합성어인데, 순전히 형태적으로 판단할 때 이 합
성어는 형용사가 아니고 명사이지만 문맥상 명사 'bread'를 수식하는 위
치에 있기 때문에 형용사로 분석이 된다. 마지막으로 (21c)에 들어 있는
형용사 합성어 'fresh-ground'는 형용사 'fresh'와 과거분사 'groundd'가
결합하여 생성된 합성형용사이다. 이와 같이 하이픈으로 연결된 합성형
용사들의 목록이 아래의 [표 11]에 제시된다.

[표 11] 합성형용사들의 빈도통계

빈도	합성형용사	빈도	합성형용사
238	third-quarter	43	three-month
170	long-term	42	one-year
159	year-earlier	42	blue-chip
114	short-term	40	fourth-quarter
94	so-called	40	after-tax
93	over-the-counter	39	line-item
78	30-year	38	five-year
77	year-ago	38	per-share
66	world-wide	33	three-year
64	high-yield	31	asset-backed
57	one-time	30	well-known
54	six-month	30	high-risk
50	10-year	29	fixed-rate
46	stock-index	27	state-owned
45	two-year	27	second-largest

위의 표에는 빈도 순위를 기준으로 1위부터 30위까지의 합성형용사들
이 열거되어 있다. 이 표를 통해서 서수 'third'와 명사 'quarter'과 결합
하여 수식 형용사 기능을 합성어 'third-quarter'가 트리뱅크 PennTree21

에서 가장 많이 출현하고 합성어 'long-term', 'year-earlier', 'short-term' 및 'so-called' 등이 그 뒤를 따른다는 것을 확인할 수 있다.

마지막 주제로 영어에서 생산성이 매우 높은 것으로 알려져 있는 명사 -명사 구성을 보이는 명사합성어에 대해 논의해 보자. 이 합성어들은 'natural disaster', 'radar station', 'security officer'와 같이 명사 두 개 가 인접하여 결합함으로써 새로운 의미를 생성하게 되는 명사이다. 이러 한 합성명사들을 트리뱅크로부터 추출하기 위해 다음 (22)에 제시된 검 색식을 사용한다.

(22)
#1:[cat="NP"] &
#1 〉 #2:[pos="NN"] &
#1 〉 #3:[pos="NN"] &
#2.#3

이 검색식을 실행하면 16,566개의 용례속에 출현하는 합성명사 21,362 개가 추출된다. 이제 용례들을 몇 개 살펴보자.

(23)

a. * Situated * in a region of some of the loveliest mountain scenery in the country , the school buildings are located * amid open fields and farm lands . [T$_{261}$]

b. Serious attention must also be given * to the husband 's problems in the honeymoon situation . [T$_{683}$]

c. She was in Egypt during the revolution and had passport difficulty . [T$_{840}$]

위 용례 (23a)에 나타나는 'mountain scenery'는 명사 'mountain'과 명사 'scenery'가 결합하여 합성명사를 이룬 것이고, (23b)에 출현하는 합성어 'honeymoon situation'은 명사 'honeymoon'과 명사 'situation'가 결합하여 합성명사가 된 것이다. 그리고 (23c)에 들어 있는 명사 'passport difficulty'는 명사 'passport'와 명사 'difficulty'가 결합하여 합성명사로 생성된 것이다. 이와 같이 명사 두 개가 결합하여 생성된 합성명사들의 목록을 제시하면 아래의 [표 12]와 같다.

[표 12] 합성명사들의 빈도통계

빈도	합성어	빈도	합성어
394	vice president	44	index arbitrage
351	stock market	42	share price
200	program trading	41	vice chairman
95	executive officer	41	tax cut
86	chief executive	41	price index
69	junk bond	40	interest rate
63	bond market	37	cash flow
63	tender offer	36	money manager
60	operating profit	36	brokerage firm
54	auto maker	35	law firm
53	percentage point	35	executive vice
47	face amount	33	parent company
47	trade deficit	33	year end
45	work force	32	ad agency
44	market share	32	stock exchange

위 표에는 빈도 순위를 기준으로 1위부터 30위까지의 합성명사들이 열거되어 있다. 이 표를 통해서 명사 'vice'와 명사 'president'가 결합하여 생성된 합성명사 'vice president'가 트리뱅크 PennTree21에서 가장 많이

출현하고 명사 'stock'과 명사 'market'가 결합하여 생성된 합성명사 'stock market', 그리고 명사 'program'과 명사 'trading'이 결합하여 생성된 합성명사 'program trading' 등이 그 뒤를 따른다는 것을 확인할 수 있다.

이 장에서 우리는 어휘층위의 연구주제로 4가지 품사의 출현빈도를 토대로 한 누적백분율에 대해 논의하고 더불어 Zipf 법칙이 품사의 분포에도 적용된다는 사실을 확인했다. 뿐만 아니라 파생명사, 파생동사, 파생형용사 등 파생어에 대한 통계분포에 대해서 살펴보았으며 합성형용사와 합성명사의 통계분포에 대해서도 검토했다.

제8장
문장층위의 영어 주제연구

트리뱅크 PennTree21로부터 추출한 통계데이터를 이용하여 문장층위에서도 다양한 연구를 수행할 수 있다. 이 장에서는 주제화 구문, 외치구문, to-부정사 구문에 대해 살펴보고자 한다.

첫 주제로 주제화(topicalization) 구문에 대해 검토하자. 트리뱅크 PennTree21에서 주제화 구문을 추출하는 방법은 매우 간단하다. TPC라는 문법기능을 부여받은 어구가 모두 주제화구이기 때문이다. 아래의 수형도 [그림 1]을 통해 주제화 구문이 트리뱅크에서 어떻게 표상되는 지를 확인할 수 있다.

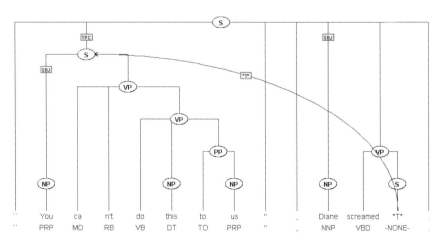

[그림 1] 주제화 구문의 표상

이 수형도를 살펴보면 주제구(TPC) 기능을 수행하는 구성성분이 통사적으로 문장(S)으로 분류되고, 이 문장이 동사 "screamed"의 목적어 자리로 부터 문장의 첫 번째 자리로 이동함으로써 주제화가 이루어진 것을 확인할 수 있다. 이러한 주제화 구문을 PennTree21로부터 추출하기 위해 사용한 검색식은 다음 (1)이다.

(1)

#1:[] 〉TPC #2:[] &

#1 〉 #3:[cat="VP"] &

#3 〉* #4:[pos=/VB.*/] &

#3 〉* #5:[word=/W*TW*/] &

#4.#5 &

#5 〉~W*TW* #2

이 복합 검색식을 실행하면 모두 3,567개 용례와 3,580개의 주제화 구문이 추출된다. 먼저 용례 몇 가지를 살펴보자.

(2)

a. " You ca n't do this to us " , Diane screamed *T* . [T$_{894}$]

b. " Cancer " ! ! Mrs. Shaefer practically shrieked *T* . [T$_{964}$]

c. " Nature often takes care of the problem " , says *T* Dr. Brodie .
[T$_{1145}$]

d. " How do you know that *T* " ? ? Demanded *T* Mary . [T$_{9245}$]

위의 4개 용례 가운데 용례 (2a)의 구구조가 [그림 1]로 표상된 것이며, 이 구조에서 주제구(TPC)는 통사적으로 문장(S)이고 이 주제구를 직접적

으로 관할하는 구성성분의 통사범주도 문장(S)이다. 또한 주제구를 기저
구조에서 지배하는 동사는 "sreamed"이다. 반면, 용례 (2b)의 경우, 주제
구는 명사(NP)이고 이 주제구를 직접 관할하는 상위 교점은 문장(S)이며
주제구의 기저동사는 "shrieked"이다. 그리고 용례 (2c)의 경우, 주제구는
용례 (2a)와 마찬가지로 문장(S)이고 이 주제구를 직접 관할하는 상위 교
점은 도치문(SINV)이며 주제구의 기저동사는 "says"이다. 마지막으로 용
례 (2d)의 경우에, 주제구는 의문사가 이끄는 직접의문문(SBARQ)이고 이
주제구를 직접 관할하는 상위 교점은 도치문(SINV)이며 주제구의 기저동
사는 "demanded"이다.

위의 복합검색식 (1)을 활용하여 주제구의 통사범주와 주제구를 직접
관할하는 상위교점의 통사범주의 출현빈도를 추출할 수 있는데 이들의
통계분포는 다음의 [표 1]과 같다.

[표 1] 상위교점과 주제구의 통사범주 분포

상위교점		주제구	
통사범주	출현빈도	통사범주	출현빈도
S	1944	S	2898
SINV	1632	NP	138
SQ	2	VP	97
NP	1	SBARQ	93
VP	1	FRAG	92
		INTJ	70
		SQ	64
		ADVP	33
		PP	29
		ADJP	29
		SBAR	21
		SINV	8

		UCP	6
		X	1
		WHNP	1

위 표를 살펴보면 통사범주 S(문장)이 상위교점으로 가장 많이 출현하고 SIN(도치문)이 그 뒤를 따라 많이 출현하는 것을 확인할 수 있다. 또한 주제구의 경우, 마찬가지로 통사범주 S(문장)이 가장 많이 출현하고 NP(명사구), VP(동사구) 및 SBARQ(의문사가 이끄는 직접의문문)이 그 뒤를 이어 많이 출현하는 것을 알 수 있다. 주제구를 목적어로 취하는 동사의 목록도 복합검색식을 운영하여 추출할 수 있는데 그 출현빈도를 정리한 결과가 다음 [표 2]에 제시되어 있다.

[표 2] 주제화 구문의 동사목록

출현빈도	동사	출현빈도	동사
1598	said	16	say
1056	says	15	adds
90	asked	14	wrote
43	thought	14	answered
37	added	12	replied
35	was	11	declares
33	is	11	explained
22	are	10	asks
21	recalls	9	explains
21	were	9	demanded

위 표에는 주제화 구문내에서의 출현빈도 순위를 기준으로 1위부터 20위까지의 동사들이 열거되어 있다. 이 표를 통해서 동사 'say'와 동사 'asked'가 트리뱅크 PennTree21의 주제화 구문에서 가장 많이 출현하고

동사 'think'와 동사 'add' 및 'be'–동사, 동사 'recall', 'write', 'answer', 'reply' 등이 그 뒤를 따른다는 것을 확인할 수 있다. 좀 더 세밀하게 동사의 출현빈도를 검토하기 위해 [표 2]의 단어형태를 기본형(lemma)으로 환원한 다음에 빈도정보를 산출하여 제시하면 다음 [표 3]과 같다.

[표 3] 주제화 구문의 동사 기본형 목록

동사	출현빈도	동사	출현빈도
say	2680	observe	9
be	117	wonder	8
ask	106	complain	8
add	52	exclaim	7
think	43	remark	7
recall	21	cry	7
explain	20	admit	6
declare	19	shout	6
reply	15	agree	6
write	14	mutter	6
answer	14	inquire	6
know	11	argue	5
note	10	report	5
insist	9	concede	5
predict	9	warn	5
demand	9		

위 표에는 출현빈도 순위를 기준으로 1위부터 31위까지의 동사들이 열거되어 있다. 이 표를 통해서도 동사 'say'가 압도적으로 많이 주제화 구문에 나타나는 것을 확인할 수 있다. 더불어 'be', 'ask', 'add' 및 'think' 등이 그 뒤를 따라 트리뱅크 PennTree21에서 많이 출현한다는 것을 알 수 있다. 주제화 구문에 빈번히 출현하는 이들 동사가 워드넷의 의미분류 체

계에 따르면 '소통동사' 부류에 속한다는 사실도 염두에 둘 필요가 있다.

이 장의 둘째 하위 주제로 외치(extraposition) 구문에 대해 살펴보자. 트리뱅크 PennTree21에서 외치 구문을 추출하는 방법은 주제화 구문과 마찬가지로 비교적 단순하다. 왜냐하면 *EXP*라는 문법기능을 부여받은 어구가 모두 외치구이기 때문이다. 외치 구문이 트리뱅크에서 어떻게 표상되는 지는 아래의 수형도 [그림 2]를 통해 확인할 수 있다.

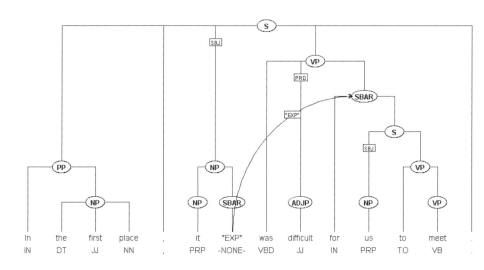

[그림 2] 외치구문의 구구조

이 수형도를 살펴보면 외치구의 대변어 *EXP*가 소위 가주어 "it"과 자매항을 이루어 출현하고, 이 대변어는 외치구와 문법기능 *EXP*를 통해 상호연관된다는 것을 확인할 수 있다. 더불어 외치구(*EXP*) 기능을 수행하는 구성성분이 문장이 오른쪽 외곽에 위치하고 통사적으로는 종속절(SBAR)로 분류된다는 사실도 확인할 수 있다. 이러한 외치 구문을 PennTree21로부터 추출하기 위해서 우리는 다음 (3)과 같은 검색식을 사용한다.

(3)

#1:[cat="NP"] &

#2:[word="it"] &

#3:[word=/W*EXPW*/] &

#1 〉#2 &

#2.#3 &

#4:[] &

#3 〉~W*EXPW* #4

이 복합 검색식을 실행하면 모두 667개 용례와 679개의 외치 구문이 추출된다. 용례 몇 개를 먼저 살펴보자.

(4)

a. " The food is wonderful and it *EXP* is a lot of fun <u>* to be here</u> " ! ! [T₂₅₆]

b. You say , " But it *EXP* costs a lot of money <u>* to have a hobby</u> . [T₅₈₂]

c. In this connection it *EXP* is worth * noting <u>how names are sometimes obtained * *T*</u> . [T₁₂₄₅]

d. But it *EXP* is plain <u>that a warning system , however efficient , is not enough</u> . [T₂₀₅₆]

e. In the first place , <u>it</u> *EXP* was difficult <u>for us to meet</u> . [T₂₃₃₆₇]

위의 5개 용례 가운데 용례 (4e)의 구구조가 [그림 2]로 표상된 것이며, 이 구조에서 외치구(*EXP*)는 통사적으로 종속절(SBAR)이고 이 외치구를 직접적으로 관할하는 구성성분의 통사범주는 동사구(VP)이다. 또한 외치구를 기저구조에서 지배하는 형용사는 "difficult"이다. 한편, 용례 (4a)의 경우, 외치구는 문장(S)이고 이 외치구를 직접 관할하는 상위 교점은 동사구(VP)이며 외치구의 기저 보어는 명사구(NP) "a lot of fun"이다. 그리고 용례 (4b)의 경우, 외치구는 실제 주어 대신 의미상의 주어가 설정된 문장(S)이고 이 외치구를 직접 관할하는 상위 교점은 동사구(VP)이며 외치구의 기저 보어는 명사구(NP) "a lot of money"이다. 또한 용례 (4c)의 경우, 외치구는 용례 (4e)와 의문부사 how가 이끄는 종속절(SBAR)이고 이 외치구를 직접 관할하는 상위 교점은 동사구(VP)이며 외치구의 기저 형용사는 "worth"이다. 마지막으로 용례 (4d)의 경우에, 외치구는 종속접속사 that이 이끄는 종속문(SBAR)이고 이 외치구를 직접 관할하는 상위 교점은 동사구(VP)이며 외치구의 기저 형용사는 "plain"이다.

위의 복합검색식 (3)을 활용하여 외치구에 부여된 통사범주의 출현빈도를 추출할 수 있는데 이들의 통계분포는 다음의 [표 4]와 같다.

[표 4] 외치구의 통사범주 분포

빈도	통사범주
344	S
333	SBAR
1	PP
1	ADJP

위 표를 살펴보면 외치구로서 통사범주 S(문장)과 SBAR(종속문)이 많이 출현하고 PP(전치사구) 및 ADJP(형용사구)가 각각 1회 출현하는 것을 알 수 있다. 이 가운데 외치구의 통사범주가 전치사구와 형용사구로 분석된 용례들을 제시하면 다음 (5a), (5b)와 같다.

(5)

a. * To experience them , it *EXP* is not necessary <u>for a people to be</u>
<u>actively aware of what *T* is happening to it</u> . [T~5452~]

b. The problems of the environment are so interrelated , so inextricably
entwined with our current way of life and so large that it *EXP* is
unlikely <u>0 we will be able * to address them effectively</u> unless major
changes are made * in less than 10 years . [T~64773~]

위의 용례 (5a)에서 외치구 "for a people to be actively aware of
what *T* is happening to it"는 to-부정사구 앞에 명시적인 주어 NP "a
people"이 전치사 for의 보족어로 등장하는 점이 특징적인데 바로 이런

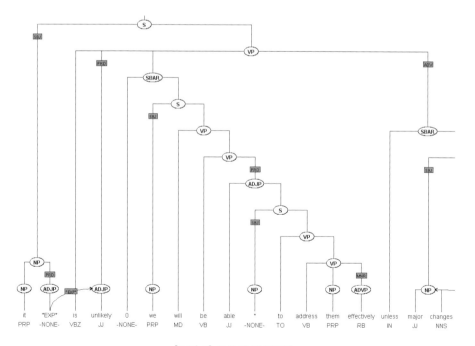

[그림 3] 오분석 외치구문

이유로 외치구 전체가 PP로 간주된다. 반면, 용례 (5b)에서 외치구는 밑줄 친 "0 we will be able * to address them effectively"인데, 트리뱅크 PennTree21에서는 단 하나의 형용사 "unlikely"로 구성된 형용사구(ADJP)가 외치구로 잘못 분석되어 있다. 따라서 이 용례의 외치구를 형용사구 (ADJP)가 아닌 종속문(SBAR)로 분석하는 것이 타당하다. 위 [그림 3]에 오분석 수형도가 제시된다.

이제까지 논의한 외치구문의 하위유형으로 아래 용례들과 같이 형용사가 보어로 등장하는 외치구문에 대해 검토하고자 한다.

(6)

a. " Both because of our culture 's stress on beauty and our improved economic conditions , some parents demand that the dentist try * to correct a problem before it *EXP* is wise <u>* to do so</u> . [T₁₁₄₈]

b. Giffen had advised that it *EXP* would not be too difficult <u>* to obtain freedom *ICH* locally for the old house servants</u> . [T₂₇₇₉]

c. But it *EXP* 's uncertain <u>whether these institutions will take those steps</u> . [T₇₀₆₇₈]

위의 용례 (6a)의 구구조에서 외치구(*EXP*) "* to do so"는 통사적으로 보아 의미상의 주어가 포함된 문장(S)이고 이 외치구를 직접적으로 관할하는 구성성분의 통사범주는 동사구(VP)이다. 또한 외치구를 기저구조에서 지배하는 형용사는 "wise"이다. 한편, 용례 (6b)의 경우, 외치구는 의미상의 주어가 설정된 문장(S)이고 이 외치구를 직접 관할하는 상위 교점은 동사구(VP)이며 외치구의 기저 형용사는 "difficult"이다. 그리고 용례 (6c)의 경우, 다음 [그림 4]를 통해 확인할 수 있듯이 외치구는 접속사 whether가 이끄는 종속절(SBAR)이고 이 외치구를 직접 관할하는 상위 교점은 동사구(VP)이며 외치구의 기저 형용사는 "uncertain"이다.

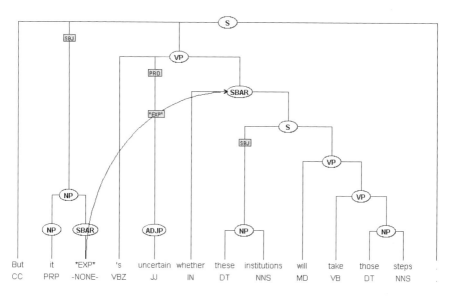

[그림 4] 외치구문의 구구조 수형도

이 수형도가 형용사가 외치구와 자매항을 이루는 전형적인 구구조를 보여주는데, 이러한 구조를 가진 외치구문을 추출하기 위해서 우리는 다음 (7)과 같은 복합검색식을 사용하면 된다.

(7)

#1:[cat="NP"] &

#2:[word="it"] &

#3:[word=/W*EXPW*/] &

#1 〉 #2 &

#2.#3 &

#4:[cat="VP"] &

#4 〉PRD #5:[cat="ADJP"] &

#5 〉 #6:[pos="JJ"] &

#4 〉 #7:[] &

#3 〉~W*EXPW* #7

이 복합 검색식을 실행하면 모두 296개 용례와 300개의 외치 구문이 추출된다. 이 검색식으로 추출한 용례들 중의 일부가 위 (6a)–(6c)에 이미 제시되었다. 위의 복합검색식 (7)을 활용하여 변항표지로 #6이 부여된 기저형용사의 출현빈도를 추출할 수 있는데 이들의 통계분포는 다음의 [표 5]와 같다.

[표 5] 기저 형용사의 분포

빈도	형용사	빈도	형용사
36	clear	6	unclear
23	possible	5	obvious
22	difficult	5	natural
15	important	5	right
15	impossible	4	prudent
12	hard	4	unlikely
9	easy	4	good
8	surprising	3	wise
7	safe	3	plain
7	necessary	3	nice
6	apparent	3	tough
6	true	3	dangerous

위 표에는 트리뱅크에 3회 이상 출현한 형용사들의 목록이 빈도와 함께 제시되어 있다. 이 표를 살펴보면 형용사 "clear"가 외치 구문에서 가장 빈번히 나타나고, "possible", "difficult", "important" 및 "impossibe" 등이 그

뒤를 따라 외치 구문에 많이 등장하는 것을 확인할 수 있다. 이들 형용사들은 필요성, 중요성, 난해성, 용이성 등을 의미하는 형용사 부류이다.[1]

위 (7)에 제시된 검색식을 다음 (8)과 같이 확장할 경우, 외치구문에 포함된 too-to-부정사(infinitive) 구문도 트리뱅크로부터 추출할 수 있다.

(8)
#1:[cat="NP"] &
#2:[word="it"] &
#3:[word=/W*EXPW*/] &
#1 〉 #2 &
#2.#3 &
#4:[cat="VP"] &
#4 〉PRD #5:[cat="ADJP"] &
#5 〉 #6:[pos="JJ"] &
#4 〉 #7:[] &
#3 〉~W*EXPW* #7 &
#8:[word="too"] &
#8$#6 &
#8.#6 &
#7 〉 #9:[cat="VP"] &
#9 〉 #10:[pos="TO" & word="to"]

확장 검색식을 실행하여 추출한 용례는 3개에 불과하다. 세 개를 모두 제시하면 아래 (9a)-(9c)와 같다.

---

1) 이와 관련한 논의는 이민행(2015:210) 참조.

(9)

　　a. Giffen had advised that it *EXP* would not be <u>too difficult * to obtain</u>
　　　 freedom *ICH* locally for the old house servants . [T₂₇₇₉] (= 6b)

　　b. The trouble here is that it *EXP* 's almost <u>too easy * to take</u> the
　　　 high moral ground when it does n't cost you anything *T* . [T₄₆₇₇]

　　c. However , the officials said 0 it *EXP* was <u>too early * to disclose</u> the
　　　 nature of the proposed projects or indicate when the talks might be
　　　 concluded * *T* . [T₆₆₁₅₆]

　　트리뱅크 PennTree21로부터 추출한 용례들을 통해 영어의 too-형용사
-to-동사 구문의 쓰임을 확인할 수 있다. 그런데 외치구문과 무관하게
일반적인 too-형용사-to-동사 구문을 트리뱅크에서 추출하고자 하면 다
음 (10)에 제시된 검색식을 사용할 수 있다.

　　(10)
　　#1:[cat="ADJP"] &
　　#1 〉 #2:[word="too"] &
　　#1 〉 #3:[pos="JJ"] &
　　#1 〉 #4:[cat="S"] &
　　#2$#3 &
　　#2.#3 &
　　#3$#4 &
　　#3.#4 &
　　#4 〉 #5:[cat="VP"] &
　　#5 〉 #6:[pos="TO" & word="to"]

이 검색식을 실행하면 용례 40개와 too-to 구문 41개가 추출된다. 그
가운데 용례 몇 개를 보이면 다음 (11a)-(11d)와 같다.

(11)

a. But he was <u>too busy * to hear</u> what she was saying *T* . [T$_{9959}$]

b. Mousie said 0 it was because he was <u>too proud * to stand</u> pity . [T$_{21564}$]

c. He was <u>too honorable * to leave</u> his wife penniless and leave those
   helpless children without their daddy . [T$_{22286}$]

d. But most companies are <u>too afraid * to take</u> that chance . [T$_{61481}$]

위 용례 가운데 대표적으로 (11d)의 구구조는 다음 [그림 5]와 같이 표
상된다.

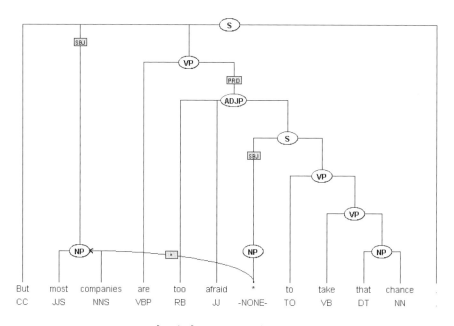

[그림 5] too-to 구문의 수형도

위 수형도를 살펴보면, 정도부사 too의 수식을 받는 형용사 afraid가 암묵적인 의미상의 주어를 가진 부정사구 "to take that chance"와 자매항을 이루고 있는 것을 확인할 수 있다. 이러한 구구조를 갖는 too-to 구문에 출현하는 형용사 목록도 위 검색식을 실행함으로써 추출할 수 있다. 그 결과를 제시하면 다음 [표 6]과 같다.

[표 6] too-to 구문의 형용사 목록

빈도	형용사	빈도	형용사
6	early	1	rough
3	important	1	likely
2	old	1	proud
2	small	1	broke
2	late	1	happy
2	young	1	honest
1	corrupt	1	proficient
1	simple	1	strong
1	long	1	busy
1	afraid	1	big
1	indolent	1	honorable
1	ill	1	stupid
1	absurd	1	anxious
1	eager	1	modest
1	debt-heavy	1	awful

위 표를 살펴보면, 형용사 'early'가 이 구문에서 가장 빈번히 출현하고 형용사 'important'가 그 뒤를 이어 많이 출현하는 것을 확인할 수 있다. 여기에 제시된 형용사 목록과 앞서 [표 5]에 제시된 외치구문의 기저 형용사 목록을 비교해 보면 상당히 차이가 있음을 알 수 있다. 일반적인 too-to 구문에 등장하는 형용사들이 의미적으로 폭넓은 영역에 분포되어

있는 반면, 외치구문에 나타나는 형용사들은 주로 평가나 난이성 등 제
한된 의미영역에 속하는 어휘들이다.

　지금부터는 to-부정사(infinitive) 구문에 대해 논의하자. 영어의 to-부
정사 구문의 쓰임과 관련하여 문법서에서는 일반적으로 명사적 용법, 형
용사적 용법, 부사적 용법으로 구분한다. 명사적 용법은 to-부정사 구문
이 주절 동사의 주어나 목적어 기능을 수행하는 경우이고, 형용사적 용
법은 to-부정사 구문이 선행하는 명사구를 수식하는 경우이며 부사적 용
법은 to-부정사 구문이 주절 동사를 수식하는 경우이다.

　먼저 to-부정사 구문의 명사적 용법에 대해, 보다 구체적으로 어떤 동
사들이 to-부정사 구문을 목적어로 취하는 가에 대해 검토하기로 한다.
아래에 제시된 문장들은 트리뱅크 PennTree21로부터 추출한 용례들이다.

(12)

    a. Below decks , Seaman 1 Stanley Bishop had <u>begun * to write a letter</u>
      <u>home</u> . [T$_{126}$]

    b. However , the last few years of your life , things <u>seem * to be</u>
      <u>changing</u> . [T$_{495}$]

    c. Perhaps you could n't do that but have you ever <u>tried * to see what</u>
      <u>you could do *T* with a hunk of wood</u> ? ? [T$_{563}$]

　위 용례들은 모두 to-부정사구의 (암묵적인) 의미상의 주어가 주절의
주어라는 공통점을 지닌다. 이러한 사실은 아래 [그림 6]에 표상된 용례
(12a)에 대한 구구조를 통해 확인할 수 있다.

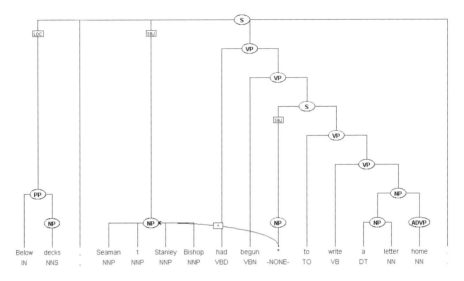

[그림 6] to-부정사 구문의 구구조

위 수형도에서 to-부정사구 "to write a letter home"은 암묵적인 의미
상의 주어 "*"와 함께 "S"(문장)을 구성하는 것으로 표상되어 있다. 이 의
미상의 주어는 다시 주절에 나타난 명시적 주어 "Seaman 1 Stanley
Bishop"와 제2차 표지 "*"를 통해 연결된다. 이 연결관계는 바로 주절의
주어가 to-부정사구의 의미상의 주어라는 뜻을 전하는 것이다. 위의 용
례들 (12b)와 (12c)에서도 마찬가지로 주절의 주어가 to-부정사구의 의미
상의 주어이다. (12b)의 경우, "things"가 to-부정사구의 의미상의 주어이
며 (12c)의 경우 "you"가 to-부정사구의 의미상의 주어로 간주된다. 이런
문장들과 같이 주절의 주어가 to-부정사구의 의미상의 주어인 용례들을
트리뱅크 PennTree21로부터 추출하기 위해서 다음 (13)과 같은 검색식을
사용한다.

(13)

#1:[cat="VP"] &

#1 〉 #2:[pos=/VB.*/&word!=/(am|is|are|was|were|been|has|have|had)/] &

#1 !〉PRP #3:[cat="S"] &

#3 〉SBJ #4:[cat="NP"] &

#2.#4 &

#4 〉 #5:[word=/W*/] &

#4 . #6:[cat="VP"] &

#6 〉 #7:[pos="TO"] &

#7.#8:[pos="VB"]

이 검색식을 실행하면 모두 7,023개 용례와 7,337개의 주절의 주어가 의미상의 주어인 to-부정사 구문이 추출된다. 이 검색식을 이용해서 추출한 용례들 중의 일부가 위 (12a)-(12c)에 이미 제시되었다. 위의 복합 검색식 (13)을 활용하여 변항표지로 #2가 부여된 주절동사의 출현빈도를 추출할 수 있는데 이들의 통계분포는 다음의 [표 7]과 같다.

[표 7] 주절동사의 분포 (주절의 주어가 의미상의 주어인 to-부정사 구문)

빈도	동사	빈도	동사
417	expected	102	like
393	going	101	seem
314	want	97	wants
290	trying	96	continued
246	agreed	87	seems
177	plans	79	continues
173	continue	77	need
159	declined	76	forced

145	wanted	71	scheduled
139	expects	68	decided
136	try	68	refused
134	tried	67	beginning
126	seemed	65	got
118	began	65	used
106	failed	59	supposed

위 표에는 출현빈도 순위를 기준으로 1위부터 30위까지의 동사들이 열거되어 있다. 이 표를 통해서 동사 'expect'가 주절의 주어를 의미상의 주어로 삼는 to-부정사 구문에 압도적으로 많이 나타나는 것을 확인할 수 있다. 또한 'go', 'want', 'try' 및 'agree' 등이 그 뒤를 따라 트리뱅크 PennTree21에서 많이 출현한다는 것을 알 수 있다.

이제 주절의 목적어를 의미상의 주어로 취하는 to-부정사 구문에 대해 논의하자. 먼저 몇 가지 문장을 살펴본다.

(14)

a. " Doctor " Lee <u>asked</u> <u>her to lie down on a bed and remove her shoes</u> . [T$_{952}$]

b. The government <u>forbade Hudson to return to Amsterdam with his ship</u> . [T$_{1548}$]

c. His duties as Massachusetts Secretary of State <u>obliged him to wait</u> until the adjournment of the legislature in mid-April . [T$_{2747}$]

위 용례들은 모두 to-부정사구의 (암묵적인) 의미상의 주어가 주절의 목적어라는 공통점을 지닌다. 이러한 사실은 아래 [그림 7]에 표상된 용례 (14a)에 대한 구구조를 통해 확인할 수 있다.

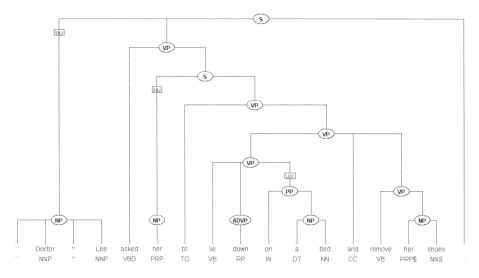

[그림 7] to-부정사 구문의 구구조 (2)

    위 수형도에서 to-부정사구 "to lie down on a bed and remove her shoes"은 주문장의 목적어 "her"와 함께 "S"(문장)을 구성하는 것으로 표상되어 있다. 이 주문장의 목적어는 바로 to-부정사구의 의미상의 주어로 간주된다. 위의 용례들 (14b)와 (14c)에서도 마찬가지로 주절의 목적어가 to-부정사구의 의미상의 주어이다. (14b)의 경우, "Hudson"이 to-부정사구의 의미상의 주어이며 (14c)의 경우 "him"이 to-부정사구의 의미상의 주어로 간주된다. 다음 (15)와 같은 검색식을 사용함으로써 주절의 목적어가 to-부정사구의 의미상의 주어가 되는 용례들을 트리뱅크 PennTree21로부터 추출할 수 있다.

(15)

\#1:[cat="VP"] &

\#1 〉 \#2:[pos=/VB.*/] &

#1 〉 #3:[cat="S"] &

#3 〉SBJ #4:[cat="NP"] &

#2.#4 &

#4 〉 #5:[word!=/W*/] &

#4 . #6:[cat="VP"] &

#6 〉 #7:[pos="TO"] &

#7.#8:[pos="VB"]

이 검색식을 실행하면 모두 582개 용례와 585개의 주절의 목적어가 의미상의 주어인 to-부정사 구문이 추출된다. 이 검색식을 이용해서 추출한 용례들 중의 일부가 위 (14a)-(14c)에 이미 제시되었다. 위의 복합검색식 (15)를 활용하여 변항표지로 #2가 부여된 주절동사의 출현빈도를 추출할 수 있는데 이들의 통계분포는 다음의 [표 8]과 같다.

[표 8] 주절동사의 분포 (주절의 목적어가 의미상의 주어인 to-부정사 구문)

빈도	동사	빈도	동사
44	allow	9	wants
41	want	9	cause
32	expect	8	enabled
30	expects	7	required
18	get	7	permit
18	caused	7	expecting
17	require	6	encourage
16	enable	6	lead
16	allowed	5	forces
16	forced	5	led
15	allows	5	prompted
14	wanted	5	help

13	force	5	like
13	allowing	5	requiring
12	expected	5	requires
11	forcing	5	enables

위 표에는 출현빈도가 5이상인 동사들(순위 기준으로 1위부터 32위)이 열거되어 있다. 이 표를 통해서 동사 'allow'와 'want'가 주절의 목적어를 의미상의 주어로 삼는 to-부정사 구문에 압도적으로 많이 나타나는 것을 확인할 수 있다. 더 나아가 'expect', 'get', 'cause' 및 'require' 등이 그 뒤를 따라 트리뱅크 PennTree21에서 많이 출현한다는 것을 알 수 있다.

지금까지 논의한 명사적 용법에 이어서 to-부정사 구문의 형용사적 용법에 대해 살펴보자. 아래에 제시된 문장들은 트리뱅크 PennTree21로부터 추출한 용례들이다.

(16)

a. This epic effort * to secure seed for the colony cost Selkirk Ab1,040 . [T$_{1677}$]

b. The source is known * so there is no necessity * to remove insecticide residues . [T$_{351}$]

c. Police did make an attempt * to check on Morse 's alibi . [T$_{3003}$]

위 용례들은 모두 to-부정사구가 선행하는 명사를 수식하는 형용사적 용법으로 쓰인 것이라는 공통점을 지닌다. 이러한 사실은 아래 [그림 8]에 표상된 용례 (16a)에 대한 구구조를 통해 확인할 수 있다.

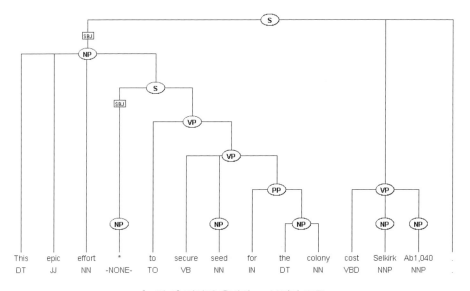

[그림 8] 명사적 용법의 to-부정사 구문

위 수형도에서 to-부정사구 "to secure seed for the colony"는 암묵적
인 의미상의 주어 "*"와 함께 "S"(문장)을 구성하면서 선행하는 명사(NN)
"effort"를 수식하는 것으로 표상되어 있다. 때문에 이 to-부정사구는 형
용사적 용법으로 쓰인 것으로 간주된다. 위의 용례들 (16b)와 (16c)에서도
마찬가지로 to-부정사구가 선행하는 명사를 수식한다. (16b)의 경우, to-
부정사구가 선행하는 명사 "necessity"를 수식하며 (16c)의 경우 to-부정
사구가 선행하는 명사 "attempt"를 수식한다. to-부정사구가 형용사적
용법으로 쓰여 선행하는 명사를 수식하는 용례들을 트리뱅크 PennTree21
로부터 추출하기 위해 다음 (17)와 같은 검색식을 사용할 수 있다.

(17)
#1:[cat="NP"] &
#1 〉 #2:[pos="DT"] &

```
#1 > #3:[pos="NN"] &

#1 > #4:[cat="S"] &

#4 >SBJ #5:[cat="NP"] &

#3.#5 &

#5 > #6:[word=/W*/] &

#5 . #7:[cat="VP"] &

#7 > #8:[pos="TO"] &

#8.#9:[pos="VB"]
```

이 검색식을 실행하면 모두 774개 용례와 787개의 형용사적 용법으로
쓰인 to-부정사 구문이 추출된다. 이 검색식을 이용해서 추출한 용례들
중의 일부가 위 (16a)-(16c)에 이미 제시되었다. 위의 복합검색식 (17)를
활용하여 변항표지로 #3이 부여된 to-부정사구에 선행하는 명사의 출현
빈도를 추출할 수 있는데 이들의 통계분포는 다음의 [표 9]와 같다.

[표 9] 선행 명사의 분포

빈도	명사	빈도	명사
84	effort	16	contract
69	right	16	desire
63	attempt	15	option
49	plan	14	proposal
42	opportunity	14	bid
42	chance	8	authority
32	need	7	move
30	agreement	7	failure
29	decision	7	offer
24	ability	7	campaign
18	power		

위 표에는 출현빈도가 7이상인 동사들(순위 기준으로 1위부터 21위)이 열거되어 있다. 이 표를 통해서 명사 'effort'와 'right'가 형용사적 용법의 to-부정사 구문의 수식을 많이 나타나는 것을 확인할 수 있다. 또한 명사 'attempt', 'plan', 'opprtunity' 및 'chance' 등이 그 뒤를 따라 형용사적 용법의 to-부정사 구문과 빈번히 공기한다는 것을 알 수 있다.

이제 마지막으로 부사적 용법의 to-부정사 구문에 대해 살펴보자. 아래에 제시된 문장들은 트리뱅크 PennTree21로부터 추출한 용례들이다.

(18)

a. I came * <u>to warn you of a plot</u> " ! ! [T$_{7890}$]

b. But he is a West Point graduate and therefore must be born * <u>to command</u> " . [T$_{1797}$]

c. But the thought occurred that God would want this opportunity used * <u>to tell them about Him</u> . [T$_{7805}$]

위 용례들은 모두 to-부정사구가 주절의 동사를 수식하는 부사적 용법으로 쓰인 것이라는 공통점을 지닌다. 이러한 사실은 다음 쪽의 [그림 9]에 표상된 용례 (18a)에 대한 구구조를 통해 확인할 수 있다.

위 수형도에서 to-부정사구 "to warn you of a plot"은 암묵적인 주어 "*"와 함께 "S"(문장)을 구성하면서 주문장의 동사 "came"을 수식하는 것으로 표상되어 있다. to-부정사구와 주절의 동사의 수식-피수식 관계에서 to-부정사구는 "목적(purpose)"을 의미하기 때문에 교점 "S"(문장)가 문법기능으로 "PRP"를 부여받는다. 위의 용례들 (18b)와 (18c)에서도 마찬가지로 to-부정사구가 주절의 동사를 수식한다. (18b)의 경우, 주절의 동사 "born"이 to-부정사구의 수식을 받으며 (18c)의 경우 "used"가 to-부정사구의 수식을 받는 것으로 간주된다.

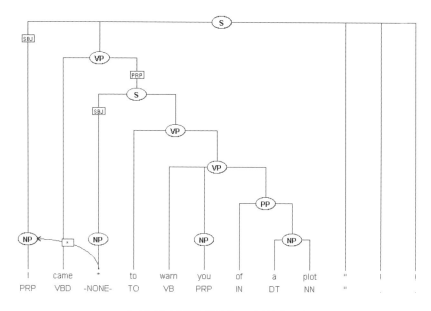

[그림 9] 부사적 용법의 to-부정사 구문

다음 (19)와 같은 검색식을 사용함으로써 to-부정사구가 주절의 동사를 수식하는 부사적 용법의 용례들을 트리뱅크 PennTree21로부터 추출할 수 있다.

(19)

#1:[cat="VP"] &

#1 〉 #2:[pos=/VB.*/&word!=/(am|is|are|was|were|been|has|have|had)/] &

#1 〉PRP #3:[cat="S"] &

#3 〉SBJ #4:[cat="NP"] &

#2.#4 &

#4 〉 #5:[word=/W*/] &

#4 . #6:[cat="VP"] &

#6 〉 #7:[pos="TO"] &

#7.#8:[pos="VB"]

이 복합검색식을 실행하면 모두 131개 용례와 132개의 부사적 용법으로 쓰인 to-부정사 구문이 추출된다. 이 검색식을 이용해서 추출한 용례들 중의 일부가 위 (18a)-(18c)에 이미 제시되었다. 위의 복합검색식 (19)를 활용하여 변항표지로 #2가 부여된 to-부정사구에 의해 수식을 받는 주절의 동사 목록을 추출할 수 있다. 다음의 [표 10]은 이 동사들의 통계적 분포를 보여준다.

[표 10] 주절 동사의 분포 (부사적 용법의 to-부정사 구문)

빈도	동사	빈도	동사
10	resigned	2	called
7	paused	2	returning
7	came	2	turning
6	turned	2	borrowed
5	come	2	created
5	leaving	2	meet
3	left	2	returned
3	needed	2	priced
3	stop		

위 표에는 출현빈도가 2이상인 동사들(순위 기준으로 1위부터 17위)이 열거되어 있다. 이 표를 통해서 동사 'come'과 'resign'2)이 부사적 용법의

---

2) 다음 용례들에서 확인할 수 있듯이 동사 "resign"은 to-부정사구 "to pursue...interests"와 함께 관용어처럼 빈번히 사용된다:

Mr. Corr resigned * to pursue other business interests , the airline said 0 *T* . [T33993]

Mr. Savoca succeeds William H. Borten , who *T* resigned * to pursue personal interests . [T72241] to-부정사 구문의 수식을 받는 환경에 압도적으로 많이 나타나는 것을 확인할 수 있다. 더 나아가 동사 'leave', 'turn' 및 'pause' 등이 그 뒤를 따라 트리뱅크 PennTree21에서 많이 출현한다는 것을 알 수 있다.

이 장에서 우리는 문장층위를 주제연구를 수행했다. 분석이 대상이 된 구문들은 주제화 구문, 외치 구문 및 to-부정사 구문이다. to-부정사 구문의 경우, 명사적 용법의 to-부정사 구문, 형용사적 용법의 to-부정사 구문 및 부사적 용법의 to-부정사 구문으로 하위 분류하여 논의를 진행했다.

특수목적 말뭉치의 이해

제9장
말뭉치의 구축 및 검색

이 장에서는 특수목적 말뭉치에 대해 논의한다. 이 연구를 통해 구축하고자 하는 특수목적 말뭉치는 한국 광고말뭉치와 한-영 병렬 성경말뭉치이다. 광고말뭉치는 20,000여 광고카피들을 디지털 자원으로 활용하여 품사태깅후에 검색엔진을 부착한 말뭉치이다. 한-영 병렬 성경말뭉치는 디지털화되어 있는 구약, 신약 성경을 언어자원으로 활용하여 마찬가지로 품사태깅후에 검색엔진 CQP를 부착하여 검색이 가능한 말뭉치이다. 말뭉치 구축작업시에 말뭉치 작업대 CWB를 이용한다.

9.1 광고말뭉치의 구축

먼저 검색가능한 광고말뭉치의 구축절차에 대해 논의하자. 21세기 한국어 광고말뭉치(Korean Language Of Advertisements, KLOA)는 어절기반의 KLOA21과 형태소기반의 KLOA21-M 등 두 가지로 나뉜다.

일반적으로 독일 Stuttgart대 언어정보연구소에서 오픈소스로 개발한 말뭉치 작업대 CWB(corpus workbench)를 활용하여 검색가능한 말뭉치를 구축한다. CWB를 사용한 단일어 말뭉치 구축절차는 네 단계로 이루어진다.

(1)

제1단계: 말뭉치의 토대가 될 언어자원을 선별하여 텍스트 파일 하나로 저장한다.

제2단계: 텍스트와 관련된 제목이나 저자, 혹은 발행연도 등 메타정보를 〈text〉 혹은 〈ad〉 등 XML 태그를 이용하여 파일에 담는다.

제3단계: 메타정보들이 포함된 텍스트 파일에 여러가지 형태론적 정보, 곧 어휘형태(word), 품사(pos) 혹은 레마(lemma) 정보를 부착한다.

제4단계: 메타정보와 형태론적인 정보가 부착된 파일을 원천 자료로 하여 말뭉치작업대(CWB)를 이용하여 인코딩작업을 수행한다.

위의 제2단계에서, 광고말뭉치의 경우 광고카피와 연관성있는 산업부문에 대한 정보도 추가할 수 있다. 이 작업은 프로그램 언어 Perl을 이용하여 수행하거나 일반 에디터를 이용하여 수행할 수도 있다. 제3단계에서 형태론적 정보를 부착할 때는 독일 Stuttgart대학에서 개발한 트리태거(Treetagger)를[1] 사용한다. 한국어 파라메터가 있기 때문에 한국어 텍스트를 대상으로 트리태거를 이용하여 형태론적 정보를 부착할 수 있다.

이제부터는 어절기반의 한국어 광고말뭉치 KLOA21을 구축하는 과정을 각 단계별로 서술하기로 한다.

제1단계는 말뭉치의 토대가 될 광고카피들을 모으는 단계이다. 우리의 경우, 여러 웹사이트에서[2] 한국어 카피들을 모았다.

제2단계는 메타정보를 부착하는 단계이다. 광고카피의 경우 어떤 산업부문에 속하는 제품이나 서비스를 타깃에게 어필하고자 하는 광코카피인

---

1) 트리태거의 엔진과 한국어 파라메터 파일은 다음 사이트에서 내려받을 수 있다:
   https://www.cis.uni-muenchen.de/~schmid/tools/TreeTagger/
2) http://www.adim21.co.kr/xe/(아딤의 카피이야기교실)와 http://www.copywriter.or.kr/xe/ 참조. 이 사이트들은 한국 광고카피의 보고이다.

지가 매우 중요하기 때문에 "산업부문"에 대한 정보를 메타태그 포맷 〈ad
industry=" "〉을 이용하여 담는다. 아래에 이러한 메타태그가 부착된 카
피 하나가 예로 제시되어 있다.

(2)
〈ad industry="Automobile"〉
오늘의 내가 내일의 나를 만든다
〈/ad〉

이 예는 자동차(Automobile) 산업의 광고카피이다. 여기에서 확인할 수
있듯이, 광고말뭉치의 텍스트 파일에는 산업(ad_industry)에 대한 정보가
저장된다. 이 정보는 검색시에 매우 유용하게 쓰인다. 왜냐하면 산업에
따라 광고컨셉이 다르고 그 결과 사용되는 어휘들이 상이하기 때문이다.
제3단계에서는 메타정보로서 산업정보가 추가된 광고카피들을 모두
텍스트 파일에 모든 다음에 형태정보를 부착하는 과정인데, 트리태거의
한국어 파라메터를 사용하여 정보를 부착한다. 트리태거를 사용하는 방
법은 매우 간단하다. 윈도우의 명령프롬트 창에서 다음 (3)과 같은 명령
식을 실행함으로써 태깅작업이 수행된다.

(3) tag-korean-pure kloa21-raw.txt 〉 TAG-kloa21.txt

이 명령식에서 tag-korean-pure가 한국어 태깅을 위한 명령어이다. 그
리고 kloa21-raw.txt는 태깅하고자 하는 텍스트 파일의 이름이며 TAG-
kloa21.txt는 태깅이 완료된 파일의 이름이다. 아래 (4)는 이 파일에 포함
되어 있는 광고카피 하나에 태깅이 이루어진 결과를 보여준다.

(4)

⟨ad industry="Automobile"⟩

오늘의	NNG_JKG	오늘_의
내가	NP_JKS	내_가
내일의	NNG_JKG	내일_의
나를	NP_JKO	나_를
만든다	VV_EF	만들_ㄴ다

⟨/ad⟩

　여기에 제시된 데이터 구조를 살펴보면, 메타정보인 산업정보를 담은 행들을 제외하고 모든 행이 세 가지 유형의 형태론적 정보를 포함하고 있는 것을 알 수 있다. 세 가지 정보는 어절 정보, 품사 정보 및 기본형 정보이다. 한국어의 특성상 형태소 여러 개가 어절 하나를 형성할 수 있기 때문에 세 번째 열에는 기본형 정보로서 형태소 복합체가 기재되고 각 형태소에 대응하는 품사 복합체가 두 번째 열에 표상된다. 예를 들어 다섯째 행의 첫 열에 쓰인 어절 '만든다'는 형태소 '만들'과 형태소 'ㄴ다'로 분석될 수 있어서 '만들_ㄴ다'라는 형태소 복합체가 셋째 열에 나타나고 각 형태소가 속한 품사, 곧 'VV'(동사)와 'EF'(종결어미)가 하나의 복합체모양 ‒VV_EF‒으로 둘째 열에 기재된 것이다.

　제4단계에서는 태깅된 파일을 대상으로 CWB의 인코딩 시스템을 통해 CQP에 의해 검색이 가능한 말뭉치 검색시스템으로 변환한다. 제4단계가 말뭉치 구축과정에서 핵심적이기 때문에 이 단계에 대해 보다 상세히 기술하고자 한다. 이 단계는 다음과 같이 세 가지 하위 단계로 세분화된다.

　(5)

　첫 하위 단계, 말뭉치의 명칭을 정하여 그 명칭을 가진 폴더를 내 컴퓨터내의 적당한 위치에 만든다. 여기서는 편의상 C:₩CWB₩corpora라는 폴더 안에 "KLOA21"이라는 폴더를 새로 만드는 것으로 하겠다.

둘째 하위 단계, CWB의 인코딩 명령어를 이용하여 인코딩 작업을 수행한다.

셋째 하위 단계, 인코딩 결과를 CWB 시스템에 등록한다.

위의 두 번째 세부단계에서 아래와 같은 명령식을 명령프롬프트 창에서 실행함으로써 인코딩이 수행된다.

(6) cwb-encode -c utf8 -d KLOA21 -f c:₩cwb₩corpora₩TAG-kloa21.txt -R
    c:₩cwb₩corpora₩registry₩kloa21 -P pos -P lemma -S text:0+id -S
    ad:0+industry

위 (6)의 명령어 cwb-encode를 이용하여 코퍼스 작업대(CWB)가 태깅된 텍스트 파일 'TAG-kloa21.txt'을 검색엔진 CQP가 부착된 말뭉치 검색 시스템으로 변환한다. 위의 복합명령식에서 폴더 옵션 -d 뒤의 KLOA21은 말뭉치의 명칭이고 등록 옵션 -R 뒤의 kloa21은 등록폴더안에 위치하게 되는 등록파일의 이름이다. 그리고 위치속성 옵션 -P를 따르는 pos는 품사(복합체)를 가리키고 마찬가지로 -P를 따르는 lemma는 기본형(형태소 복합체)을 가리킨다. 명령식의 마지막에 나타나는 구조속성 옵션 -S을 뒤따르는 text:0+id과 ad:0+industry은 메타정보와 관련되는 것들이다. 이는 text_id와 ad_industry가 이 말뭉치 KLOA21에서 구조적인 속성으로 정의되어 있음을 나타내는 것이다.

제3세부단계는 여러 가지 부문들로 구성되는 인코딩작업의 결과를 CWB 시스템에 등록하는 단계로서 이 작업은 다음 (7)에 정리된 명령식의 실행을 통해 이루어진다.

(7) cwb-makeall -r registry -V KLOA21

이와 같이 여러 단계를 거쳐서 구축된 검색가능한 말뭉치 시스템으로 접근하기 위한 명령은 "cqp -e -r registry"이고, 시스템에서 벗어나기 위한 명령어는 "exit;"이다.

다음 스크린 샷은 검색시스템 CQP를 작동시킨 후에 그 안에서 말뭉치 KLOA21을 실행한 결과를 보여준다.

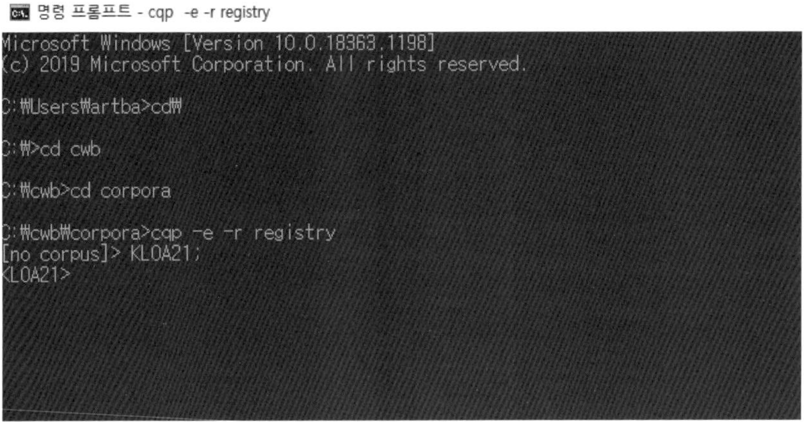

[그림 1] CWB에서 KLOA21을 불러들인 화면

위 그림은 CWB 환경을 먼저 만들고 KLOA21을 불러들여 검색식을 실행할 수 있는 상황을 보여준다.

앞서 설명한 바와 같이 말뭉치 KLOA21은 어절에 기반한 시스템이기 때문에 용례를 검색할 경우에 그 결과에 어절 정보가 고스란히 남아 있다. 그래서 용례의 가독성이 뛰어난 장점이 있다. 그러나 한국어의 교착어적 특성상 어절만으로 일반화를 시도하기에 부족한 점이 있어 형태소 기반의 말뭉치를 구축할 필요성이 대두된다. 광고카피들을 담은 텍스트 파일을 대상으로 형태소기반의 말뭉치를 구축하는 절차도 어절기반 말뭉치를 구축하는 절차와 동일하다. 태깅과정에서 형태소가 중심이 된 태깅을 수행하여 그 결과 파일을 토대로 인코딩을 수행하는 점이 형태소기반 말뭉치를 어절에 기반하는 태깅 결과물을 대상으로 인코딩하는 어절기반 말뭉치 구축과 다를 뿐이다.

이제 구체적으로 CWB를 사용하여 광고카피를 형태소기반 말뭉치를 구축하는 절차에 대해 살펴보기로 한다. 앞서 논의한 바와 같이 말뭉치 작업대 CWB를 이용해 말뭉치를 구축하는 절차는 네 단계로 이루어지는데 형태소기반 말뭉치를 구축하기 위해서는 제2단계를 수행하는 과정에서 다음 (8)과 같은 명령식을 실행하여 Treetagger를 작동시킨다.

(8) tag-korean-m-pure kloa21-raw.txt 〉 TAGm-kloa21.txt

이 명령식에서 tag-korean-m-pure가 형태소기반의 한국어 태깅을 위한 명령어이다. 그리고 kloa21-raw.txt는 태깅하고자 하는 텍스트 파일의 이름이며 TAGm-kloa21.txt는 태깅결과 형태소 중심으로 데이터 구조가 생성된 파일의 이름이다. 이 파일에 포함되어 있는 광고카피 하나에 형태소기반의 태깅이 이루어진 결과를 아래 (9)가 보여준다.

(9)
〈ad industry="Automobile"〉

오늘	NNG
의	JKG
내	NP
가	JKS
내일	NNG

의	JKG
나	NP
를	JKO
만들	VV
ㄴ다	EF
⟨/ad⟩	

위의 데이터 구조를 보면 어절기반의 데이터에서 세 번째 열을 차지하던 기본형 정보가 형태소 단위로 나뉘어서 각 행의 첫째 열에 나타나는 것을 알 수 있다. 그에 따라 둘째 열에 자리한 품사 복합체도 해체되어 각 행에 분산 배치된 형태소의 옆 자리, 곧 두 번째 열에 기재되어 있는 것을 확인할 수 있다. 앞서 논의한 바 (4)에 제시된 데이터 구조는 어절기반의 말뭉치를 구축할 때 채택되는 구조인 반면, 위 (9)에 제시된 구조는 말뭉치를 형태소에 기반하여 구축할 때 사용한다. 이처럼 어절기반의 말뭉치를 구성하는 텍스트와 형태소기반의 말뭉치를 구성하는 텍스트의 데이터 구조가 다른데, 이러한 차이가 인코딩 단계에서 반영됨으로써 결과적으로 말뭉치의 상이성으로 나타난다.

태깅된 파일을 대상으로 CWB의 인코딩 시스템을 통해 CQP에 의해 검색이 가능한 말뭉치 검색시스템으로 변환하는 단계가 제4단계이다. 앞서와 이미 논의한 바와 마찬가지로 이 단계는 다음과 같이 세 가지 하위단계로 세분화된다.

(10)
첫째 하위 단계, 말뭉치의 명칭을 정하여 그 명칭을 가진 폴더를 내 컴퓨터 내의 적당한 위치에 만든다. 여기서는 편의상 C:₩CWB₩corpora라는 폴더안에 "KLOA21-M"이라는 폴더를 새로 만드는 것으로 한다.

둘째 하위 단계, CWB의 인코딩 명령어를 이용하여 인코딩 작업을 수행한다. 셋째 하위 단계, 인코딩 결과를 CWB 시스템에 등록한다.

위의 두 번째 세부 단계에서 아래와 같은 명령식을 명령프롬프트 창에서 실행함으로써 인코딩이 수행된다.

(11) cwb-encode -c utf8 -d KLOA21-M -f c:₩cwb₩corpora₩TAGm-kloa21.txt -R c:₩cwb₩corpora₩registry₩kloa21-m -P pos -S text:0+id -S ad:0+industry

위 (11)의 명령어 cwb-encode를 이용하여 형태소를 중심으로 태깅된 텍스트 파일 'TAGm-kloa21.txt'을 검색엔진 CQP가 부착된 말뭉치 검색시스템으로 변환한다. 위의 복합명령식에서 폴더 옵션 -d 뒤의 KLOA21-M은 형태소기반 말뭉치의 명칭이고 등록 옵션 -R 뒤의 kloa21-m은 등록폴더 안에 위치하게 되는 등록파일의 이름이다. 그리고 위치속성 옵션 -P를 따르는 pos는 품사(복합체)를 가리킨다. 명령식의 마지막에 나타나는 구조속성 옵션 -S를 뒤따르는 text:0+id과 ad:0+industry은 메타정보와 관련되는 것들이다. 이는 text_id와 ad_industry가 이 말뭉치 KLOA21에서 구조적인 속성으로 정의되어 있음을 나타내는 것이다.

세 번째 세부 단계는 여러 가지 부문들로 구성되는 인코딩작업의 결과를 CWB 시스템에 등록하는 단계로서 이 작업은 다음 (12)에 정리된 명령식의 실행을 통해 이루어진다.

(12) cwb-makeall -r registry -V KLOA21-M

이와 같이 여러 단계를 거쳐서 구축된 검색가능한 말뭉치 시스템으로

접근하기 위한 명령은 마찬가지로 "cqp -e -r registry"이고, 시스템에서
벗어나기 위한 명령어는 "exit;"이다.

    다음 스크린 샷은 검색시스템 CQP를 작동시킨 후에 그 안에서 형태소
기반 말뭉치 KLOA21-M을 실행한 결과를 보여준다.

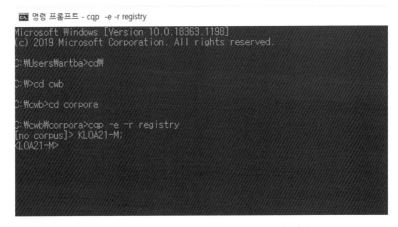

[그림 2] CWB에서 KLOA21-M을 불러들인 화면

    위 그림은 CWB 환경을 먼저 만들고 KLOA21-M을 불러들여 검색식을
실행할 수 있는 상황을 보여준다.

    이 절에서 우리는 한국어 광고카피들을 모아 어절기반 말뭉치 KLOA21
과 형태소기반 말뭉치 KLOA21-M을 구축하는 절차에 대해 상세하게 논
의했다. 다양한 유형의 검색식을 실행하여 상이한 두 가지 한국어 광고
말뭉치로부터 여러 가지 정보를 추출하는 방법에 대해서는 10장에서 살
펴보기로 한다.

9.2 한-영 병렬 성경말뭉치의 구축

이 절에서는 한국어 성경과 영어 성경을 상호연결하여 한-영 병렬 성경말뭉치를 구축하는 절차에 대해 설명한다. 토대가 되는 언어자료는 다국어 성경 사이트에 공개된 한국어 성경과 영어 성경이다.[3] 말뭉치 작업대(CWB)를 이용하여 병렬말뭉치를 구축하는 과정은 단일어 말뭉치를 cwb 포맷으로 인코딩하는 과정과 인코딩된 결과를 정렬(alignment)하는 과정으로 구분된다. 따라서 한국어 성경말뭉치와 영어 성경말뭉치를 구축하는 것이 첫 번째 단계이고 한국어 말뭉치와 영어 말뭉치를 정렬하는 것이 두 번째 단계이다.

먼저 한국어 성경말뭉치를 구축하는 절차에 대해 살펴보기로 하자. 이미 앞 절에서 기술한 바와 같이 한국어 말뭉치는 어절기반 말뭉치와 형태소기반 말뭉치로 구분하여 구축하는 것이 바람직하다. 따라서 여기서는 어절기반 한국어 성경말뭉치 BIBLE-KO와 형태소기반 한국어 성경말뭉치 BIBLE-KO-M를 구축하는 절차에 대해 구분지어 기술하려고 한다.

어절기반 BIBLE-KO와 형태소기반 BIBLE-KO-M은 공통의 성경 텍스트 파일로부터 출발한다. 이 파일에 담긴 창세기 1장의 말씀을 살펴보면 아래 (13)과 같다.

(13)

⟨text id="Bible" lang="ko"⟩

⟨div0 id="old" type="collection"⟩

⟨div id="b.GEN" type="book"⟩

---

3) 다국어 성경을 제공하는 웹사이트의 주소는 다음과 같다: http://www.holybible.or.kr/ 이 사이트에서 제공되는 여러 번역본 가운데 공동번역 성경의 텍스트를 이용하여 말뭉치를 구축했다.

〈seg id="b.GEN.1.1" type="verse"〉

처음에 하느님께서 하늘과 땅을 지어 내셨다.

〈/seg〉

〈seg id="b.GEN.1.2" type="verse"〉

땅은 아직 모양을 갖추지 않고 아무 것도 생기지 않았는데, 어둠이 깊은 물
　　위에 뒤덮여 있었고 그 물 위에 하느님의 기운이 휘돌고 있었다.

〈/seg〉

〈seg id="b.GEN.1.3" type="verse"〉

하느님께서 "빛이 생겨라!" 하시자 빛이 생겨났다.

〈/seg〉

　위에 제시된 성경 텍스트(창세기 1장 1절-1장 3절)을 통해 그 안에 이미
성경의 장/절 구성에 대한 정보가 메타정보 형식으로 포함되어 있는 것을
확인할 수 있다. 이 텍스트가 들어 있는 파일 'Bible-ko.txt'를 토대로 하
여 먼저 어절기반의 태깅을 수행하면 다음 (14)와 같은 결과를 얻게 된다.

(14)

〈text id="Bible" lang="ko"〉

〈div0 id="old" type="collection"〉

〈div id="b.GEN" type="book"〉

〈seg id="b.GEN.1.1" type="verse"〉

처음에	NNG_JKB	처음_에
하느님께서	NNG_JKS	하느님_께서
하늘과	NNG_JC	하늘_과
땅을	NNG_JKO	땅_을
지어	VV_EC	짓_어

내셨다	VX_EP_EP_EF	내_시_었_다
.	SF	.
〈/seg〉		
〈seg id="b.GEN.1.2" type="verse"〉		
땅은	NNG_JX	땅_은
아직	MAG	아직
모양을	NNG_JKO	모양_을
갖추지	VV_EC	갖추_지
않고	VX_EC	않_고
아무	MM	아무
것도	NNB_JX	것_도
생기지	VV_EC	생기_지
않았는데	VX_EP_EC	않_았_는데
,	SP	,
어둠이	NNG_JKS	어둠_이
깊은	VA_ETM	깊_은
물	NNG	물
위에	NNG_JKB	위_에
뒤덮여	VV_EC	뒤덮이_어
있었고	VX_EP_EC	있_었_고
그	MM	그
물	NNG	물
위에	NNG_JKB	위_에
하느님의	NNG_JKG	하느님_의
기운이	NNG_JKS	기운_이
휘돌고	VV_EC	휘돌_고

있었다	VX_EP_EF	있_었_다
.	SF	.

⟨/seg⟩
⟨seg id="b.GEN.1.3" type="verse"⟩

하느님께서	NNG_JKS	하느님_께서
"	SS	"
빛이	NNG_JKS	빛_이
생겨라	VV_EF	생겨라
!	SF	!
"	SS	"
하시자	VV_EP_EC	하_시_자
빛이	NNG_JKS	빛_이
생겨났다	VV_EP_EF	생겨나_았_다
.	SF	.

⟨/seg⟩

위 (14)는 트리태거를 이용하여 창세기 1장 1절부터 1장 3절까지의 말씀을 어절기반의 포맷으로 태깅을 한 결과이다. 이 내용을 포함한 전체 태깅 파일의 이름은 'TAG-Bible-ko.txt'이다.[4] 앞 절에서 논의한 바와 같이 어절기반 태깅의 결과물은 각 행이 각기 상이한 정보를 담은 세 개의 열로 구성되는데, 그 첫 열에는 어절이, 둘째 열에는 품사 복합체가 그리고 셋째 열에는 형태소 복합체가 기재된다.

한편, 앞서 성경 말씀의 텍스트 (13)이 들어 있는 파일 'Bible-ko.txt'를 대상으로 형태소기반의 태깅을 수행하면 다음 (15)와 같은 결과를 얻게 된다.

---

4) 어절기반의 태깅을 위해 명령식으로 tag-korean-m-pure Bible-ko.txt ⟩ TAG-Bible-ko.txt를 실행했다.

(15)

⟨text id="Bible" lang="ko"⟩

⟨div0 id="old" type="collection"⟩

⟨div id="b.GEN" type="book"⟩

⟨seg id="b.GEN.1.1" type="verse"⟩

처음	NNG
에	JKB
하느님	NNG
께서	JKS
하늘	NNG
과	JC
땅	NNG
을	JKO
짓	VV
어	EC
내	VX
시	EP
었	EP
다	EF
.	SF

⟨/seg⟩

⟨seg id="b.GEN.1.2" type="verse"⟩

땅	NNG
은	JX
아직	MAG
모양	NNG

을	JKO
갖추	VV
지	EC
않	VX
고	EC
아무	MM
것	NNB
도	JX
생기	VV
지	EC
않	VX
았	EP
는데	EC
,	SP
어둠	NNG
이	JKS
깊	VA
은	ETM
물	NNG
위	NNG
에	JKB
뒤덮이	VV
어	EC
있	VX
었	EP
고	EC

그	MM
물	NNG
위	NNG
에	JKB
하느님	NNG
의	JKG
기운	NNG
이	JKS
휘돌	VV
고	EC
있	VX
었	EP
다	EF
.	SF

⟨/seg⟩
⟨seg id="b.GEN.1.3" type="verse"⟩

하느님	NNG
께서	JKS
"	SS
빛	NNG
이	JKS
생겨라	VV_EF
!	SF
"	SS
하	VV
시	EP

자	EC
빛	NNG
이	JKS
생겨나	VV
았	EP
다	EF
.	SF

⟨/seg⟩

⟨seg id="b.GEN.1.4" type="verse"⟩

그	MM
빛	NNG
이	JKS
하느님	NNG
보시기	NNG
에	JKB
좋	VA
았	EP
다	EF
.	SF
하느님	NNG
께서	JKS
는	JX
빛	NNG
과	JC
어둠	NNG
을	JKO

나누시고	VV_EC

〈/seg〉

〈seg id="b.GEN.1.5" type="verse"〉

빛	NNG
을	JKO
낮	NNG
이	VCP
라	EC
,	SP
어둠	NNG
을	JKO
밤	NNG
이	VCP
라	EC
부르	VV
시	EP
었	EP
다	EF
.	SF
이렇	VA
게	EC
첫날	NNG
이	JKS
밤	NNG
,	SP
낮	NNG

하루	NNG
가	JKS
지나	VV
았	EP
다	EF
.	SF

〈/seg〉

위의 (15)는 트리태거를 이용하여 어절기반의 포맷으로 창세기 1장 1절부터 1장 3절까지의 말씀을 태깅한 결과이다. 이 내용을 포함한 전체 태깅 파일의 이름은 'TAGm-Bible-ko.txt'이다.[5] 앞서 논의한 바와 같이 형태소기반 태깅의 결과물은 각 행이 각기 상이한 정보를 담은 두 개의 열로 구성된다. 그 중 첫 열에는 형태소가, 둘째 열에는 품사가 기재된다.

이제 두 유형의 태깅파일을 말뭉치 작업대 CWB를 이용하여 인코딩하는 과정에 대해 살펴보자. 먼저 어절기반 말뭉치의 인코딩 작업에 대해 논의한다. 인코딩을 준비하는 과정에서 말뭉치 이름을 가진 폴더를 생성하는 작업이 수행되어야 하는데 어절기반의 한국어 성경말뭉치는 BIBLE-KO로 명명한다. 이렇게 말뭉치 데이터를 담을 폴더가 생성되면 이어 인코딩 명령식을 실행할 수 있다. 그 명령식은 다음 (16)과 같다.

(16) cwb-encode -c utf8 -d BIBLE-KO -f TAG-Bible-ko.txt -R registry₩bible-ko -P pos -P lemma -S text:0+id+lang -S div0: 0+id+type -S div:0+id+type -S seg:0+id+type

---

5) 형태소기반의 태깅을 위해 명령식으로 tag-korean-m-pure Bible-ko.txt 〉 TAGm-Bible-ko.txt를 실행했다.

위 (16)의 CWB 시스템 명령어 cwb-encode를 이용하여 코퍼스 작업대 (CWB)가 태깅된 텍스트 파일 'TAG-Bible-ko.txt'을 검색엔진 CQP가 부착 된 말뭉치 검색시스템으로 변환한다. 위의 복합명령식에서 폴더 옵션 -d 뒤의 BIBLE-KO은 어절기반 한국어 성경말뭉치의 이름이고 등록 옵션 -R 뒤의 bible-ko는 등록폴더안에 위치하게 되는 등록파일의 이름이다. 그리고 위치속성 옵션 -P를 따르는 pos는 품사(복합체)를 가리키고 마찬 가지로 -P를 따르는 lemma는 기본형(형태소 복합체)을 가리킨다. 명령식 의 마지막에 나타나는 구조속성 옵션 -S을 뒤따르는 text:0+id+lang, div0:0+id+type, div:0+id+type 및 seg:0+id+type은 메타정보와 관련되 는 것들이다. 이는 text_id, text_lang과 div_id, div_type 및 seg_id 및 seg_type이 말뭉치 BIBLE-KO에서 구조적인 속성으로 정의되어 있음을 나타내는 것이다.

다음 과정으로는 여러 가지 부문들로 구성되는 인코딩 작업의 결과를 CWB 시스템에 등록하는 단계로서 이 작업은 다음 (17)에 정리된 명령식 의 실행을 통해 이루어진다.

(17) cwb-makeall -r registry -V BIBLE-KO

이와 같이 여러 단계를 거쳐서 구축된 검색가능한 말뭉치 시스템으로 접근하기 위한 명령은 "cqp -e -r registry"이고, 시스템에서 벗어나기 위한 명령어는 "exit;"이다.

다음 스크린 샷은 검색시스템 CQP를 작동시킨후에 그 안에서 말뭉치 BIBLE-KO를 실행한 결과를 보여준다.

[그림 3] CWB에서 BIBLE-KO를 불러들인 화면

위 그림은 CWB 환경을 먼저 만들고 BIBLLE-KO를 불러들여 검색식을 실행할 수 있는 상황을 보여준다. 이 환경에서 검색작업을 모두 수행한 후에 CWB 작업대에서 벗어나고자 하면 명령어 'exit;'를 입력하고 엔터키를 누르면 된다.

이어서 형태소기반 말뭉치를 인코딩하는 과정에 대해 알아 보자. 인코딩 명령을 실행하기 전에 형태소기반 말뭉치의 시스템 및 데이터 파일을 저장할 폴더 BIBLE-KO-M을 생성한다. 이렇게 말뭉치 폴더가 생성되면 이어 인코딩 명령식을 실행할 수 있다. 그 명령식은 다음 (18)과 같다.

(18) cwb-encode -c utf8 -d BIBLE-KO-M -f TAGm-Bible-ko.txt -R registry\bible-ko-m -P pos -S text:0+id+lang -S div0:0+id+type -S div:0+id+type -S seg:0+id+type

위 (18)의 CWB 시스템 명령어 cwb-encode를 이용하여 코퍼스 작업대 (CWB)가 태깅된 텍스트 파일 'TAGm-Bible-ko.txt'을 검색엔진 CQP가 부착된 말뭉치 검색시스템으로 변환한다. 위의 복합명령식에서 폴더 옵션 -d 뒤의 BIBLE-KO-M은 형태소기반 한국어 성경말뭉치의 이름이고 등록 옵션 -R 뒤의 bible-ko-m은 등록 폴더 안에 위치하게 되는 등록파일의 이름이다. 그리고 위치속성 옵션 -P를 따르는 pos는 품사(복합체)를 가리킨다. 명령식의 마지막에 나타나는 구조속성 옵션 -S을 뒤따르는 text:0+id+lang 과 div:0+id+type 및 seg:0+id+type은 메타정보와 관련되는 것들이다. 이는 text_id, text_lang과 div_id, div_type 및 seg_id 및 seg_type이 말뭉치 BIBLE-KO-M에 구조적인 속성으로 정의되어 있음을 나타내는 것이다.

다음 과정으로는 여러 가지 부문들로 구성되는 인코딩작업의 결과를 CWB 시스템에 등록하는 단계로서 이 작업은 다음 (19)에 정리된 명령식의 실행을 통해 이루어진다.

(19) cwb-makeall -r registry -V BIBLE-KO-M

이와 같이 여러 단계를 거쳐서 구축된 검색가능한 말뭉치 시스템으로 접근하기 위한 명령은 "cqp -e -r registry"이고, 시스템에서 벗어나기 위한 명령어는 "exit;"이다.

다음 스크린 샷은 검색시스템 CQP를 작동시킨후에 그 안에서 말뭉치 BIBLE-KO-M을 실행한 결과를 보여준다.

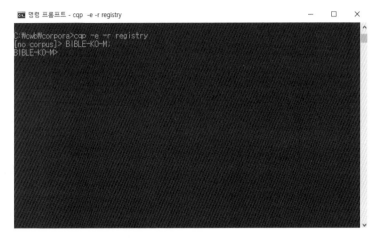

[그림 4] CWB에서 BIBLE-KO-M을 불러들인 화면

위 그림은 CWB 환경을 먼저 만들고 BIBLLE-KO-M을 불러들여 검색식을 실행할 수 있는 상황을 보여준다.

지금부터는 영어 성경말뭉치를 구축하는 절차에 대해 논의하자. 이 말뭉치는 BIBLE-EN으로 명명하기로 한다. 한국어 성경말뭉치와 달리 영어 성경말뭉치는 어절기반 말뭉치와 형태소기반 말뭉치로 구분짓지 않는다. 영어 성경말뭉치 BIBLE-EN은 영어 성경 텍스트 파일 "Bible-en"로부터 출발한다. 이 파일에 담긴 창세기 1장의 말씀을 살펴보면 아래 (20)과 같다.[6]

(20)

〈text id="Bible" lang="en"〉

〈div0 id="old" type="collection"〉

〈div id="b.GEN" type="book"〉

〈seg id="b.GEN.1.1" type="verse"〉

___

6) 영어 성경도 웹사이트 http://www.holybible.or.kr/에서 볼 수 있다. 말뭉치 구축을 위해 NIV 판본을 이용했다.

In the beginning God created the heavens and the earth.

⟨/seg⟩

⟨seg id="b.GEN.1.2" type="verse"⟩

Now the earth was formless and empty, darkness was over the surface

of the deep, and the Spirit of God was hovering over the waters.

⟨/seg⟩

⟨seg id="b.GEN.1.3" type="verse"⟩

And God said, "Let there be light," and there was light.

⟨/seg⟩

위에 제시된 성경 텍스트(창세기 1장 1절-1장 3절)을 통해 그 안에 이미 성경의 장/절 구성에 대한 정보가 메타정보 형식으로 포함되어 있는 것을 확인할 수 있다. 이 텍스트가 들어 있는 파일 'Bible-en.txt'를 토대로 하여 먼저 어절기반의 태깅을 수행하면 다음 (21)과 같은 결과를 얻게 된다.

(21)

⟨text id="Bible" lang="en"⟩

⟨div0 id="old" type="collection"⟩

⟨div id="b.GEN" type="book"⟩

⟨seg id="b.GEN.1.1" type="verse"⟩

In	IN	in
the	DT	the
beginning	NN	beginning
God	NP	God
created	VVD	create
the	DT	the

heavens	NNS	heaven
and	CC	and
the	DT	the
earth	NN	earth
.	SENT	.

⟨/seg⟩
⟨seg id="b.GEN.1.2" type="verse"⟩

Now	RB	now
the	DT	the
earth	NN	earth
was	VBD	be
formless	JJ	formless
and	CC	and
empty	JJ	empty
,	,	,
darkness	NN	darkness
was	VBD	be
over	IN	over
the	DT	the
surface	NN	surface
of	IN	of
the	DT	the
deep	JJ	deep
,	,	,
and	CC	and
the	DT	the
Spirit	NN	spirit

of	IN	of
God	NP	God
was	VBD	be
hovering	VVG	hover
over	IN	over
the	DT	the
waters	NNS	water
.	SENT	.

⟨/seg⟩

⟨seg id="b.GEN.1.3" type="verse"⟩

And	CC	and
God	NP	God
said	VVD	say
,	,	,
"	``	"
Let	VV	let
there	EX	there
be	VB	be
light	JJ	light
,	,	,
"	"	"
and	CC	and
there	EX	there
was	VBD	be
light	JJ	light
.	SENT	.

⟨/seg⟩

위 (21)은 트리태거 영어 파라메터를 이용하여 창세기 1장 1절부터 1장 3절까지의 말씀을 태깅한 결과이다. 이 내용을 포함한 전체 태깅 파일의 이름은 'TAG-Bible-en.txt'이다.[7] 이 태깅파일의 구조를 살펴보면 각 행이 각기 상이한 정보를 담은 세 개의 열로 구성되고, 그 첫 열에는 어휘형태(wordform)가, 둘째 열에는 품사가 그리고 셋째 열에는 기본형(lemma)이 기재된다는 것을 알 수 있다.

이제 태깅파일을 말뭉치 작업대 CWB를 이용하여 인코딩하는 과정에 대해 살펴보자. 인코딩을 준비하는 과정에서 말뭉치 이름을 가진 폴더를 생성하는 작업이 수행되어야 하는데 영어 성경말뭉치는 BIBLE-EN으로 명명한다. 이렇게 말뭉치 데이터를 담을 폴더가 생성되면 이어 인코딩 명령식을 실행할 수 있다. 그 명령식은 다음 (22)와 같다.

(22) cwb-encode -c utf8 -d BIBLE-EN -f TAG-Bible-en.txt -R
      registry\bible-en -P pos -P lemma -S text:0+id+lang -S div0:
      0+id+type -S div:0+id+type -S seg:0+id+type

위 (22)의 CWB 시스템 명령어 cwb-encode를 이용하여 코퍼스 작업대(CWB)가 태깅된 텍스트 파일 'TAG-Bible-en.txt'을 검색엔진 CQP가 부착된 말뭉치 검색시스템으로 변환한다. 위의 복합명령식에서 폴더 옵션 -d 뒤의 BIBLE-EN은 영어 성경말뭉치의 이름이고 등록 옵션 -R 뒤의 bible-en은 등록폴더안에 위치하게 되는 등록파일의 이름이다. 그리고 위치속성 옵션 -P를 따르는 pos는 품사를 가리키고 마찬가지로 -P를 따르는 lemma는 기본형을 가리킨다. 명령식의 마지막에 나타나는 구조속성 옵션 -S을 뒤따르는 text:0+id+lang과 div:0+id+type 및 seg:0+id+type은 메타정보와 관련

---

7) 태깅을 위해 명령식으로 tag-english Bible-en.txt 〉 TAG-Bible-en.txt를 실행했다.

되는 것들이다. 이는 text_id, text_lang과 div_id, div_type 및 seg_id 및 seg_type이 말뭉치 BIBLE-EN에 구조적인 속성으로 정의되어 있음을 나타내는 것이다.

다음 과정으로는 여러 가지 부문들로 구성되는 인코딩 작업의 결과를 CWB 시스템에 등록하는 단계로서 이 작업은 다음 (23)에 정리된 명령식의 실행을 통해 이루어진다.

(23) cwb-makeall -r registry -V BIBLE-EN

이와 같이 여러 단계를 거쳐서 구축된 검색가능한 말뭉치 시스템으로 접근하기 위한 명령은 "cqp -e -r registry"이고, 시스템에서 벗어나기 위한 명령어는 "exit;"이다.

다음 스크린 샷은 검색시스템 CQP를 작동시킨 후에 그 안에서 말뭉치 BIBLE-EN을 실행한 결과를 보여준다.

[그림 5] CWB에서 BIBLE-EN을 불러들인 화면

위 그림은 CWB 환경을 먼저 만들고 BIBLLE-EN을 불러들여 검색식을 실행할 수 있는 상황을 보여준다.

지금까지 우리는 말뭉치 작업대를 활용하여 두 지 유형의 한국어 성경말뭉치 BIBLE-KO, BIBLE-KO-M 및 영어 성경말뭉치 BIBLE-EN을 구축하는 방법에 대해 논의했다. 앞서 기술한 바 있듯이 병렬말뭉치를 구축하는 단계는 이처럼 단일어 말뭉치들을 구축하는 첫 단계와 이 말뭉치들을 정렬하는 두 번째 단계로 구분된다. 이제 두 번째 정렬단계로 넘어가 보자. 정렬단계는 다시 세 가지 하위단계로 세분화된다. 아래 (24)를 살펴보자.

(24)
첫 하위 단계, 말뭉치 데이터들의 정렬작업 수행
둘째 하위 단계, 말뭉치간의 정렬관계에 대한 정보를 정렬하는 개별 말뭉치의 등록파일에 추가
셋째 하위 단계, 정렬정보 파일들의 인코딩 작업 수행

먼저, 어절기반 한국어 말뭉치 BIBLE-KO와 영어 말뭉치 BIBLE-EN을 병렬 말뭉치로 구축하는 과정에 대해 설명하고자 한다. 첫 하위 단계에서는 두 개의 단일어 말뭉치를 병렬말뭉치로 연결시키는 작업이 이루어진다. 이 과정을 수행하기 위해 다음 (25)에 제시된 바와 같은 양방향 cwb 명령식들을 실행한다.

(25)
```
cwb-align -r registry -V seg_id -o bible-enko.align BIBLE-EN
    BIBLE-KO seg -C:1
cwb-align -r registry -V seg_id -o bible-koen.align BIBLE-KO
    BIBLE-EN seg -C:1
```

정렬의 결과는 두 개의 파일 "bible-enko.align"과 "bible-koen.align" 속에 저장된다. 이 단계에서 중요한 포인트는 두 말뭉치의 연결고리를 정의하는 것인데, 한-영 병렬 성경말뭉치의 경우 단락의 번호(seg_id)가 연결고리 기능을 수행한다. 이처럼 말뭉치 둘을 정렬시키는 작업이 끝나면, 각 말뭉치의 등록파일안에 정렬된 코퍼스의 이름을 넣는 과정이 뒤따른다. 두 말뭉치의 등록파일은 registry 폴더안에 각각 "bible-ko"와 "bible-en"이라는 이름으로 들어 있다. 파일 각각에 다음 (26a), (26b)와 같은, 정렬되는 대응 말뭉치에 대한 연결정보를 넣어둔다.

(26) a. ALIGNED bible-en

　　 b. ALIGNED bible-ko

위 (26a)의 정렬 관계에 대한 정보는 말뭉치 BIBLE-KO의 등록파일 "bible-ko"에 독립적인 행으로 추가하고 반대로 (26b)의 정렬 관계에 대한 정보는 말뭉치 BIBLE-EN의 등록파일 "bible-en"에 독립적인 행으로 추가한다. 이 하위 단계가 끝나면 두 말뭉치의 데이터들간의 정렬작업을 수행하게 되는데 이 작업을 위해 아래 (27)에 정리된 명령식을 실행한다. 선행 단계에서 생성된 정렬정보 파일들도 인코딩을 할 필요가 있는데 이 단계가 마지막 과정이다. 이 단계는 다음과 같은 명령으로 수행된다.

(27)

a. cwb-align-encode -r registry -D bible-enko.align

b. cwb-align-encode -r registry -D bible-koen.align

이 단계에서 정렬된 두 말뭉치간의 연관관계에 대한 정보를 담은 확장자 "alx"를 가진 파일-bible-enko.alx와 bible-koen.alx 파일-이 각 말

뭉치 폴더안에 생성된다. 실제로 검색을 수행하는 과정에서 검색엔진이
이 파일들에 접근하여 정보를 추출한다.

구축된 병렬말뭉치를 확인하기 위해 윈도우의 명령프롬프트 환경에서
아래 (28)과 같은 명령식을 실행하면 [그림 6]과 같은 결과를 얻는다.8)

(28) cwb-describe-corpus -r registry BIBLE-KO

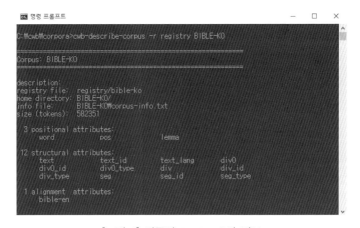

[그림 6] 말뭉치 BIBLE-KO의 정보

이 화면에는 말뭉치 BIBLE-KO에 대한 여러 가지 정보가 나타나 있는데 이
말뭉치의 규모는 582,351 어절이다. 또한 이 말뭉치가 단일어 말뭉치와 구분
되는 것은 마지막 줄에 있는 정렬에 대한 속성(alignment attribute), bible-en에
기인한다.

이처럼 몇 단계를 거쳐 병렬말뭉치가 구축되면 CWB 시스템안에서 불
러내 검색엔진 CQP를 이용해 검색을 할 수가 있다. 구체적인 검색작업에
대해서는 11장에서 논의하기로 한다.

---

8) 병렬말뭉치의 규모는 BIBLE-KO가 474,778개 어절이며 BIBLE-EN이 915,233개 어휘이
다.

이 절의 두 번째 과제로 형태소기반 한국어 말뭉치 BIBLE-KO-M과 영어 말뭉치 BIBLE-EN을 병렬 말뭉치로 구축하는 과정에 대해 설명하고자 한다. 이미 앞서 살펴본 바와 같이 첫 하위 단계에서는 두 개의 단일어 말뭉치를 병렬말뭉치로 연결시키는 작업이 이루어진다. 이 과정을 수행하기 위해 다음 (29)에 제시된 바와 같은 양방향 cwb 명령식들을 실행한다.

(29)

```
cwb-align -r registry -V seg_id -o bible-enko-m.align BIBLE-EN
    BIBLE-KO-M seg -C:1
cwb-align -r registry -V seg_id -o bible-koen-m.align BIBLE-KO-M
    BIBLE-EN seg -C:1
```

마찬가지로 정렬의 결과는 두 개의 파일 "bible-enko-m.align"과 "bible-koen-m.align"속에 저장된다. 이 단계에서도 중요한 포인트는 두 말뭉치의 연결고리를 정의하는 것인데, 한-영 병렬 성경말뭉치의 경우 단락의 번호(seg_id)가 연결고리 기능을 수행한다. 이처럼 말뭉치 둘을 정렬시키는 작업이 끝나면, 각 말뭉치의 등록파일안에 정렬된 코퍼스의 이름을 넣는 과정이 뒤따른다. 두 말뭉치의 등록파일은 registry 폴더안에 각각 "bible-ko-m"와 "bible-en"이라는 이름으로 들어 있다. 파일 각각에 다음 (30a), (30b)와 같은, 정렬되는 대응 말뭉치에 대한 연결정보를 넣어둔다.

(30) a. ALIGNED bible-en
     b. ALIGNED bible-ko-m

위 (30a)의 정렬 관계에 대한 정보는 말뭉치 BIBLE-KO-M의 등록파일 "bible-ko-m"에 독립적인 행으로 추가하고 반대로 (30b)의 정렬 관계에 대한 정보는 말뭉치 BIBLE-EN의 등록파일 "bible-en"에 독립적인 행으로 추가한다. 이 하위 단계가 끝나면 두 말뭉치의 데이터들간의 정렬작업을 수행하게 되는데 이 작업을 위해 아래 (31)에 정리된 명령식을 실행한다. 선행 단계에서 생성된 정렬정보 파일들도 인코딩을 할 필요가 있는데 이 단계가 마지막 과정이다. 이 단계는 다음과 같은 명령으로 수행된다.

(31)
a. cwb-align-encode -r registry -D bible-enko-m.align
b. cwb-align-encode -r registry -D bible-koen-m.align

이 단계에서 정렬된 두 말뭉치간의 연관관계에 대한 정보를 담은 확장자 "alx"를 가진 파일−bible-enko-m.alx와 bible-koen-m.alx 파일−이 각 말뭉치 폴더안에 생성된다. 실제로 검색을 수행하는 과정에서 검색엔진이 이 파일들에 접근하여 정보를 추출한다.

구축된 병렬말뭉치를 확인하기 위해 윈도우의 명령프롬프트 환경에서 아래 명령식 (32)를 실행하면 (33)과 같이 별도로 저장된 정보파일 Info-BIBLE-EN.txt에 정리된 바와 같은 결과를 얻는다.[9]

(32) cwb-describe-corpus -r registry BIBLE-EN 〉 Info-BIBLE-EN.txt

---

9) 병렬말뭉치의 규모는 BIBLE-KO-M가 1,018,619 형태소이며 BIBLE-EN이 837,552개 어휘이다.

(33)

```
Corpus:  BIBLE-EN
───────────────────────────────────────────
description:
registry file:  registry/bible-en
home directory:  BIBLE-EN/
info file:        BIBLE-EN\corpus-info.txt
size (tokens):   837552

   3 positional attributes:
        word         pos         lemma

  12 structural attributes:
        text        text_id     text_lang   div0
        div0_id     div0_type   div         div_id
        div_type    seg         seg_id      seg_type

   2 alignment  attributes:
        bible-ko    bible-ko-m
```

여기 영어 성경말뭉치에 정보파일에서 마지막 줄에 있는 정렬에 대한 속성(alignment attribute)을 주목할 필요가 있는데 속성의 값으로 어절기반 말뭉치 bible-ko와 형태소기반 말뭉치 bible-ko-m이 기재되어 있다.

여러 단계를 거쳐 이와 같이 병렬말뭉치가 구축되면 CWB 시스템안에서 불러내 검색엔진 CQP를 이용해 검색을 할 수가 있다.

이 장에서는 먼저 한국어 광고말뭉치 KLOA21 및 KLOA21-M을 어떤 절차를 거쳐 검색엔진 CQP을 이용한 검색이 가능한 시스템으로 구현하는 지를 설명했다. 이어 한국어와 영어 성경말뭉치 BIBLE-KO, BIBLE-KO-M

와 BIBLE-EN의 구축절차와 자료구조적인 특성에 대해서 논의했다. 또한 성경말뭉치들을 병렬코퍼스로 연결하는 방법에 대해서도 기술했다.

이 장에서 구축하고 서술한 말뭉치들의 속성을 비교하면 다음과 같다.

[표] 말뭉치 비교

말뭉치유형	말뭉치명칭	규모	언어자원	태그정보	용도
단일어 말뭉치	KLOA21	101,203	광고카피	word,pos,lemma,text_id, ad_industry	교육/ 연구
	KLOA21-M	167,511		word,pos,text_id,ad_industry	교육/ 연구
병렬 말뭉치	BIBLE-KO	474,778	성경	word,pos,lemma,text_id, text_lang,div_id,div_type,seg_id,seg_type	연구/ 교육
	BIBLE-KO-M	821,837		word,pos,text_id,text_lang,div_id,div_type,seg_id,seg_type	
	BIBLE-EN	915,233		word,pos,lemma,text_id, text_lang,div_id,div_type,seg_id,seg_type	

제10장

광고말뭉치의 활용

이 장에서는 한국어 광고말뭉치 KLOA21과 KLOA21-M을 활용하는 방안과 더불어 광고카피들의 여러 가지 언어적 특성에 대해 논의한다.

이 광고말뭉치들은 검색엔진 CQP에 의해 검색이 가능하도록 CWB-시스템의 하나로 구축되어 있다.[1] 어절기반 말뭉치 KLOA21에는 어절(word), 품사 복합체(pos) 및 형태소 복합체(lemma)에 대한 정보외에 광고카피 단위(ad) 정보 및 산업(ad_industry)에 대한 정보가 포함되어 있다. 반면, 형태소기반 말뭉치 KLOA21-M에는 형태소(word), 품사(pos)에 대한 정보외에 광고카피 단위(ad) 정보 및 산업(ad_industry)에 대한 정보가 포함되어 있다.

앞 장에서 논의한 바 있듯이 한국어의 교착어적 특성으로 인해 형태소를 중심으로 광고카피에 대한 통계적 분석을 수행하는 것이 바람직하다. 따라서 여기서도 형태소기반 말뭉치 KLOA21-M을 이용하여 주로 통계빈도를 추출하되 특정 키워드를 포함한 광고카피들을 추출할 때에는 어절기반 말뭉치 KLOA21의 검색을 통해 논의를 진전시키려 한다.

먼저, 광고말뭉치에 나타난 어휘들의 분포에 대해 살펴보자. 이를 위

---

1) CQP(corpus query processor)와 CWB(corpus workbench)에 대해서는 Evert(2010), Hardie (2012) 및 이민행(2012) 참조.

해 명사, 동사, 형용사 등 품사별로 어떤 형태소들이 말뭉치에 빈번히 출현하는 지를 밝혀보기로 한다.

어떤 명사들이 광고카피에 자주 나타나는 지를 확인하고자 말뭉치 KLOA21-M을 불러들여 아래의 검색식을 실행한다.

(1)
```
T=[pos="NNG"] ;
count by word 〉 "freqNNG-kloa21-m.txt";
```

위 복합검색식은 두 가지 검색식을 일괄명령으로 묶어놓은 것이다. 첫 검색식은 품사정보로 일반명사(NNG)를 포함하는 광고카피들을 검색하라는 지시이며, 둘째 검색식은 검색결과를 '형태소(word)'를 기준으로 하여 출현빈도와 함께 'freqNNG-kloa21-m.txt'라는 파일에 저장하라는 의미이다.

추출한 검색결과 가운데 출현빈도를 기준으로 1위부터 30위까지만 제시하면 다음 [표 1]과 같다.

[표 1] 명사의 출현빈도

빈도	명사	빈도	명사
785	피부	208	생각
753	세상	204	자연
429	때	201	인생
393	사람	199	길
347	힘	198	속
326	마음	193	기술
300	여자	189	꿈
282	오늘	173	하나

271	남자	165	곳
271	순간	163	시작
264	사랑	159	생활
244	시간	155	날
238	집	155	아이
228	맛	153	눈
209	차	153	시대

위 표를 통해 '피부'와 '세상'이 광고에 가장 많이 출현하고 '때', '사람', '힘' 및 '마음' 등이 그 뒤를 따르는 것을 알 수 있다. 보통 언어가 사회문화를 반영한다고 하는데 '피부'의 출현빈도가 가장 높은 것은 시사하는 바가 적지 않다고 생각한다. '피부가 권력이다'라는 광고카피도 유행하는 시대임을 감안하면 위의 광고어휘 통계는 외모지상주의라는 우리 사회의 한 단면을 보여준다고 할 수 있다. '피부'를 키워드로 하는 광고카피 몇 개가 아래에 제시되어 있다.[2]

(2)

  a. 당신의 가치는 〈피부가〉 말해 줍니다

  b. 성공하고 싶은 자 , 〈피부를〉 밝혀라

  c. 스무살때의 친구들을 만났다 여자에게 보석은 〈피부라는〉 걸 알았다

위 광고카피들을 보면 '피부'가 얼마나 중요한 사회적인 가치를 지니는 지를 확인할 수 있다. 피부는 가치이고 성공이며 보석이기 때문이다.

이제 광고말뭉치 KLOA21-M의 검색을 통해 형용사 핵심어들도 추출할

---

2) 이 용례들은 어절기반 말뭉치 KLOA21을 대상으로 검색한 결과의 일부이다. 형태소기반 말뭉치 KLOA21-M의 경우에 출력되는 용례들이 형태소 중심으로 되어 있어 가독성이 많이 떨어진다. 예: 당신 의 가치 , 〈피부〉 가 말하 여 주 ㅂ니다

수가 있다. 형용사의 추출에 사용하는 검색식은 다음 (3)과 같다.

(3)

```
T=[pos="VA"] ;
count by word 〉 "freqVA-kloa21-m.txt";
```

KLOA21-M에서 형용사는 품사 VA로 표시가 되기 때문에 첫 검색식을 이용하여 형용사(VA)를 표적으로 삼아 검색작업을 수행한 다음에 형태소(word)를 기준으로 한 출현빈도를 파일 "freqVA-kloa21-m.txt"에 저장한다.

검색을 통해 추출한 형용사들 가운데 출현빈도가 순위 1위부터 30위안에 드는 형용사 목록을 제시하면 다음 [표 2]와 같다.

[표 2] 형용사의 출현빈도

빈도	형용사	빈도	형용사
1059	있	85	부드럽
730	없	85	작
519	좋	84	쉽
394	새롭	69	깨끗하
201	아름답	66	빠르
175	맛있	61	따뜻하
138	다르	60	깊
129	크	60	특별하
127	같	56	가볍
118	필요하	55	예쁘
105	완벽하	54	즐겁
97	많	52	그렇
96	건강하	51	놀랍
94	행복하	51	신선하
90	강하	50	이렇

위 표를 살펴보면 형용사 '좋다'와 '새롭다' 및 '아름답다'가 광고에 가장 많이 출현하는 것을 확인할 수 있다.[3] 이 형용사들은 인류가 오랜 세월동안 추구해 온 보편적 속성이자 가치인 '좋음', '새로움' 및 '아름다움'의 표현이기 때문에 시대를 초월하여 광고카피의 핵심어들로 선호된다. 형용사 '아름답다'를 키워드로 하는 광고카피 몇 개가 아래에 제시되어 있다.

(4)

a. 세상을 사로잡는 〈아름다운〉 힘

b. 〈아름다운〉 사람은 누구나 그만의 향기가 있다

c. 수채화처럼 맑고 〈아름다운〉 행복

위 용례들을 통해 '아름다운' 것은 세상을 사로잡기도 하고 향기를 지니기도 한다는 것을 알 수 있다. 눈에 보이는 것 뿐만 아니라 '행복'과 같은 추상적 존재도 아름다울 수 있다는 메시지를 광고카피들이 전한다.

명사와 형용사에 이어 어떤 동사들이 광고카피에서 많이 쓰이는 지에 대해 검토하자. 어떤 동사들이 광고카피에 자주 나타나는 지를 살피기 위해 KLOA21-M을 불러들인 다음 아래의 검색식을 실행한다.

(5)

```
T=[pos="VV"] ;
count by word 〉 "freqVV-kloa21-m.txt";
```

위 복합검색식도 두 가지 검색식을 일괄명령으로 묶어놓은 것이다. 첫

---

3) 순위 1위와 2위를 차지한 형용사 '있다'와 '없다'는 광고뿐만 아니라 일반적인 장르에서도 출현빈도가 가장 높다.

검색식은 품사정보로 동사(VV)를 포함하는 광고카피들을 검색하라는 지시이며, 둘째 검색식은 검색결과를 '형태소(word)'를 기준으로 하여 출현빈도와 함께 'freqVV-kloa21-m.txt'라는 파일에 저장하라는 의미이다.

추출한 검색결과 가운데 출현빈도를 기준으로 1위부터 30위까지만 제시하면 다음 [표 3]과 같다.

[표 3] 동사의 출현빈도

빈도	동사	빈도	동사
684	되	149	쓰
579	하	147	말하
493	만들	145	즐기
451	위하	142	찾
358	보	140	지키
292	만나	136	믿
291	살	132	시작되
275	알	130	시작하
252	바꾸	129	빛나
235	가	128	달리
214	보이	112	모르
200	오	104	받
163	사랑하	101	담
158	먹	99	더하
156	생각하	95	대하

위 표를 통해 내용이 빈약한 경동사로 쓰이는 '되다'와 '하다'를 제외하고서 광고에 가장 많이 출현하는 동사들이 '만들다', '위하다', '보다', '만나다' 및 '살다'라는 것을 알 수 있다. 이 가운데 '만들다'를 키워드로 하는 광고카피 몇 개가 아래에 제시되어 있다.

(6)

a. 그 따뜻한 생각이 세상에 없던 길을 〈만듭니다〉

b. 더 좋은 세상을 〈만들기〉 위해 함께 , 한 걸음 더

c. 심장을 고동치게 〈만드는〉 건 성공에 대한 열망만이 아니다

위 용례들을 살펴보면, 동사 '만들다'가 때로는 '창조하다'를 때로는 '변화시키다'를 의미한다는 것을 알 수 있다. 창조와 변화는 시대를 관통해 바람직한 것으로 간주되기 때문에 동사 '만들다'의 출현빈도가 높은 것이라 할 수 있다. 다른 한편 위 (6c)의 쓰임과 같이, '만들다'는 '-게 만들다'라는 사역구문의 일부이기 때문에 말뭉치내의 출현빈도가 높은 것으로 풀이된다.

형용사와 명사가 인접해서 나타나는 용례들도 말뭉치 검색을 통해 추출할 수 있다. 이를 위해 다음과 같은 검색식을 실행하면 된다.

(7)

```
T=[pos="VA"][]*[pos="NNG"];

group T matchend word by match word 〉 "freqVA-NN-kloa21-m.txt";
```

위의 복합검색식의 첫 검색식은 형용사(VA)-명사(NNG) 연속체를 검색 표적으로 설정하기 위한 지침이다. 둘째 검색식은 검색결과를 출력할 때 기준이 되는 형용사(VA)를 앞에 두고 명사(NNG)를 뒤에 세워서 연속체의 출현빈도를 파일 "freqVA-NN-kloa21-m.txt"에 저장하라는 의미를 담고 있다.

검색결과 가운데 출현빈도 순위 1위부터 28위까지, 곧 출현빈도가 9 이상인 형용사-명사 쌍을 제시하면 다음 [표 4]와 같다.

[표 4] 형용사–명사 쌍

형용사	명사	빈도
없	세상	28
있	세상	25
좋	날	21
있	곳	21
있	피부	20
없	사람	19
필요하	때	19
새롭	생각	18
새롭	세상	18
좋	집	17
없	때	16
있	사람	14
있	시간	14
좋	사람	13
있	인생	12
깊	맛	12
있	남자	12
있	차	12
필요하	순간	11
새롭	길	11
있	마음	11
있	때	10
어리	피부	10
새롭	시대	10
있	겨울	9
없	일	9
있	하나	9
새롭	시작	9

위 표를 통해 대략 어떤 명사에 어떤 형용사가 어울리는 지를 확인해

볼 수 있다. 광고의 특성상, 형용사들은 핵어 명사의 원형적인 속성을 가장 잘 드러내주는 어휘들이다. 보다 구체적으로 형용사 '좋다'와 명사 '날'이 매우 잘 어울리고, 이 외에도 형용사 '필요하다'와 명사 '때', 형용사 '새롭다'와 명사 '생각' 및 형용사 '새롭다'와 명사 '세상'이 상대적으로 잘 어울리는 것을 알 수 있다. 이들 네 가지 형용사–명사 연속체가 나타나는 용례들이 아래에 제시된다.

(8)

a. 〈좋은 날이〉 아니라면 좋은 날로 만들어라

b. 상큼한 충전이 〈필요할 때〉 상큼한 빨간맛

c. 사회적기업 , 행복을 나누는 SK 의 〈새로운 생각입니다〉

d. 〈새로운 세상을〉 위해 최선을 다하라

이러한 용례들과 검색식을 통해 어떤 형용사와 어떤 명사가 연어관계를 이루는 지에 대한 후속연구도 수행할 수 있다.

광고에서 사용되는 구문의 특성에 대해서 살펴보는 것도 흥미로운 작업인데, 이목을 끄는 구문중 하나가 사역구문과 결과구문이다. 한국어의 경우 동사 '만들다'와 '하다'가 이 구문의 핵심어들이다. 이 구문들을 검색하기 위해 어절기반 말뭉치 KLOA21을 대상으로 다음과 같은 복합검색식을 실행한다.

(9)

```
set context 1 ad;
T=[pos="V(V|A).*"&lemma=".+게"][pos="VV.*"&lemma="(만들|하).*"];
cat T 〉 "concV-kye-VVcause-kloa21.txt";
```

검색결과는 62개 용례가 추출되는데, 모두가 광고제품을 사용함으로써 목표수용자가 어떤 편익을 얻게 된다는 메시지를 전하고 있다. 다음에 몇 가지 예가 제시되어 있다.

> (10)
>
> a. 1 % 의 재능 , 99 % 의 열정이 나를 〈강하게 만든다〉
>
> b. 잠든 사이 , 내 피부를 〈부드럽게 하는〉 밤의 요정
>
> c. 발효는 비밀을 만들고 , 비밀은 여자를 〈아름답게 만든다〉
>
> d. 물오른 피부 , 가을을 〈잊게 하다〉
>
> e. 심장을 〈고동치게 만드는〉 건 성공에 대한 열망만이 아니다

위 용례 중에서 (10a)-(10c)는 결과구문이고, (10d)와 (10e)는 사역구문이다. 결과구문에서는 형용사가 '-게'와 결합하는 반면, 사역구문에서는 동사가 '-게'와 결합한다. 결과구문의 경우, 주절의 동사 '만들다'나 '하다'로 표현된 어떤 행위가 구문내에서 목적어로 나타나는 어떤 개체에 영향을 미쳐서 그 개체의 상태가 변화를 겪게 되는 과정을 기술한다. 반면에 사역구문은 주절의 동사 '만들다'나 '하다'로 표현된 어떤 행위가 구문내에서 목적어로 나타나는 어떤 개체가 다른 행위를 하도록 영향을 미치는 인과관계를 기술한다.

광고카피의 길이와 관련한 통계분포도 광고카피에 대한 언어학적 연구와 연관하여 관심을 가져볼 만한 주제이다. 이 때 길이의 단위는 토큰이 되는데, 말뭉치를 기반으로 한 토큰 개념속에는 ',', '!' 및 '?' 등 문장부호도 함께 계산된다.

다음 [표 5]는 말뭉치 KLOA21에 포함된 광고카피의 길이에 대한 분포를 보여준다.

[표 5] 광고카피 길이의 통계 분포

길이	빈도	백분율(%)
1	364	1.74
2	2572	12.29
3	4087	19.53
4	4051	19.36
5	3280	15.67
6	2310	11.04
7	1530	7.31
8	1016	4.86
9	647	3.09
10	406	1.94
11	256	1.22
12	168	0.80
13	96	0.46
14	53	0.25
15	29	0.14
16 이상	58	0.28
합계	20,923	100

이 표를 보면 길이가 3인 광고카피가 가장 많고 길이가 4인 카피가 큰 차이 없이 뒤따르며, 광고카피의 길이 5가 3위를 차지한 것을 알 수 있다. 백분율을 살펴보면 한국 광고의 경우 길이가 3-5인 카피들이 차지하는 비중이 거의 55%에 이르는 것을 또한 확인할 수 있다. 이런 통계 수치는 1980년대의 광고슬로건 750개를 살펴본 Baumgart(1992:69)의 연구와 비교가 되는데, Baumgart에 따르면 독일 광고슬로건은 단어수가 4개에서 6개에 이르는 슬로건 수가 60%을 넘는다. 두 가지 통계적 결과의 비교를 통해 한편으로 한국어와 독일어의 언어적 특성상의 차이를 확인할 수 있다.[4] 일반적으로 독일어는 관사와 전치사가 문장에 자주 등장하는 품사이기 때문에 한국어보다는 한 문장에 나타나는 어휘수가 더 많다.

이러한 두 언어 간의 차이가 고스란히 광고카피에도 반영되는 것으로 풀이할 수 있다.

특정한 길이를 가진 광고카피를 어절기반 광고말뭉치로부터 추출하기 위해서 다음 검색식을 사용하면 된다.

(11)

T=⟨ad⟩[pos=".*"]{4}⟨/ad⟩;

cat T ⟩ "concCopyLen3.txt";

두 개의 단순 검색식으로 구성된 위의 복합검색식의 첫째 검색식은 토큰(어절 혹은 구두점)이 4개로 되어 있는 광고카피를 검색표적으로 삼으라는 지시로 이해할 수 있다. 이 검색식의 메타기호 ⟨ad⟩와 ⟨/ad⟩은 경계표지들인데, ⟨ad⟩은 광고카피의 시작점을, ⟨/ad⟩은 광고카피의 끝점을 표시한다. 이어 둘째 검색식은 검색결과 추출된 용례들을 파일 "concCopyLen3.txt"에 저장하라는 명령이다.

(11)에 제시된 복합검색식을 실행하여 추출한 4,051개 용례들 가운데 몇 개가 아래에 제시되어 있다.

(12)

a. ⟨피부여 나이를 거부하라 !⟩

b. ⟨운명은 어긋나고 우정은 짓밟혔다⟩

c. ⟨미래는 운명이 아니라 노력입니다⟩

---

4) 사실은 슬로건과 헤드라인의 차이에 대해서도 주목을 할 필요가 있는데 길이적 특성과 연관하여 독일어의 경우 오롯이 슬로건만이 분석대상인 반면, 우리가 이 장에서 다루고 있는 한국어 광고카피의 경우 슬로건과 헤드라인이 섞여 있다. 때문에 한국어 광고카피의 경우 순전히 슬로건만을 대상으로 한 결과보다는 평균길이가 조금 더 늘어난 것으로 이해해야 한다.

    d. 〈당신의 마음이 최고의 예술입니다〉

    e. 〈우리 모두는 누군가의 첫사랑이었다〉

문장부호 '!'가 (12a)에 나타나는 문장부호도 토큰 하나로 간주되어 내용상으로 어절 3개로 구성된 카피가 길이가 4인 카피집합에 포함된 것이다. (12b)는 수사학적 대구법이 쓰인 광고카피이다. 대구법은 광고카피에서 빈번히 사용되는 수사학적 기법이다. (12c)의 경우 '운명'과 '노력'을 의미상으로 대조시킨 대조법에 사용된 것이며 카피 (12d)에서는 명사구의 패턴(당신의 마음, 최고의 예술)이 반복적으로 사용되고 있다. 반복법도 광고카피에서 많이 채택되는 수사학적 기법에 속한다. 마지막으로 카피 (12e)에서는 과장법이 쓰이고 있는데, '모두'와 같은 전칭양화사는 너무 과해서 반박당한 가능성이 높기 때문이다. 왜냐하면 첫사랑의 경험이 없는 사람도 있을 수 있기 때문이다.

수사학적인 기법 가운데 광고카피에서 많이 발견되는 기법이 반복법이다. 앞서 논의한 패턴반복도 흔하지만 직접적으로 어절이 반복되는 카피들도 드물지 않다. 다음 예를 살펴보자.

    (13)

    a. 〈새로운 멋 새로운 기쁨〉

    b. 〈앞선 기술, 앞선 품질〉

    c. 〈재미있는 영화, 재미있는 세상〉

이 카피들은 대구를 이루는 명사구 단위의 선행어절이, 곧 '새로운', '앞선', '재미있는' 등 형용사가 반복되는 패턴을 보인다. 이러한 유형의 광고카피를 다음에 제시된 검색식을 사용하여 추출할 수 있다.

(14)

```
T=⟨ad⟩a:[][] b:[][]⟨/ad⟩ :: a.word=b.word ;
cat T ⟩ "concProRep-kloa21.txt";
```

위 복합검색식의 첫 검색식에서 표지 'a'는 대구를 이루는 첫 번째 단위의 선행어절을 가리키고, 표지 'b'는 대구를 이루는 두 번째 단위의 선행어절을 지시한다. 이 검색식의 뒤쪽에 붙은 ':: a.word=b.word'은 검색범위와 관련한 제약을 표시하는데 여기서는 'a'로 표시된 어절과 'b'로 표시된 어절이 동일해야 한다는 제약을 뜻한다. 이러한 제약을 통해 어절반복이 일어난 카피들만 추출되는 것이다. 두 번째 검색식은 추출한 용례들을 파일 "concProRep-kloa21.txt"에 저장하라는 지시이다.

위 (13a)–(13c)와는 반대로 후행하는 어절이 반복되는 카피들도 있다. 다음 용례들을 살펴보자.

(15)

a. ⟨서울을 당기세요 꿈을 당기세요⟩

b. ⟨가슴이 뛴다 올레가 뛴다⟩

c. ⟨남자는 모릅니다 아무도 모릅니다⟩

이 카피들은 대구를 이루는 명사구 단위의 후행어절이, 곧 '당기세요', '뛴다', '모릅니다' 등 동사가 반복되는 패턴을 보인다. 이러한 유형의 광고카피도 다음에 제시된 검색식을 사용하여 추출할 수 있다.

(16)

```
T=⟨ad⟩[]a:[] []b:[]⟨/ad⟩ :: a.word=b.word ;
cat T ⟩ "concRegRep-kloa21.txt";
```

위 복합검색식의 첫 검색식에서 표지 'a'는 대구를 이루는 첫 번째 단위의 후행어절을 가리키고, 표지 'b'는 대구를 이루는 두 번째 단위의 후행어절을 지시한다. 앞서와 마찬가지로 이 검색식의 뒤쪽에 붙은 ':: a.word=b.word'은 검색범위와 관련한 제약을 표시하는데 여기서는 'a'로 표시된 어절과 'b'로 표시된 어절이 동일해야 한다는 제약을 뜻한다. 이러한 제약을 통해 후행하는 어절들의 반복이 일어난 카피들만 추출되는 것이다. 두 번째 검색식은 추출한 용례들을 파일 "concRegRep-kloa21.txt"에 저장하라는 지시이다.

이제 형태소기반 말뭉치 KLOA21-M을 대상으로 하여, 몇 가지 키워드를 중심으로 각 키워드가 산업을 기준으로 어떠한 분포를 보이는 지에 대해 살펴보자. 우리가 검토할 형용사 키워드들은 "아름답다", "강하다"와 "맛있다"이고 명사 키워드들은 "시간", "순간", "꿈"이다.

먼저 형용사 "아름답다"가 어떤 산업의 광고카피에 많이 나타나는 지를 확인하기로 한다. 이를 위해 다음 (17)에 제시된 검색식을 운용하면 된다.

```
(17)
set context 1 ad;
set PrintStructures "ad_industry";
T=[word="아름답"];
group T match ad_industry 〉 "freqBEAUTIFUL-ind-kloa.txt";
cat T 〉 "concBEAUTIFUL-kloa.txt";
```

이 복합검색식의 첫 구성소는 용례를 출력할 때 광고카피를 한 단위로 하라는 뜻이고 두 번째 부분은 용례를 출력할 때 해당 광고카피가 속한 산업을 명기하라는 지시이고, 셋째 검색식은 형태소(word) 속성에 '아름

답'이라는 값이 부여된 카피를 검색하라는 명령이다. 이어 네 번째 항은
산업(ad_industry) 정보를 기준으로 출현빈도를 산출하라는 의미이고 다섯
째 구성부분은 산출한 빈도정보를 파일 "concBEAUTIFUL-kloa.txt"에 저
장하라는 지시문이다. 다섯 개의 단순검색식을 조합한 복합검색식을 실
행하여 산출한 빈도통계의 일부가 아래 [표 6]에 제시된다.

[표 6] 형용사 "아름답다"의 산업 분포

산업	출현빈도
Beauty&Cosmetics	60
Automobile	28
Fashion&Sports	20
RealEstate	18
Electronics	16
Public Relations	13
Entertainment&Recreation	9
Telecommunications	8
Financial Services	5
Manufacturing	5
Food&Beverage	4
Publishing	4
Retail&Service	3
Public Administration	3
Health	3
IT	1
Public Technology	1

이 표를 보면 형용사 "아름답다"가 "미용/화장품(Beauty&Cosmetics)" 산업
의 광고에 가장 많이 출현한다는 사실을 알 수 있다. 이 통계적 진실은 우리
의 직관에 부합하다. 오히려 우리의 관심을 끄는 것은 이 아름다운 어휘가
"자동차(Automobile)", "패션 및 스포츠(Fashion&Sports)", "부동산(RealEstate)" 및

"전자(Electronics)" 산업 분야의 광고에도 많이 나타난다는 사실이다. 여기
에 제시된 빈도통계는 절대빈도이기 때문에 신뢰성이 매우 높다고 할 수
없는 한계가 있긴 하다. 왜냐하면 보다 설득력 있는 통계는 산업별 광고
카피의 규모를 함께 고려한 상대빈도이기 때문이다.

이제 두 번째 형용사로 "강하다"가 어떤 산업의 광고카피에 많이 나타
나는 지를 확인하기로 한다. 이를 위해 다음 (18)에 제시된 검색식을 실
행하면 된다.

```
(18)
set context 1 ad;
set PrintStructures "ad_industry";
T=[pos="VA"&word="강하"];
group T match ad_industry > "freqSTRONG-ind-kloa21-m.txt";
cat T > "concSTRONG-kloa.txt";
```

이 복합검색식을 구성하는 단순검색식 다섯 개의 기능은 앞서 논의한
(17)의 단순검색식들과 유사하다. 복합검색식 (18)을 실행하여 산출한 빈
도통계의 일부가 아래 [표 7]에 제시된다.

[표 7] 형용사 "강하다"의 산업 분포

산업	빈도
Automobile	20
Public Relations	13
Electronics	12
Beauty&Cosmetics	10
Financial Services	6
Health	5

Food&Beverage	5
Telecommunications	4
Entertainment&Recreation	3
Fashion&Sports	3
Manufacturing	2
Public Technology	2
Education	2
Public Administration	1
RealEstate	1
IT	1

이 표에서 형용사 "강하다"가 "자동차" 산업의 광고에 가장 많이 출현하는 것을 확인할 수 있다. 더불어 이 형용사가 "공적 관계(Public Relations)", "전자", "미용/화장품" 및 "금융서비스(Financial Services)" 산업 분야의 광고에도 많이 나타나는 것을 알 수 있다.

이제 세 번째 형용사로 "맛있다"가 어떤 산업의 광고카피에 많이 나타나는 지를 확인하기로 한다. 다음 (19)에 제시된 검색식을 실행하면 산업별 출현빈도를 추출할 수 있다.

(19)
```
set context 1 ad;
set PrintStructures "ad_industry";
T=[pos="VA"&word="맛있"];
group T match ad_industry > "freqDELI-ind-kloa21-m.txt";
cat T > "concDELI-kloa.txt";
```

이 복합검색식도 단순검색식 다섯 개의 조합인데 그 기능은 앞서 논의한 복합검색식들과 유사하다. 위 복합검색식을 실행하여 산출한 빈도통계의 일부를 제시하면 아래 [표 8]과 같다.

[표 8] 형용사 "맛있다"의 산업 분포

산업	빈도
Food&Beverage	143
Electronics	16
Retail&Service	4
Health	4
Public Relations	3
Entertainment&Recreation	2
Public Administration	2
Financial Services	1

이 표를 통해 형용사 "맛있다"가 "식음료(Food&Beverage)" 산업의 광고에 가장 많이 출현하는 것을 확인할 수 있다. 식음료 산업에 이어 두 번째로 많이 형용사 "맛있다"가 나타나는 산업분야가 "전자" 산업이라는 사실이 새로우면서도 흥미롭다. 과연 "전자" 산업분야의 광고에서 이 형용사가 어떻게 활용되고 있는 지를 검토하기 위해 용례들을 추출해 살펴보자. 다음에 카피 몇 개가 제시된다.

(20)

a. 〈ad_industry Electronics〉: ' 톡 ' 까놓고 말해서 , ' 톡 ' 소리가 나지 않는 김치는 〈맛있는〉 김치가 아닙니다

b. 〈ad_industry Electronics〉: 까다로운 현미밥까지 차지고 〈맛있게〉

c. 〈ad_industry Electronics〉: 깨끗하고 〈맛있는〉 물은 오직 필터 실력이 만드니까

d. 〈ad_industry Electronics〉: 생활 맞춤 공기 천정으로 건강한 공기를 〈맛있게〉 먹다

위 (20a)-(20e)의 광고카피들을 살펴보면 김치냉장고, 전기밥솥, 정수기 및 공기청정기 등 전자제품의 광고에 형용사 '맛있다'가 쓰이는 것을 알 수 있다. 광고 카피 (20d)의 경우, 이 형용사가 은유적인 용법을 보인다.

이제 품사를 달리하여 명사 키워드들에 대해 검토해 보자.

먼저 명사 "시간"이 어떤 산업의 광고카피에 많이 나타나는 지를 확인하기로 한다. 이를 위해 다음 (21)에 제시된 검색식을 운용하면 된다.

(21)
```
set context 1 ad;
set PrintStructures "ad_industry";
T=[pos="NNG"&word="시간"];
group T match ad_industry 〉 "freqTIME-ind-kloa21-m.txt";
cat T 〉 "concTIME-kloa.txt";
```

이 복합검색식을 구성하는 단순검색식 다섯 개의 기능도 앞서 논의한 복합검색식들과 유사하다. 위 복합검색식 (21)을 실행하여 산출한 빈도통계의 일부가 아래 [표 9]에 제시된다.

[표 9] 명사 "시간"의 산업 분포

산업	빈도
Beauty&Cosmetics	77
Food&Beverage	37
Automobile	33
Electronics	15
Entertainment&Recreation	14
Financial Services	14
Fashion&Sports	11

Health	10
RealEstate	8
Public Relations	7
Retail&Service	5
Telecommunications	5
Public Administration	2
Education	2
IT	2
Movie&Music	1
Manufacturing	1

이 표를 통해 명사 "시간"이 "미용/화장품" 산업의 광고에 가장 많이 출현한다는 사실을 확인할 수 있는데 이 사실은 매우 흥미롭기 때문에 이 명사가 쓰인 광고카피들을 살펴볼 필요가 있다. "미용/화장품" 산업에 이어 "식음료" 산업과 "자동차" 산업의 광고에도 이 명사가 상대적으로 많이 출현한다는 사실을 이 표가 전하고 있다. 여기서 '시간'이 들어간 몇 가지 광고카피를 검토해 보자. 아래에 카피들이 제시되어 있다.

(22)

    a. ⟨ad_industry Beauty&Cosmetics⟩: 하늘의 ⟨시간은⟩ 거스르고 피부의 빛은 더한다

    b. ⟨ad_industry Beauty&Cosmetics⟩: 나의 ⟨시간은⟩ 천천히 흐른다

    c. ⟨ad_industry Beauty&Cosmetics⟩: ⟨시간을⟩ 다스리고 싶을 때 그 때가 고혼진을 시작할 때

    d. ⟨ad_industry Automobile⟩: 유행을 넘어 ⟨시간의⟩ 깊이를 타다

    e. ⟨ad_industry Automobile⟩: 지금부터 ⟨시간은⟩ 당신 편이 된다

    f. ⟨ad_industry Automobile⟩: 모든 가족들의 소중한 ⟨시간을⟩ 위해

위의 카피들을 살펴보면 명사 '시간'의 기능이 산업에 따라 차이가 난다는 점을 확인할 수 있다. "미용/화장품" 산업에서 '시간'은 극복하고 거스르고 지배해야 할 대상이다. 반면, "자동차" 산업의 광고에서 '시간'은 우리가 가까이 하고 소중하게 간직해야 할 대상으로 간주된다.

이제 두 번째 명사로 "순간"이 어떤 산업의 광고카피에 많이 나타나는지를 확인하기로 한다. 이를 위해 다음 (23)에 제시된 검색식을 실행하면 된다.

(23)

```
set context 1 ad;
set PrintStructures "ad_industry";
T=[pos="NNG"&word="순간"];
group T match ad_industry 〉 "freqMOMENT-ind-kloa21-m.txt";
cat T 〉 "concMOMENT-kloa.txt";
```

이 복합검색식을 구성하는 단순검색식 다섯 개의 기능도 앞서 논의한 여러검색식들과 유사하다. 아래 [표 10]은 복합검색식 (23)을 실행하여 산출한 빈도통계이다.

[표 10] 명사 "순간"의 산업 분포

산업	빈도
Automobile	75
Food&Beverage	46
Beauty&Cosmetics	45
Electronics	28
Fashion&Sports	19
Health	15

Entertainment&Recreation	11
Financial Services	8
Telecommunications	5
Retail&Service	5
IT	4
Public Relations	5
RealEstate	2
Movie&Music	2
Public Administration	1

이 표를 통해 명사 "순간"이 "자동차" 산업의 광고에 가장 많이 출현하는 것을 확인할 수 있다. 또한 이 명사가 "식음료", "미용/화장품" 및 "전자" 산업 분야의 광고에도 많이 나타나는 것을 알 수 있다. 앞서 논의한 "시간"과 비교해 볼 때 이 명사가 "미용/화장품" 산업의 광고에서 매우 중요시되고 명사 "순간"은 "자동차" 산업의 광고에서 소중한 개념이라는 점이 흥미롭다. 왜냐하면 두 명사 모두 시간 어휘망에 속하고 "순간"이 "시간"의 하위어이기 때문이다. 여기서 '순간'이 들어간 몇 가지 광고카피를 검토해 보자. 아래에 카피들이 제시되어 있다.

(24)

a. ⟨ad_industry Automobile⟩: 마음을 빼앗는 건 ⟨순간이면⟩ 충분하다

b. ⟨ad_industry Automobile⟩: 모두가 찬사를 보내는 이 ⟨순간에도⟩ 나의 도전은 멈추지 않는다 .

c. ⟨ad_industry Automobile⟩: 삶의 목적지보다 모든 ⟨순간의⟩ 경험이 중요한 당신

d. ⟨ad_industry Beauty&Cosmetics⟩: 찰나의 ⟨순간⟩ , 그녀의 결정적 시선을 담아내다

e. ⟨ad_industry Beauty&Cosmetics⟩: 한 ⟨순간도⟩ 한평생도 아름답게

f. 〈ad_industry Beauty&Cosmetics〉: 그녀의 눈부신 〈순간〉, 속부터 빛나
는 결정적 피부

위의 카피들을 살펴보면 "자동차" 산업과 "미용/화장품" 산업의 광고에
서 '순간'이 공통적으로 '짧은 시간'이라는 의미로 사용되는 것을 알 수
있다. 따라서 '순간'을 모두 합하면 '시간'이 되는데, '순간'은 분할이 가능
한 시간이나 특별히 주체가 타인이나 세계로부터 주목을 받는 시간을 가
리키기 위해 일종의 강조목적으로 쓰인다고 해석할 수 있다.
이제 세 번째 명사로 "꿈"을 파는 광고카피의 산업분포에 대해 살펴보
자. 아래 (25)에 제시된 검색식을 실행하면 산업별 출현빈도를 추출할 수
있다.

(25)
```
set context 1 ad;
set PrintStructures "ad_industry";
T=[pos="NNG"&word="꿈"];
group T match ad_industry 〉 "freqDREAM-ind-kloa21-m.txt";
cat T 〉 "concDREAM-kloa.txt";
```

이 복합검색식을 구성하는 단순검색식 다섯 개의 기능도 앞서 논의한
여러검색식들과 유사하다. 복합검색식 (25)를 실행하여 산출한 빈도통계
가 아래 [표 11]에 제시된다.

[표 11] 명사 "꿈"의 산업 분포

산업	빈도
Automobile	37
Financial Services	24
RealEstate	18
Education	16
Telecommunications	14
Food&Beverage	13
Public Relations	12
Entertainment&Recreation	11
Manufacturing	11
Fashion&Sports	6
Electronics	6
Beauty&Cosmetics	7
Public Administration	5
Publishing	4
Health	3
IT	1
PublicTechnology	1

이 표를 통해 명사 "꿈"이 "자동차" 산업과 "금융서비스" 산업의 광고에 상대적으로 빈번하게 출현하는 것을 확인할 수 있다. 또한 이 명사가 "부동산(RealEstate)" 산업과 "교육(Education)" 분야의 광고에도 많이 나타나는 것을 알 수 있다. 이 가운데 교육 분야의 광고카피 가운데 "꿈"을 컨셉으로 삼은 카피들을 검토해 보자. 아래에 용례들이 제시된다.

(26)

a. 〈ad_industry Education〉: 〈꿈은〉 정하는 것이 아니라 조금씩 만들어가는 것 아닐까요 ?

b. 〈ad_industry Education〉: 누군가는 다른 길을 가야합니다 . 누군가는 다

른 〈꿈을〉 꿔야합니다

c. 〈ad_industry Education〉: 수학이 너의 〈꿈을〉 방해하지 않도록

d. 〈ad_industry Education〉: 집의 크기가 아니라 〈꿈의〉 크기가 세상을 바
꿉니다

e. 〈ad_industry Education〉: 청춘아 그대의 〈꿈이〉 커져야 세상이 커진다

이 광고카피들을 살펴보면, "꿈"이 잠을 자면서 경험하는 꿈이 아니라, "미래", "희망", "장래 목표" 등과 동의어로 쓰이는 것을 확인할 수 있다. 우리 사회에서 교육이 차지하는 비중이 매우 높아서 미래로 가는 길이나 장래 목표를 달성하는데 있어 큰 디딤돌이 될 수 있기 때문에 "꿈"을 파는 광고카피들이 "교육" 산업의 광고에서 많이 나타나는 것으로 이해된다.

지금까지 여러 개의 복합검색식의 사용에 대해 논의를 했는데 이러한 한글 키워드가 포함된 복합검색식의 경우 실행에 제약이 따른다는 점을 분명히 할 필요가 있다. CWB 시스템의 경우 CQP 검색엔진을 작동시킬 수 있는 환경에서 한글 입력이 안 되기 때문에 한글 키워드 사용을 위해서는 매크로 파일을 작성하여 실행시켜야 한다. 매크로 파일의 첫 행에는 사용하고자 하는 말뭉치 이름을 쓰고 파일은 반드시 utf-8로 인코딩해야 하는 제약이 따른다. 매크로 파일은 명령프롬프트 환경에서 특정한 명령식을 이용해 실행해야 한다. 예를 들자면, 먼저 다음 (27)과 같은 내용으로 'macKloa21-m-dream.txt'라는 이름을 가진 매크로 파일을 작성한다.

(27) # 매크로 파일 macKloa21-m-dream.txt

KLOA21-M;

set context 1 ad;

set PrintStructures "ad_industry";

```
T=[pos="NNG"&word="꿈"];
group T match ad_industry > "freqDREAM-ind-kloa21-m.txt";
cat T > "concDREAM-kloa.txt";
```

이 매크로 파일을 명령프롬프트 환경에서 실행시키기 위해서 다음 [그림 1] 에서 볼 수 있듯이 지정된 명령식 cqp -r registry -f macKloa21-m-dream.txt 을 입력한 후 엔터키를 누른다. 이 명령식의 특이성은 파일 옵션 -f과 매크로 파일명이 추가되는 점이다.

[그림 1] 매크로 파일의 실행

코퍼스를 활용하면 어휘들의 연어관계도 포착하기가 용이한 데 한 가지 사례를 들어 연어관계를 논의하기로 한다. 앞서 논의한 바 있듯이 명사 "시간"이 광고카피에 자주 등장한다. 때문에 이 명사가 어떤 동사들과 주로 어울리는 지를 살펴보는 것도 의미가 있다. 다음에 동사들과 함께 "시간"이 출현하는 용례들을 볼 수 있다.

(28)

   a. ⟨ad_industry Beauty&Cosmetics⟩: ⟨시간을⟩ 되돌리는 힘 당신 손 안에 있습니다

   b. ⟨ad_industry Beauty&Cosmetics⟩: 하늘의 ⟨시간은⟩ 거스르고 피부의 빛은 더한다

   c. ⟨ad_industry Beauty&Cosmetics⟩: 피부 나이 , ⟨시간을⟩ 극복할 수 있을까요 ?

   d. ⟨ad_industry Beauty&Cosmetics⟩: ⟨시간을⟩ 다스리고 싶을 때 그 때가 고혼진을 시작할 때

   e. ⟨ad_industry Beauty&Cosmetics⟩: ⟨시간을⟩ 지우고 자윤의 빛을 더하다

   f. ⟨ad_industry Electronics⟩: ⟨시간을⟩ 지배하는 자 . LTE 를 지배할 것이다

   g. ⟨ad_industry Beauty&Cosmetics⟩: 세월을 감추고 곱게 드리우니 그 마음이 먼저 ⟨시간을⟩ 잊었구나

위 예들을 보면 한 카피안에서 "시간"과 공기하는 동사들이 매우 다양한 것을 확인할 수 있다. 이런 동사들의 빈도통계를 추출하기 위해 아래 (29)에 제시된 매크로 파일을 실행하여 형태소기반 코퍼스 KLOA21-M으로 부터 공기하는 동사의 빈도를 추출한다.

(29)

```
set context 1 ad;
T=[pos="NNG" & word="시간"];
set T target nearest [pos="VV"] within right 3 word from match;
group T target word by match word > "freqColloVV-TIME-kloa21-
    m.txt";
```

  매크로 파일을 실행하여 산출한 "시간"-동사의 빈도통계는 다음 [표 12]와 같다.

[표 12] 명사 "시간"과 연어관계를 이루는 동사의 빈도통계

동사	빈도	동사	빈도
흐르	11	줄이	3
멈추	8	기다리	2
지나	6	가	2
되돌리	5	즐기	2
이기	4	연구하	2
거스르	4	뛰어넘	2
만들	3	지우	1
지배하	3	훔치	1
깊어지	3	잊	1

  위 표를 살펴보면 동사 "흐르다"가 명사 "시간"과 함께 하는 시간이 가장 많고, 같은 흐름에서 "멈추다"가 바로 뒤를 따르는 것을 확인할 수 있다. 명사 "시간"과 공기하는 동사들 중 광고카피 장르가 아닌 일반 텍스트 장르에서 드물게 나타나는 동사들은 "이기다", "거슬리다", "만들다"와 "지배하다"일 것이다. 이러한 동사들을 명사 "시간"이 거느리는 것이 광고카피 장르 특유의 과장법에 기인한 것으로 풀이할 수 있다.

  이제 광고카피에서 사용된 어휘들의 품사분포를 검토해 보자. 분포통계를 내기 위해서 다음 (30)과 같은 검색식을 실행하면 된다.

(30)
```
T=[];
group T match pos 〉 "freqPOS-kloa21-m.txt";
```

이 복합검색식을 이용하여 산출한 품사(pos)의 빈도통계의 일부가 다음 [표 13]에 정리되어 있다.

[표 13] 품사(pos)의 빈도통계

품사	빈도	백분율(%)
NNG	35055	20.93
VV	16509	9.86
EC	11742	7.01
ETM	11297	6.74
VA	8240	4.91
JX	7163	4.28
EF	6468	3.86
JKO	5979	3.57
SL	5614	3.35
JKG	5456	3.26

위를 살펴보면 명사(NNG)의 출현빈도가 압도적으로 높다. 내용어 가운데 동사(VV)와 형용사(VA)가 뒤따르는 것을 알 수 있다.[5] 또한 이 세 품사가 차지하는 비중이 37%에 이른다.

이제 마지막으로 빅데이터 분석 도구를 이용하여 산업간 문서유사도를 측정해 보자.

광고 코퍼스 KLOA21과 KLOA21-M에서 설정하고 있는 산업은 모두 19가지로 광고카피를 기준으로 산업의 출현빈도는 다음 [표 14]와 같다.

---

5) 독일어 광고슬로건을 연구한 Baumgart(1992:70)에 따르면 슬로건에 명사가 가장 많이 나타나는 것으로 분석되었다. 이러한 결과는 독일어 광고슬로건의 연구를 위해 코퍼스 언어학적인 접근방법을 택한 이민행(2012)의 연구결과와도 일치한다. 이민행(2012)에 따르면 독일어 광고슬로건에서 명사의 비중이 22.24%이고 동사의 비중이 10.62%이며 형용사가 차지하는 비중이 9.45%이다.

[표 14] 산업의 빈도통계

산업	출현빈도
Automobile [1]	29802
Beauty&Cosmetics	23822
Food&Beverage	22506
Electronics	18337
FinancialServices	12004
Fashion&Sports	9321
Health	7618
Telecommunications	7518
PublicRelations	6648
Entertainment&Recreation [10]	6238
Retail&Service	5308
RealEstate	5001
Education	3723
IT	3463
Public Administration	2007
Manufacturing	1820
PublicTechnology	966
Publishing	858
Movie&Music [19]	551

이 표를 통해 "자동차" 산업의 광코카피가 가장 많고 "미용과 화장품" 산업이 그 뒤를 따른 것을 확인할 수 있다. 19가지 산업가운데 1위 "자동차" 산업부터 10위 "오락과 레크레이션(Entertainment&Recreation)" 산업까지 상위 10개 산업에 대해 명사를 기준으로 계층적 군집분석 방법론을 적용하여 문서유사도를 측정하기로 한다. 이를 위해 먼저 각 산업별로 광고카피에 출현하는 명사목록을 추출해야 한다. 이를 위해 다음 (31)에 내용의 일부가 제시된 매크로 파일을 실행한다.

(31) # macKloa21-m.txt

KLOA21-M;

T=[pos="NNG"]::match.ad_industry="(Beauty & Cosmetics|Beauty&Cosmetics)";

group T match word > "freqNNG-BCosm-kloa21-m.txt";

T=[pos="NNG"]::match.ad_industry="(Entertainment&Recreation|Entertai
  nment & Recreation)";

group T match word > "freqNNG-EntR-kloa21-m.txt";

T=[pos="NNG"]::match.ad_industry="(FinancialServices|Financial Services)";

group T match word > "freqNNG-FServ-kloa21-m.txt";

T=[pos="NNG"]::match.ad_industry="(Food&Beverage|Food & Beverage)";

group T match word > "freqNNG-FoodB-kloa21-m.txt";

T=[pos="NNG"]::match.ad_industry="(PublicRelations|Public Relations)";

group T match word > "freqNNG-PR-kloa21-m.txt";

이 매크로 파일을 실행하면 산업별로 명사 빈도통계가 산출되는데 이 통계들을 하나로 모아 행렬형식의 데이터를 생성한 후에 계층적 군집분석을 수행한다. 행렬포맷의 데이터 파일 "MT-NN-IND-kloa21.csv"의 일부가 아래 [표 15]에 제시된다.

[표 15] 명사 행렬 데이터

noun	Automobile	Cosmetics	Electronics	Recreation	Food	Finance	Sports	Health	PubRelation	Telecom
피부	0	747	7	0	7	1	1	16	0	0
세상	213	43	108	18	77	38	37	14	51	66
때	65	38	35	12	75	31	27	31	22	19
사람	63	12	42	16	68	44	15	17	32	32
힘	33	113	19	6	40	35	15	17	27	10
마음	39	20	21	12	70	46	14	31	18	16

순간	75	45	28	11	46	8	19	15	5	5
여자	16	120	45	2	18	6	17	22	1	9
남자	34	134	17	4	20	4	22	11	1	4
오늘	38	35	11	6	65	17	18	21	10	15
시간	33	77	15	14	37	14	11	10	7	5
맛	4	0	18	4	191	1	1	0	0	1
사랑	14	23	28	44	53	18	11	12	8	8
차	179	3	3	0	6	11	0	0	2	1
길	123	2	5	10	11	5	16	5	8	4
속	16	63	21	5	25	7	15	12	7	4
자연	7	68	11	2	44	1	17	17	4	2
인생	46	6	7	11	28	37	8	14	7	8
기술	47	7	41	0	2	5	10	2	19	33
하나	47	19	31	7	16	13	15	4	4	5

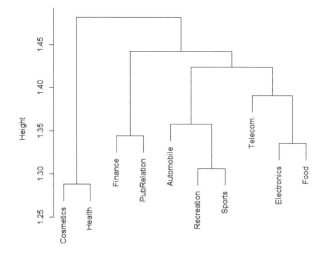

[그림 2] 산업간의 문서 유사도

이 행렬데이터를 토대로 하여 계층적 군집분석용 R-스크립트를 실행하면 위 [그림 2]와 같은 문서유사도 수형도를 얻을 수 있다.

이 유사도를 살펴보면 "화장품" 산업과 "건강" 산업 간의 유사도가 가장 높고 그 뒤를 이어 "오락과 레크레이션" 산업간의 유사도가 높은 것을 알 수 있다. "전자" 산업과 "식음료" 산업간의 유사도가 세 번째로 높은 것은 의외의 결과이다.

이 장에서 우리는 한국어 광고말뭉치 KLOA21과 KLOA21-M의 활용방안에 대해 논의하였다. 이 말뭉치들은 검색엔진 CQP를 장착하고 있어 다양한 유형의 검색이 가능한다. 논의를 통해 한국어 광고카피의 여러 가지 언어적 특성들을 밝혀냈다. 이 가운데 중요한 특성 몇 가지만 열거하면 다음과 같다.

- 결과구문의 사용양상
- 문장길이의 분포
- 품사의 분포

제11장

한-영 병렬 성경말뭉치의 활용

한-영 병렬 성경말뭉치는 한국어 성경말뭉치 BIBLE-KO/BIBLE-KO-M
과 영어 성경말뭉치 BIBLE-EN을 병렬하여 구축한 말뭉치이다. 이 말뭉
치는 검색엔진 CQP를 이용하여 검색할 때 연동이 가능하도록 설계되어
있다. 이 장에서는 한국어 성경말뭉치, 영어 성경말뭉치와 한-영 병렬
성경말뭉치를 활용하는 여러 가지 방법에 대해 논의하려고 한다.

먼저, 한국어 성경말뭉치 BIBLE-KO-M으로부터 품사분포를 추출해
보자. 품사의 출현빈도를 추출하기 위해 사용하는 검색식은 다음 (1)과
같다.

(1)
```
T=[];
group T match pos > "freqPOS-bible-ko-m.txt";
```

이 복합검색식을 이용하여 산출한 품사(pos)의 빈도통계의 일부가 다음
[표 1]에 정리되어 있다.[1]

[표 1] 한국어 성경말뭉치 품사(pos)의 빈도통계[2]

품사	빈도	누적빈도	누적백분율(%)
NNG [1]	148251	148251	14.55
VV [2]	122564	270815	26.59
EC [3]	94500	365315	35.86
SF [4]	49918	415233	40.76
JKO [5]	46470	461703	45.33
ETM [6]	45854	507557	49.83
EF [7]	44379	551936	54.18
NP [8]	42794	594730	58.39
JKB [9]	40414	635144	62.35
JX [10]	36918	672062	65.98
EP [11]	34512	706574	69.37
JKS [12]	32286	738860	72.54
VX [13]	28654	767514	75.35
VA [14]	23622	791136	77.67
NNP [15]	23213	814349	79.95
MM [16]	22345	836694	82.14
MAG [17]	22233	858927	84.32
NNB [18]	21023	879950	86.39
JKG [19]	20366	900316	88.39
XSN [20]	15728	916044	89.93
......	......	......	......
SW[129]	1	1018618	100.00

위 데이터는 출현빈도 순위 1위부터 20위까지의 품사를 중심으로 빈도, 누적빈도 및 누적백분율을 정리한 결과이다. 이 통계를 살펴보면 명

---

1) cqp 검색엔진을 이용하여 빈도를 산출하기 위해 명령어로 group이나 count를 사용하는데 group의 경우 빈도데이터를 검색어-빈도 순으로 출력하는 반면, count의 경우 반대로 빈도-검색어 순으로 출력한다. 이 책에서 때로는 검색어-빈도 순으로 통계정보를 정리하고 때로는 빈도-검색어 순으로 정리한다.
2) 이 표에서 품사뒤의 [숫자]는 출현빈도 순위를 나타낸다.

사(NNG)의 출현빈도가 압도적으로 높고 그 뒤를 동사(VV) 따르는 것을 알수 있다. 또한 형용사(VA)와 고유명사(NNP)가 각각 14위와 15위를 차지한사실도 흥미롭다. 형용사(VA)의 출현빈도가 14위인데, 이 순위는 일반적인 텍스트와 비교해 볼 때 독특한 점으로 간주될 수 있다. 때문에 어떤형용사들이 성경말뭉치에서 많이 출현하는 지를 살펴보는 것도 흥미로울것이다. 아래 [표 2]에 BIBLE-KO-M의 형용사 목록이 제시되어 있다.

[표 2] 한국어 성경의 형용사

형용사	빈도	형용사	빈도
있	4454	높	239
없	2764	어리	214
이렇	1890	악하	198
같	1011	기쁘	189
그렇	719	영원하	154
크	644	나쁘	153
많	590	두렵	153
좋	572	옳	151
거룩하	534	가난하	137
어떻	408	올바르	136

위 표는 출현빈도 순위 1위부터 20위 까지를 모은 것이다. 이 데이터를 살펴보면 형용사 '거룩하다'가 순위 9위를 차지하고 '어리다'가 12위를, '악하다'가 13위를, '영원하다'가 15위를 그리고 '두렵다'가 17위를 차지하는 등 종교적인 어휘들이 상위 순위를 점한다는 사실에 주목할 필요가 있다. 어절기반 성경말뭉치 BIBLE-KO로부터 '거룩하다'를 키워드로검색한 용례 534개 중에서 몇 개 보이면 아래와 같다.

(2)

a. 〈seg_id b.EXO.15.11〉: 야훼여 , 신들 중에 당신 같은 분이 어디 있겠습니까 ? 누가 당신처럼 〈거룩하며〉 영광스럽겠습니까 ? 당신께서 해내신 놀라운 일에 모두들 떨며 찬양을 드립니다 .

b. 〈seg_id b.PSA.77.13〉: 하느님 , 당신의 길은 〈거룩하시오니〉 , 하느님만큼 높은 신이 어디 있으리이까 ?

c. 〈seg_id b.MAT.23.17〉: 이 어리석고 눈먼 자들아 , 어느 것이 더 중하냐 ? 황금이냐 ? 아니면 그 황금을 〈거룩하게〉 만드는 성전이냐 ?

c. 〈seg_id b.LUK.1.49〉: 전능하신 분께서 나에게 큰 일을 해 주신 덕분입니다 . 주님은 〈거룩하신〉 분

d. 〈seg_id b.ROM.7.12〉: 그러나 율법은 어디까지나 〈거룩하고〉 계명도 거룩하고 정당하고 좋은 것입니다 .

위 성경말씀들은 출애굽기(EXO), 시편(PSA), 마태복음(MAT), 누가복음(LUK)과 로마서(ROM)에 실린 기사들이다. 이들을 살펴보면, 누구나 무엇인가를 거룩하게 만드는 이는 하나님이시고, 거룩한 대상은 사람일 수도 있고 사물일 수도 있으며 길이나 율법이나 계명일 수도 있다는 것을 알 수 있다.

이제부터 출현빈도 순위가 높은 품사 몇 개를 대상으로 하여 품사별로 어떤 어휘들의 출현빈도가 높은 지에 대해 검토해 보자. 먼저 명사를 살펴본다. 다음 (3)에 제시된 검색식을 이용하여 형태소기반 성경말뭉치 BIBLE-KO-M을 대상으로 명사목록을 추출할 수 있다.

(3)

```
T=[pos="NNG"];
group T match word 〉 "freqNNG-bible-ko-m.txt";
```

복합검색식을 이용하여 산출한 명사(NNG)의 빈도통계 중 일부가 아래 [표 3]에 제시되어 있다.

[표 3] 한국어 성경의 명사

명사	빈도	명사	빈도
사람	8132	날	1254
하느님	4592	말씀	1246
일	2855	손	1101
말	2499	마음	1071
아들	2271	곳	1008
백성	2232	몸	959
때	2172	죄	945
땅	2105	이름	884
왕	1960	집	869
앞	1429	가운데	863

이 표는 출현빈도 상위 1위부터 20위까지의 명사들을 보여준다. 이 표를 통해 명사 '사람'이 성경에 가장 많이 출현하고, 그 뒤를 이어 '하느님', '백성' 및 '왕'이 빈번하게 출현하는 것을 확인할 수 있다. 성경말씀에 '사람'이 '하느님'보다, '백성'이 '왕'보다 많이 나타난다는 사실은 매우 흥미롭다.

이어서 동사의 경우 어떤 어휘들의 출현빈도가 높은 지에 대해 살펴보자. 아래 (4)에 제시된 검색식을 이용하여 형태소기반 말뭉치 BIBLE-KO-M을 대상으로 동사목록을 추출할 수 있다.

(4)

```
T=[pos="VV"];

group T match word > "freqVV-bible-ko-m.txt";
```

아래 [표 4]는 복합검색식을 이용하여 산출한 동사(VV)의 빈도통계를 보여준다.

[표 4] 한국어 성경의 동사

동사	빈도	동사	빈도
하	7628	알	1505
되	4916	내리	1349
가	3301	이르	1221
오	2819	죽	1220
받	2318	주	1174
들	2202	돌	1155
보	2199	바치	1143
살	2193	먹	1093
말하	1740	만들	1060
듣	1586	치	1043

위 데이터는 출현빈도 순위 1위부터 20위까지의 동사들을 정리한 결과이다. 이 통계를 살펴보면 동사 '하다'의 출현빈도가 압도적으로 높고 그 뒤를 이어 동사 '되다'와 '가다', '오다'가 많이 출현하는 것을 알 수 있다. 여기서 순위 9위를 차지한 '말하다'와 순위 13위에 자리한 '이르다'는 소통동사인데[3] 이런 동사들이 성경에 아주 많이 출현하는 것은 주목할 만

---

3) 개역개정 한글성경에는 '하나님이/주께서 가라사대'와 같은 상용어구가 매우 많이 출현한다. 동사 '가라사대'의 기본형은 '가라사다'인데 매우 높임말이며 기본형이 '가로다'인 동사활용형 '가로되'와는 다른 동사이다. 다음에 '... 가라사대'가 쓰인 용례 몇 개를 제시한다.

  a. ⟨seg_id b.GEN.3.22⟩: 여호와 하나님이 ⟨가라사대⟩ 보라 이 사람이 선악을 아는 일에 우리 중 하나같이 되었으니 그가 그 손을 들어 생명나무 실과도 따 먹고 영생할까 하노라 하시고

  b. ⟨seg_id b.GEN.9.12⟩: 하나님이 ⟨가라사대⟩ 내가 나와 너희와 및 너희와 함께 하는 모든 생물 사이에 영세까지 세우는 언약의 증거는 이것이라

  c. ⟨seg_id b.MAT.15.16⟩: 예수께서 ⟨가라사대⟩ 너희도 아직까지 깨달음이 없느냐

한 현상이다. 경전으로서의 성경의 주요기능은 하나님이나 선지자 혹은 예언자의 지혜를 전하는데 있기 때문으로 해석될 수 있다.

우리가 이 장에서 살펴보는 성경은 모두 66권으로 구성되고 그 가운데 39권이 구약이고 27권이 신약으로 분류된다.

먼저 구약에 속하는 성경 39권을 정리하면 다음 [표 5]와 같다.4)

[표 5] 구약 39권

Genesis (창세기) || GEN	2 Chronicles (역대하) || 2CH	Daniel (다니엘) || DAN
Exodus (출애굽기) || EXO	Ezra (에스라) || EZR	Hosea (호세아) || HOS
Leviticus (레위기) || LEV	Nehemiah (느헤미야) || NEH	Joel (요엘) || JOE
Numbers (민수기) || NUM	Esther (에스더) || EST	Amos (아모스) || AMO
Deuteronomy (신명기) || DEU	Job (욥기) || JOB	Obadiah (오바댜) || OBA
Joshua (여호수아) || JOS	Psalms (시편) || PSA	Jonah (요나) || JON
Judges (사사기) || JDG	Proverbs (잠언) || PRO	Micah (미가) || MIC
Ruth (룻기) || RUT	Ecclesiastes (전도서) || ECC	Nahum (나훔) || NAH
1 Samuel (사무엘상) || 1SA	Song of Songs (아가서) || SON	Habakkuk (하박국) || HAB

물론, 동사 '이르다'는 다의어로서 '말하다'는 의미외에 아래 용례에서 처럼 '도착하다'는 의미도 가진다:

⟨seg_id b.1JO.5.17⟩: 옳지 못한 일은 모두 죄입니다 . 그러나 죽음에까지 ⟨이르게⟩ 하지 않는 죄가 있습니다 .

4) 표에서 성경 각 권의 이름 뒤에 기재된 GEN, EXO등 영문 세 글자는 해당 성경을 지칭하는 성경코퍼스내의 약호이다. 이 약호들은 검색에 활용되기 때문에 매우 중요하다.

2 Samuel (사무엘하) || 2SA	Isaiah (이사야) || ISA	Zephaniah (스바냐) || ZEP
1 Kings (열왕기상) || 1KI	Jeremiah (예레미야) || JER	Haggai (학개) || HAG
2 Kings (열왕기하) || 2KI	Lamentations (예레미야애가) || LAM	Zechariah (스가랴) || ZEC
1 Chronicles (역대상) || 1CH	Ezekiel (에스겔) || EZE	Malachi (말라기) || MAL

아래 [표 6]은 신약에 속하는 27권 목록을 보여준다.

[표 6] 신약 27권

Matthew (마태복음) || MAT	Ephesians (에베소서) || EPH	Hebrews (히브리서) || HEB
Mark (마가복음) || MAR	Philippians (빌립보서) || PHI	James (야고보서) || JAM
Luke (누가복음) || LUK	Colossians (골로새서) || COL	1 Peter (베드로전서) || 1PE
John (요한복음) || JOH	1 Thessalonians (데살로니가전서) || 1TH	2 Peter (베드로후서) || 2PE
Acts (사도행전) || ACT	2 Thessalonians (데살로니가후서) || 2TH	1 John (요한일서) || 1JO
Romans (로마서) || ROM	1 Timothy (디모데전서) || 1TI	2 John (요한이서) || 2JO
1 Corinthians (고린도전서) || 1CO	2 Timothy (디모데후서) || 2TI	3 John (요한삼서) || 3JO
2 Corinthians (고린도후서) || 2CO	Titus (디도서) || TIT	Jude (유다서) || JUD
Galatians (갈라디아서) || GAL	Philemon (빌레몬서) || PHM	Revelation (요한계시록) || REV

성경코퍼스 BIBLE-KO, BIBLE-KO-M과 BIBLE-EN에는 어떤 성경이 구약에 속하는 지 어떤 성경이 신약에 속하는 지에 대한 메타정보가 포함되어 있기 때문에 명사나 형용사의 빈도통계를 비교함으로써 구약과 신약이 어떤 점에서 다른 지를 확인할 수 있다.

먼저 한국어 성경 BLIBLE-KO-M을 대상으로 하여 명사 빈도정보를 구약과 신약을 구분하여 추출한 다음에 그 차이를 살펴보기로 한다.

구약과 신약을 구별하여 명사의 빈도를 추출하기 위해서는 다음 (5)와 같은 검색식을 이용한다.

(5)
```
T=[pos="NNG.*"]::match.div0_id="new";
group T match word > "freqNNG-new-bible-ko-m.txt";
T=[pos="NNG.*"]::match.div0_id="old";
group T match word > "freqNNG-old-bible-ko-m.txt";
```

이 복합검색식의 첫 행에 설정된 검색표적(T)에 부착된 :: 연산자를 뒤따르는 제약식 match.div0_id="new"은 검색범위에 대한 언명이다. 여기서는 구약/신약을 구분할 목적으로 설정한 메타태그 div0_id의 값이 "new"인 곧 신약(new) 성경 27권을 검색대상으로 삼는다는 의미이다. 셋째 행의 검색식은 반대로 구약(old) 성경 39권을 검색대상으로 한다. 두 검색식을 실행하여 얻는 결과를 표 하나로 통합한 것이 다음의 [표 7]이다.

[표 7] 구약과 신약의 명사 목록

구약				신약			
명사	빈도	명사	빈도	명사	빈도	명사	빈도
사람	4570	사제	673	사람	3562	몸	230
하느님	2757	집	619	하느님	1835	땅	220
백성	2079	위	606	일	880	형제	217
일	1975	후손	555	때	854	주	216
아들	1941	다음	550	말	690	곳	212
땅	1885	나라	500	말씀	562	손	207
왕	1867	성	495	주님	467	속	188
말	1809	주	494	아버지	400	나라	188
때	1318	눈	484	제자	371	천사	179
앞	1162	하늘	472	마음	362	뒤	175
날	992	소리	467	아들	330	율법	167
손	894	민족	454	하늘	311	이름	167
곳	796	물	443	여자	301	길	161
몸	729	자리	418	세상	276	가운데	159
이름	717	속	394	앞	267	전	156
마음	709	종	393	죄	262	동안	156
가운데	704	성전	392	날	262	안	154
말씀	684	신	390	집	250	백성	153
죄	683	가문	377	성령	235	종	153
길	677	입	364	믿음	235	뜻	151

위 표를 살펴보면 구약에서 출현빈도 순위가 상위를 차지한 명사들, 곧 '백성', '땅', '왕' 및 '사제'가 신약에서는 순위가 하락한 것을 확인할 수 있다. 반면, 신약에서는 '말씀', '주님', '아버지', '제자' 및 '마음'의 출현빈도가 상위를 차지하는 것을 알 수 있다. 이러한 차이는 구약의 스토리 라인이 '하나님'을 중심으로 구축된 반면, 신약의 스토리 라인은 '예수'를 중심으로 흐르기 때문인 것으로 풀이된다.

　명사뿐만 아니라 형용사의 출현빈도에서도 구약과 신약의 차이가 드러난다. 형용사의 빈도 통계를 추출하기 위해 사용하는 검색식은 다음 (6)과 같다.

(6)

```
T=[pos="VA.*"]::match.div0_id="new";
group T match word 〉 "freqVA-new-bible-ko-m.txt";
T=[pos="VA.*"]::match.div0_id="old";
group T match word 〉 "freqVA-old-bible-ko-m.txt";
```

　위 검색식에서 검색표적에 추가된 검색범위에 대한 제약은 앞서 논의한 바와 같다. 이 검색식을 실행하여 추출한 구약과 신약의 형용사 출현빈도를 통합한 결과는 다음 [표 8]과 같다.

[표 8] 구약과 신약의 형용사 목록

구약				신약			
형용사	빈도	형용사	빈도	형용사	빈도	형용사	빈도
있	3049	무섭	99	있	1405	가난하	38
없	1986	옳	95	없	778	깨끗하	35
이렇	1412	못되	94	이렇	478	선하	34
같	770	착하	89	많	255	어리석	34
그렇	480	깊	82	같	241	영광스럽	33
거룩하	434	부끄럽	75	그렇	239	이상하	33
크	408	영원하	69	크	236	착하	31
좋	405	멀	69	어떻	182	완전하	30
많	335	역겹	67	좋	167	놀랍	30
어떻	226	지혜롭	64	거룩하	100	약하	30
높	183	낮	62	올바르	99	두렵	30

어리	149	슬기롭	59	영원하	85	필요하	29
악하	137	미련하	58	어리	65	작	29
나쁘	134	작	58	기쁘	64	무섭	28
기쁘	125	붉	57	악하	61	참되	26
두렵	123	즐겁	56	옳	56	훌륭하	26
부정하	110	다르	55	높	56	다르	23
바르	108	놀랍	54	낫	53	새롭	23
어리석	102	깨끗하	54	행복하	42	굳	22
가난하	99	억울하	53	더럽	41	심오하	21

위 표를 살펴보면 '거룩하다', '나쁘다', '두렵다', '어리석다', '무섭다', '지혜롭다' 및 '슬기롭다' 등 구약에서 출현빈도 순위가 상위를 차지한 형용사들이 신약에서는 순위가 하락한 것을 알 수 있다. 반면, 신약에서는 '올바르다', '영원하다', '기쁘다' '행복하다', '깨끗하다' 및 '완전하다'의 출현빈도가 상위를 차지하는 것을 확인할 수 있다. 이러한 차이는 구약의 '하나님'이 인간의 잘못에 대해 벌을 내리는 심판의 하나님인 반면, 하나님의 대리자인 신약의 '예수'는 죄를 사하고 용서하며 사랑을 전파하면서 하나님과 인간사이의 중재자 역할을 하기 때문인 것으로 풀이된다.

병렬말뭉치를 활용하면 서로 다른 두 언어 간의 차이를 발견할 수 있다. 예를 하나 살펴보자. 영어 단어 "crime"과 "sin"은 한국어로 번역할 때 둘 다 "죄"로 번역된다. 아래의 용례를 통해 이 사실을 확인할 수 있다.

(7)

  a. ⟨seg_id b.MAR.15.14⟩: " Why ? What ⟨crime⟩ has he committed ? " asked Pilate . But they shouted all the louder , " Crucify him ! "

  → bible-ko: 빌라도가 " 도대체 이 사람의 잘못이 무엇이냐 ? " 하고 물었으나 사람들은 더 악을 써 가며 " 십자가에 못박으시오 ! " 하고 외쳤다 .

b. 〈seg_id b.MAT.26.28〉: This is my blood of the covenant , which is poured out for many for the forgiveness of 〈sins〉 .

→ bible-ko: 이것은 나의 피다 . 죄를 용서해 주려고 많은 사람을 위하여 내가 흘리는 계약의 피다 .

차정식 · 김기석(2015:262)에 따르면 한국어로는 공히 "죄"로 번역되는 영어 단어 "crime"과 "sin"이 사실은 다른 의미를 갖는다. 명사 "crime"은 실정법에 위반하여 처벌의 근거가 되는 범죄인 반면, 어휘 "sin"은 도덕적 혹은 종교적인 관점에서 판단할 때 사회적 규범에서 벗어난 죄이다. 위 용례 (7a)에 나타난 "crime"은 로마법을 위반한 범죄행위를 가리킨 반면, (7b)의 "sin"은 종교적인 의미를 가진 죄를 지시한다. 다른 한편 아래의 성경말씀에서 명사 "sin"은 죄보다는 가벼운 "잘못" 혹은 "실수" 정도로 번역되어 있다.

(8)

〈seg_id b.MAT.6.15〉: But if you do not forgive men their sins , your Father will not forgive your 〈sins〉 .

→ bible-ko: 그러나 너희가 남의 잘못을 용서하지 않으면 아버지께서도 너희의 잘못을 용서하지 않으실 것이다 . "

신약성경에서 예수의 권한내에서 용서받을 수 있는 죄는 모두 "sin"이다. 영어성경에 나타난 동사들을 살펴보면 아래의 [표 9]에서 확인할 수 있듯이 'say', 'tell', 'speak', 'ask', 'see', 'hear' 등 지각동사 및 'know' 등 인지동사 부류가 많이 출현한다.

[표 9] 성경의 동사 목록

동사	빈도	동사	빈도
do [1]	5570	live [11]	1101
say	5094	let	1076
go	3211	put	1071
come	3177	tell	1063
give	2290	hear	1006
make	2150	send	971
take	1915	ask	787
see	1680	speak	778
bring	1603	eat	772
know [10]	1196	become [20]	769

소통동사들 가운데 출현빈도가 가장 많은 'say'가 포함된 용례들을 몇 가지 보이면 다음 (9)와 같다.

(9)

a. ⟨seg_id b.GEN.1.3⟩: And God ⟨said⟩ , " Let there be light , " and there was light .

→ bible-ko: 하느님께서 " 빛이 생겨라 ! " 하시자 빛이 생겨났다 .

b. ⟨seg_id b.GEN.1.14⟩: And God ⟨said⟩ , " Let there be lights in the expanse of the sky to separate the day from the night , and let them serve as signs to mark seasons and days and years ,

→ bible-ko: 하느님께서 " 하늘 창공에 빛나는 것들이 생겨 밤과 낮을 갈라 놓고 절기와 나날과 해를 나타내는 표가 되어라 !

c. ⟨seg_id b.MAT.28.18⟩: Then Jesus came to them and ⟨said⟩ , " All authority in heaven and on earth has been given to me .

→ bible-ko: 예수께서는 그들에게 가까이 오셔서 이렇게 말씀하셨다 . " 나

는 하늘과 땅의 모든 권한을 받았다 .

d. ⟨seg_id b.MAR.2.5⟩: When Jesus saw their faith , he ⟨said⟩ to the paralytic , " Son , your sins are forgiven . "

→ bible-ko: 예수께서는 그들의 믿음을 보시고 중풍병자에게 " 너는 죄를 용서받았다 " 하고 말씀하셨다 .

e. ⟨seg_id b.LUK.22.40⟩: On reaching the place , he ⟨said⟩ to them , " Pray that you will not fall into temptation . "

→ bible-ko: 예수께서는 그 곳에 이르러 제자들에게 " 유혹에 빠지지 않도록 기도하여라 " 하시고는

f. ⟨seg_id b.JOH.2.7⟩: Jesus ⟨said⟩ to the servants , " Fill the jars with water " ; so they filled them to the brim .

→ bible-ko: 예수께서 하인들에게 " 그 항아리마다 모두 물을 가득히 부어라 " 하고 이르셨다 . 그들이 여섯 항아리에 물을 가득 채우자

위의 성경기사들은 구약성경 "창세기"와 "마태복음", "마가복음", "누가복음" 및 "요한복음" 등 신약의 4복음서들로부터 추출한 말씀들이다. 창세기의 말씀들은 화자가 하느님이고 화행이론적인 관점에서 볼 때 "선언화행(declarative speech acts)"에 속하는 인용문을 담고 있다. 반면, 4복음서의 말씀들은 모두 화자가 예수님이다. 신약에 기록된 예수님의 말씀중에도 선언화행의 기능을 수행하는 직접 인용문들이 포함된 말씀들이 있다. 다음 예를 보자.

(10)

a. ⟨seg id="b.MAT.8.3"⟩

Jesus reached out his hand and touched the man. "I am willing," he said. "Be clean!" Immediately he was cured of his leprosy.

→ bible-ko: 예수께서 그에게 손을 대시며 "그렇게 해 주마. 깨끗하게 되어라"하고 말씀하시자 대뜸 나병이 깨끗이 나았다.

b. ⟨seg id="b.MAT.9.29"⟩

Then he touched their eyes and said, "According to your faith will it be done to you";

→ bible-ko: 예수께서는 그들의 눈을 만지시며 "너희가 믿는 대로 될 것이다" 하고 말씀하셨다.

c. ⟨seg id="b.MAT.9.30"⟩

and their sight was restored. Jesus warned them sternly, "See that no one knows about this."

→ bible-ko: 그러자 그들의 눈이 뜨이었다. 예수께서 그 일을 아무에게도 알리지 말라고 단단히 일러 두셨지만

마태복음에서 추출한 위의 용례 (10a)는 "Be clean!"이라고 명령함으로써 나병환자를 깨끗이 낫게 하는 기적을 행하신 예수님의 행적을, 용례 (10b)는 "According to your faith will it be done to you"라고 말씀하심으로써 맹인이 눈을 뜨게 하는 기적을 행하신 예수님의 행적을 기록한 기사이다. 이처럼 말씀을 통해 기적을 행하는 예수님의 발화는 선언화행으로 간주된다.

소통동사 "say"의 쓰임과 관련하여 우리가 관심을 가져볼 주제는 say의 주체가 구약과 신약간에 차이를 보이는 지를 검토하는 일이다. 동사 "say"가 나타나는 용례들의 주어 분포를 산출하기 위해 다음 검색식을 실행한다.

(11)

```
T=[pos="VV.*" & lemma="say"]::match.div0_id="new";
```

```
set T target nearest [pos="N.*"] within left 3 word from match;
group T target lemma 〉 "freqColloNN-NP-SAY-bible-en-new.txt";
T=[pos="VV.*" & lemma="say"]::match.div0_id="old";
set T target nearest [pos="N.*"] within left 3 word from match;
group T target lemma 〉 "freqColloNN-NP-SAY-bible-en-old.txt";
```

위 검색식에서 두 번째 줄과 다섯 번째 줄의 명령식이 동사 "say"의 왼편으로 가장 가까이에 위치한 일반명사와 고유명사를 검색표적으로 삼으라는 뜻을 담고 있다. 각각 그 뒤에 이어지는 명령식은 검색결과 산출된 빈도 데이터를 해당 파일에 저장하라는 지시이다. 이렇게 산출된 빈도통계를 정리하면 다음 [표 10]과 같다.

[표 10] 구약/신약에 나타난 동사 "say"의 주어 분포

구약		신약	
Lord	668	Jesus	137
Israel	118	disciple	27
king	86	God	26
Moses	81	Peter	17
David	70	Lord	16
God	66	Paul	14
people	52	people	13
Almighty	49	angel	12
man	48	Scripture	12
Saul	36	man	10

위 표를 통해 구약성경에서 말씀의 주체는 대부분 전능하신 하느님(Lord, God, Almighty)이거나 왕(king, David)이고, 신약성경에서는 주로 예수님(Jesus)이 말씀을 하시는 것을 확인할 수 있다. 신약성경에서 제자

(disciple)들이 말씀의 주체로 등장하는 점도 특기할 만 하다. 아래 용례들을 살펴보자.

(12)

a. ⟨seg_id b.MAT.8.21⟩: Another disciple ⟨said⟩ to him, "Lord, first let me go and bury my father."

→ bible-ko: 제자 중 한 사람이 와서 " 주님 , 먼저 집에 가서 아버지 장례를 치르게 해 주십시오 " 하고 청하였다 .

b. ⟨seg_id b.MAR.4.9⟩: Then Jesus ⟨said⟩ , " He who has ears to hear , let him hear . "

→ bible-ko: 예수께서는 이어서 " 들을 귀가 있는 사람은 알아 들어라 " 하고 말씀하셨다 .

c. ⟨seg_id b.MAR.10.23⟩: Jesus looked around and ⟨said⟩ to his disciples , " How hard it is for the rich to enter the kingdom of God ! "

→ bible-ko: 예수께서는 제자들을 둘러 보시며 " 재물을 많이 가진 사람이 하느님 나라에 들어 가는 것은 얼마나 어려운 일인지 모른다 " 하고 말씀하셨다 .

d. ⟨seg_id b.LUK.17.1⟩: Jesus ⟨said⟩ to his disciples : " Things that cause people to sin are bound to come , but woe to that person through whom they come .

→ bible-ko: 예수께서 제자들에게 이렇게 말씀하셨다 . " 죄악의 유혹이 없을 수없지만 남을 죄짓게 하는 사람은 참으로 불행하다 .

e. ⟨seg_id b.JOH.6.60⟩: On hearing it , many of his disciples ⟨said⟩ , " This is a hard teaching . Who can accept it ? "

→ bible-ko: 제자들 가운데 여럿이 이 말씀을 듣고 " 이렇게 말씀이 어려워

서야누가 알아들을 수 있겠는가 ? " 하며 수군거렸다 .

위 용례들은 동사 "say"의 주어가 예수님이거나 제자들이다. 이 기사들
은 모두 4복음서에 속하는 '마태복음', '마가복음' 및 '누가복음'으로부터
추출한 것들이다.

신약성경에는 '재물'에 관한 예수님의 말씀도 많이 나타나는데 '재물'이
나 '재산' 혹은 '소유'가 포함된 성경기사들의 살펴봄으로써 예수님의 재
물에 대한 입장을 파악할 수 있다. 아래 용례들을 살펴보자.

(13)

a. ⟨seg_id b.LUK.12.33⟩: " 너희는 있는 것을 팔아 가난한 사람들에게 주어
라 . 해어지지 않는 돈지갑을 만들고 축나지 않는 ⟨재물⟩ 창고를 하늘에
마련하여라 . 거기에는 도둑이 들거나 좀먹는 일이 없다 .

→ bible-en: Sell your possessions and give to the poor . Provide purses
for yourselves that will not wear out , a treasure in heaven that will
not be exhausted , where no thief comes near and no moth destroys .

b. ⟨seg_id b.LUK.16.11⟩: 만약 너희가 세속의 ⟨재물을⟩ 다루는데도 충실하
지 못한다면 누가 참된 재물을 너희에게 맡기겠느냐 ?

→ bible-en: So if you have not been trustworthy in handling worldly
wealth , who will trust you with true riches ?

c. ⟨seg_id b.LUK.18.24⟩: 예수께서는 그를 보시고 이렇게 말씀하셨다 . "
⟨재물이⟩ 많은 사람이 하늘 나라에 들어 가는 것이 얼마나 어려운 일인지
모른다 .

→ bible-en: Jesus looked at him and said, "How hard it is for the rich
to enter the kingdom of God !

d. ⟨seg_id b.1JO.3.17⟩: 누구든지 세상의 ⟨재물을⟩ 가지고 있으면서 자기의

형제가 궁핍한 것을 보고도 마음의 문을 닫고 그를 동정하지 않는다면 어떻게 그에게 하느님을 사랑하는 마음이 있다고 하겠습니까 ?

→ bible-en: If anyone has material possessions and sees his brother in need but has no pity on him , how can the love of God be in him ?

위 용례들을 통해 예수는 이분법적으로 '재물'을 '세속의 재물'과 '하늘의 재물'을 구분하는 한편 '세속의 재물'과 '참된 재물'을 구별짓는다. 그럼으로써 참된 재물은 하늘에 쌓아둔 재물이지 세속적인 재물이 아니라는 점을 분명히 한다. 세속의 재물을 궁핍한 형제들에게 나누어줌으로써 사람들이 하늘에 재물을 쌓을 수 있다고 가르친다. 더불어 예수는 부자들이 세속적인 재물을 자신이나 가족들만을 위해 쓴다면 천국에 들어가기가 매우 어렵다고 설파한다.

구약의 시편 기사들에는 하느님을 은유적으로 표현한 말씀들이 많다. 다음에 제시된 용례들을 검토해 보자.

(14)

a. ⟨seg_id b.PSA.3.3⟩: 그러나 야훼여 ! 당신은 나의 ⟨방패⟩ , 나의 영광이십니다 . 내 머리를 들어 주십니다 .

→ bible-en: But you are a shield around me , O LORD ; you bestow glory on me and lift up my head .

b. ⟨seg_id b.PSA.7.11⟩: 나의 하느님은 공정한 ⟨재판관⟩ , 언제라도 악인을 심판하시는 하느님이시다 .

→ bible-en: God is a righteous judge , a God who expresses his wrath every day .

c. ⟨seg_id b.PSA.9.9⟩: 야훼여 , 억울한 자의 ⟨요새⟩ 되시고 곤궁할 때 몸담을 성채 되소서 .

→ bible-en: The LORD is a refuge for the oppressed , a stronghold in times of trouble .

d. 〈seg_id b.PSA.18.2〉: 야훼는 나의 〈반석〉, 나의 요새 , 나를 구원하시는 이 , 나의 하느님 , 내가 숨을 바위 , 나의 방패 , 승리를 안겨 주는 뿔 나의 산채 , 나의 피난처 , 포악한 자들의 손에서 이 몸 건져 주셨으니

→ bible-en: The LORD is my rock , my fortress and my deliverer ; my God is my rock , in whom I take refuge . He is my shield and the horn of my salvation , my stronghold .

e. 〈seg_id b.PSA.23.1〉: 야훼는 나의 〈목자〉, 아쉬울 것 없어라 . 푸른 풀밭에 누워 놀게 하시고

→ bible-en: The LORD is my shepherd , I shall not be in want .

f. 〈seg_id b.PSA.23.3〉: 지쳤던 이 몸에 생기가 넘친다 . 그 이름 목자이시니 인도하시는 〈길〉, 언제나 곧은 길이요 ,

→ bible-en: he restores my soul . He guides me in paths of righteousness for his name 's sake .

g. 〈seg_id b.PSA.27.1〉: 야훼께서 나의 〈빛〉, 나의 구원이시니 , 내가 누구를 두려워하리오 . 야훼께서 내 생명의 피난처시니 내가 누구를 무서워하리오 .

→ bible-en: The LORD is my light and my salvation--whom shall I fear ? The LORD is the stronghold of my life--of whom shall I be afraid ?

h. 〈seg_id b.PSA.27.1〉: 야훼께서 나의 빛 , 나의 구원이시니 , 내가 누구를 두려워하리오 . 야훼께서 내 생명의 〈피난처시니〉 내가 누구를 무서워하리오 .

→ bible-en: The LORD is my light and my salvation--whom shall I fear ? The LORD is the stronghold of my life--of whom shall I be afraid ?

i. 〈seg_id b.PSA.28.7〉: 야훼는 나의 〈힘〉, 나의 방패, 나는 진심으로 그
분을 믿고, 믿어 도움받은 것, 내 마음 기뻐 뛰놀며 감사하리라.

위에 나열된 시편의 말씀들을 살펴보면, 구약시대의 야훼 하느님은 이
스라엘 민족을 지켜주는 방패이거나 요새, 반석 혹은 피난처일 뿐만 아
니라 길을 인도하는 목자이면서 빛이고 길 자체이다. 이 모두 하느님에
대한 은유적 표현으로 이해된다(차정식·김기석 2015).

이제 공연어휘소 분석 방법론을5) 이용하여 구약성경에 출현하는 명사
들 가운데 일반 균형말뭉치와 비교하여 상대적으로 구약성경에 특화된
명사들에는 어떤 것들이 있는 지를 살펴보자. 여기서는 세종 품사주석
말뭉치 SJM21을 참조말뭉치로 삼아 분석을 시도한다.

이 방법론을 적용하기 위해 필요한 데이터는 세 가지이다.

첫째, 한국어 성경말뭉치 중 구약성경의 명사 규모

둘째, 참조말뭉치 SJM21의 명사 규모

셋째, 상대빈도 데이터

세 가지 데이터 가운데 구약성경의 명사 규모는 128,649 형태소이고,
SJM21의 명사 규모는 5,505,630 형태소이다. 이어 명사의 상대빈도 데이
터의 일부를 보이면 다음 [표 11]과 같다.

[표 11] 구약성경 상대빈도 데이터

명사	SJM21	OLD-BIBLE	명사	SJM21	OLD-BIBLE
사람	51866	4570	마음	9919	709
하느님	706	2757	가운데	6233	704

5) 변별적 공연어휘소 분석 방법론에 대해서는 이민행(2015) 참조.

백성	873	2079	말씀	1935	684
일	30649	1975	죄	1244	683
아들	3985	1941	길	8641	677
땅	4713	1885	사제	329	673
왕	1783	1867	집	16106	619
말	31008	1809	위	9610	606
때	39550	1318	후손	312	555
앞	12960	1162	다음	8637	550
날	10189	992	나라	8660	500
손	9986	894	성	3838	495
곳	9880	796	주	2639	494
몸	7799	729	눈	12075	484
이름	6049	717	하늘	3778	472

위 표에 일부가 제시된 상대빈도 데이터를 포함하여 앞서 언급한 세 가지 데이터를 토대로 하여 R-스크립트를 실행하면 공연강도를 기준으로 정렬된 결과가 산출된다. 다음 (15)의 공연어휘소 분석 결과를 검토하자.

(15)

Distinctive collocate/collexeme analysis for: SJM21 vs. OLD.BIBLE

obs.freq.1: observed frequency of the word A-? in/with SJM21

obs.freq.2: observed frequency of the word A-? in/with OLD.BIBLE

exp.freq.1: expected frequency of the word A-? in/with SJM21

exp.freq.2: expected frequency of the word A-? in/with OLD.BIBLE

pref.occur: the word/construction to which the word A-? is attracted

coll.strength: index of distinctive collostructional strength: log-likelihood
    , the higher, the more distinctive

	words	obs.freq.1	obs.freq.2	exp.freq.1	exp.freq.2	pref.occur	coll.strength
1	하느님	706	2757	3375.77	87.23	OLD.BIBLE	16889.3000
2	백성	873	2079	2877.64	74.36	OLD.BIBLE	11798.6403
3	왕	1783	1867	3558.05	91.95	OLD.BIBLE	8804.1304
4	아들	3985	1941	5776.72	149.28	OLD.BIBLE	7024.3795
5	땅	4713	1885	6431.79	166.21	OLD.BIBLE	6248.1362
6	사람	51866	4570	55014.35	1421.65	OLD.BIBLE	4640.3204
7	사제	329	673	976.76	25.24	OLD.BIBLE	3706.6251
8	후손	312	555	845.16	21.84	OLD.BIBLE	2971.5329
9	죄	1244	683	1878.46	48.54	OLD.BIBLE	2589.6561
10	성전	106	392	485.46	12.54	OLD.BIBLE	2377.0499
11	제단	101	358	447.44	11.56	OLD.BIBLE	2158.1629
12	임금님	0	290	282.69	7.31	OLD.BIBLE	2135.7857
13	말씀	1935	684	2553.03	65.97	OLD.BIBLE	2129.7374
14	만군의	0	271	264.17	6.38	OLD.BIBLE	1995.8159
15	하나	0	266	259.30	6.70	OLD.BIBLE	1958.9826
16	지파	0	264	257.35	6.65	OLD.BIBLE	1944.2494
17	예언자	106	307	402.60	10.40	OLD.BIBLE	1795.9886
18	가문	354	377	712.59	18.41	OLD.BIBLE	1782.1247
19	다윗	0	224	218.36	5.64	OLD.BIBLE	1649.5982
20	원스	296	331	611.21	15.79	OLD.BIBLE	1585.6587

위에는 공연강도를 기준으로 하여 구약성경에 특화된 명사 20개가 제시되어 있다. 공연강도를 산출하기 위해 측정지수로는 로그가능도(log-likelihood)를 사용한다. 이 결과를 살펴보면 '하느님', '백성', '왕', '아들' 및 '땅'이 상대적으로 구약성경에 자주 등장하는 명사들인 것을 확인할 수 있는 있

다. 이러한 결과는 단순히 절대빈도로 관찰한 결과와는 다르다는 점에 주목할 필요가 있다. 왜냐하면 단순빈도를 기준으로 할 경우 1위를 차지한 '사람'이 공연강도를 기준으로 삼을 경우 6위에 자리한 반면, 단순빈도를 기준으로 할 경우 2위에 위치한 '하느님'이 공연강도를 기준으로 할 경우 1위를 차지하기 때문이다.

이제 신약성경에 출현하는 명사들을 대상으로 공연어휘소 분석을 실행해 보자. 앞서 논의한 바와 같이 세 가지 데이터가 필요하다. 세 가지 데이터 가운데 신약성경 말뭉치의 명사 규모는 41,204 형태소이고, 참조말뭉치 SJM21의 명사 규모는 5,505,630 형태소이다. 그리고 두 말뭉치간의 상대빈도의 일부를 보이면 다음 [표 12]와 같다.

[표 12] 신약성경 상대빈도 데이터

명사	SJM21	NEW-BIBLE	명사	SJM21	NEW-BIBLE
사람	51866	3562	죄	1244	262
하느님	706	1835	날	10189	262
일	30649	880	집	16106	250
때	39550	854	믿음	778	235
말	31008	690	성령	0	235
말씀	1935	562	몸	7799	230
주님	0	467	땅	4713	220
아버지	8096	400	형제	1020	217
제자	538	371	주	2639	216
마음	9919	362	곳	9880	212
아들	3985	330	손	9986	207
하늘	3778	311	속	17961	188
여자	11159	301	나라	8660	188
세상	6655	276	천사	235	179
앞	12960	267	뒤	11813	175

위 표에 일부가 제시된 상대빈도 데이터를 포함하여 앞서 언급한 세 가지 데이터를 토대로 하여 R-스크립트를 실행하면 공연강도를 기준으로 정렬된 결과가 산출된다. 아래 (16)에 신약성경에 나타난 명사들을 대상으로 한 공연어휘소 분석 결과가 제시된다.

(16)

Distinctive collocate/collexeme analysis for: SJM21 vs. NEW.BIBLE

coll.strength: index of distinctive collostructional strength:
 log-likelihood , the higher, the more distinctive

	words	obs.freq.1	obs.freq.2	exp.freq.1	exp.freq.2	pref.occur	coll.strength
1	하느님	706	1835	2520.14	20.86	NEW.BIBLE	14715.8720
2	사람	51866	3562	54973.01	454.99	NEW.BIBLE	8869.9372
3	주님	0	467	463.17	3.83	NEW.BIBLE	4490.8712
4	말씀	1935	562	2476.50	20.50	NEW.BIBLE	2774.1460
5	제자	538	371	901.54	7.46	NEW.BIBLE	2346.3353
6	성령	0	235	233.07	1.93	NEW.BIBLE	2258.5404
7	율법	0	167	165.63	1.37	NEW.BIBLE	1604.7311
8	은총	0	143	141.83	1.17	NEW.BIBLE	1374.0282
9	하나	0	131	129.92	1.08	NEW.BIBLE	1258.6872
10	선생님	0	125	123.97	1.03	NEW.BIBLE	1201.0193
11	믿음	778	235	1004.68	8.32	NEW.BIBLE	1173.8850
12	천사	235	179	410.60	3.40	NEW.BIBLE	1157.6225
13	죄	1244	262	1493.64	12.36	NEW.BIBLE	1146.6571
14	형제	1020	217	1226.85	10.15	NEW.BIBLE	953.2938
15	일	30649	880	31270.19	258.81	NEW.BIBLE	933.5329

16	아들	3985	330	4279.58	35.42	NEW.BIBLE	906.7252
17	예언자	106	127	231.09	1.91	NEW.BIBLE	900.8725
18	하늘	3778	311	4055.43	33.57	NEW.BIBLE	851.2110
19	복음	221	135	535.08	2.92	NEW.BIBLE	828.2262
20	영광	407	149	551.44	4.56	NEW.BIBLE	792.0424

　　신약성경에 상대적으로 많이 나타난 명사 20개가 공연강도를 기준으로 하여 제시되어 있다. 이 결과는 마찬가지로 로그가능도(log-likelihood)를 측정지수로 사용하여 공연강도를 산출한 것이다. 이 결과를 살펴보면 '하느님', '사람', '주님', '말씀', '제자' 및 '성령'이 상대적으로 신약성경에 자주 등장하는 명사들인 것을 확인할 수 있는 있다. 이러한 결과는 단순히 절대빈도로 관찰한 결과와는 다르다. 왜냐하면 단순빈도를 기준으로 할 경우 1위를 차지한 '사람'이 공연강도를 기준으로 삼을 경우 2위에 자리하고 3위인 '일'이 공연강도를 기준으로 15위에 불과한 반면, 단순빈도를 기준으로 할 경우 2위에 위치한 '하느님'이 공연강도를 기준으로 할 경우 1위를 차지하기 때문이다.

　　이제 마지막으로 계층적 군집분석(Hierarchical Cluster Analysis)을 이용하여 8개 성경간의 유사도를 측정해 보자. 여기서 비교 대상으로 삼은 성경은 구약의 시편(Psalms)과 잠언(Proverbs) 및 신약의 로마서(Romans), 사도행전(Acts) 및 4복음서이다. 이 8개 성경에 출현하는 명사들의 빈도정보를 토대로 하여 군집분석을 실행하기 위해서는 먼저 성경별로 명사의 출현빈도를 추출한 다음에 추출된 명사 데이터 8개를 csv 포맷의 파일 하나로 통합한다. 아래 (17)에 개별 성경으로부터 명사빈도를 추출하기 위해 사용한 매크로 파일이 제시된다.

(17) 매크로 파일 "macBible-EN.txt"

```
BIBLE-EN;
T=[pos="NN.*"]::match.div_id="b.MAT.*";
group T match lemma > "freqNN-MAT-bible-en.txt";
T=[pos="NN.*"]::match.div_id="b.LUK.*";
group T match lemma > "freqNN-LUK-bible-en.txt";
T=[pos="NN.*"]::match.div_id="b.MAR";
group T match lemma > "freqNN-MAR-bible-en.txt";
T=[pos="NN.*"]::match.div_id="b.JOH";
group T match lemma > "freqNN-JOH-bible-en.txt";
T=[pos="NN.*"]::match.div_id="b.ROM";
group T match lemma > "freqNN-ROM-bible-en.txt";
T=[pos="NN.*"]::match.div_id="b.ACT";
group T match lemma > "freqNN-ACT-bible-en.txt";
T=[pos="NN.*"]::match.seg_id="b.PRO.*";
group T match lemma > "freqNN-PRO-bible-en.txt";
T=[pos="NN.*"]::match.div_id="b.PSA";
group T match lemma > "freqNN-PSA-bible-en.txt";
```

이 매크로 파일은 다음에 제시된 명령식을 이용해 실행한다.

(18) cqp -r registry -f macBible-EN.txt

이 파일을 실행하여 얻은 명사 빈도 파일 8개를 perl-스크립트를 이용하야 행렬포맷을 가진 파일 하나로 통합하는 과정이 뒤따른다. 그 결과 파일의 일부를 보이면 다음 [표 13]과 같다.

[표 13] 성경 8권의 명사 빈도 행렬 포맷

Term	Acts	John	Luke	Mark	Matthew	Proverbs	Psalms	Romans
man	174	100	146	95	134	244	168	57
people	92	25	82	45	48	7	123	16
day	87	34	60	29	47	15	103	9
hand	36	15	29	28	29	31	130	2
heart	19	7	19	11	18	75	132	15
disciple	30	80	47	58	78	0	0	0
son	12	22	106	11	38	49	26	6
way	30	12	32	15	27	64	63	19
word	42	36	29	16	23	34	72	9
life	15	49	21	9	21	50	72	22
time	53	43	51	21	44	6	27	13
law	20	15	31	21	29	7	60	73
heaven	25	17	28	15	72	4	67	2
name	37	22	21	12	15	8	110	5
thing	14	29	53	24	41	14	35	17
house	36	6	50	23	30	28	41	1
father	33	16	34	14	57	23	19	9
earth	14	5	12	3	23	11	123	3
servant	12	14	39	8	43	12	54	7

행렬포맷의 명사빈도 데이터 파일 "MT-8bibles.csv"을 입력으로 하여 다음 (19)에 제시된 R-스크립트를 실행하면 문서유사도를 생성할 수 있다.

(19)

```
data <- read.csv("MT-8bibles.csv")            # /* @1 */
tf <- data[,2:9]                              # /* @2 */
idf <- rowSums(tf >= 1)                       # /* @3 */
norm_vec <- function(x) {x/sqrt(sum(x^2))}    # /* @4 */
```

```
tf.idf <- log2(8/idf) * tf                        # /* @5 */

tf.idf.cos <- apply(tf.idf, 2, norm_vec)          # /* @6 */

fit <- hclust(dist(t(tf.idf.cos)), method="ward.D2")   # /* @7 */

plot(fit, main="8 Books of English BIBLE")        # /* @8 */
```

이 스크립트에 담긴 의미를 정리해 보면 다음과 같다.

스크립트의 첫 행은 엑셀의 csv 형식으로 저장된 데이터파일 'MT-8bibles.csv'을 읽어들여서 'data'라는 이름을 붙이라는 명령이다. 둘째 행은 이 'data' 파일의 제2열부터 제9열―이는 첫째 성경부터 여덟째 성경―에 정리된 빈도정보를 추출해서 'tf'(term frequency, 개별 용어빈도)라는 속성의 값으로 저장하라는 내용이다. 셋째 행은 어휘들의 상대빈도를 구하기 위한 함수식을 나타낸 것으로 각 행별로 기록된 모두 빈도를 합하여 'idf'(inverse document frequency, 역 문서빈도)로 삼으라는 명령이다.[6] 이어 넷째 행은 일반적으로 비교대상 문서의 전체 규모를 고려하여 개별 어휘빈도 데이터의 가중치를 산출하는 표준화공식을 정의한다. 다섯째 행은 문서의 숫자와 '개별 용어빈도'와 '역 문서빈도'를 이용하여 'tf.idf' 값을 산출하라는 명령이다. 이렇게 얻어진 'tf.idf'의 값을 넷째 행에서 정의한 표준화공식을 적용하여 코사인값을 구하는 과정이 여섯째 행에 기술되어 있다. 코사인값은 문서들 간의 거리를 나타내는 직선들 간의 각도를 의미하므로 그 각도가 작으면 작을수록 문서들 간의 유사도가 높아지는 속성이 있다. 일곱째 행이 이 스크립트의 핵심이 되는데, 여기에서 최종적으로 군집(clustering)의 정도를 계산하는 작업이 수행된다. 이 스크립트에서는 'wardD2'라는 계층적 군집분석의 한 방법론으로 계층적 군집도(함수 'hclust')를 산출하여 'fit'라는 속성에 할당한다.[7] 마지막 행은 앞

---

6) '역 문서빈도'의 개념에 대해서는 스탠포드 대학의 웹사이트(http://nlp.stanford.edu/IR-book/html/htmledition/inverse-document-frequency-1.html) 참조.

줄에서 얻은 군집도 'fit'를 그래프로 나타내는 과정을 보여주는데, 속성 'main'의 값으로 제시된 "8 Books of the English BIBLE"는 그래프의 제목을 가리킨다. 수형도에서 각 교점이 위치한 정확한 수치를 확인하기 위해서는 아래 (20a)와 같은 명령줄을 R-스크립트에 추가하여 실행시키면 되는데, 그 결과는 (20b)에 제시되어 있다.

(20) a. fit$height

    b. 0.6342687 0.6751559 0.8368527 1.2320768 1.2611114 1.4774598
       1.8955396

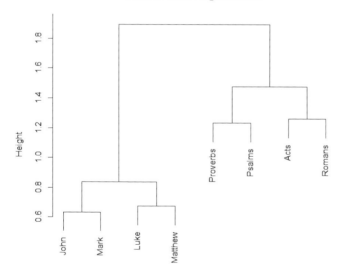

[그림 1] 성경 8권의 문서유사도

---

7) 다양한 군집분석 방법들간의 차이에 대해서는 최재웅·송지영(2013) 참조.

앞서 논의한 R-스크립트 (19)를 실행하면 앞 쪽의 [그림 1]에 제시된 문서유사도가 생성된다.

이 문서유사도를 살펴보면, 신약 4복음서 가운데 요한복음(John)과 마가복음(Mark)간의 유사도가 가장 높고, 근소한 차이로 누가복음(Luke)과 마태복음(Matthew)간의 유사도가 그 뒤를 따른다. 다음으로 시편(Psalms)과 잠언(Proverbs)간의 유사도가 사도행전(Acts)과 로마서(Romans)간의 유사도보다 약간 높은 것으로 나타난다. 이러한 결과는 일반적으로 성경의 내용에 비추어 볼 때 상당히 설득력이 있다. 이 R-스크립트를 실행한 후에 다음 (21)과 같은 대응분석을 위한 명령줄 네 개를 덧붙여 실행시키면 대응분석 지각도를 얻게 된다. 지각도는 다음 쪽의 [그림 2]에 제시된다.

```
(21)
library(ca)
data <- read.csv("MT-8bibles.csv", header=T, row.names=1)
set.seed(3952)
plot(ca(data), arrows = c(F, T), col.lab = c("darkgrey", "black"), labels =
    c(1, 2), map="rowprincipal")
```

문서유사도와 마찬가지로 이 대응분석 지각도도 성경 8권간의 유사도를 잘 표상한 것으로 이해된다. 왜냐하면 대응분석 지각도의 경우 동일한 사분면에 위치한 문서들 간의 유사도가 그렇지 않은 문서들 간의 유사도보다 높기 때문이다. 이 지각도의 경우 4복음서가 모두 제4 사분면에 위치하고 있다.

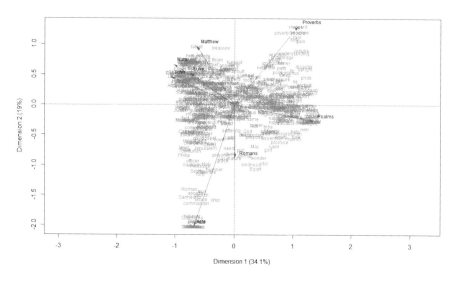

[그림 2] 성경 8권의 대응분석 지각도

　이 장에서는 한-영 병렬 성경말뭉치를 활용하는 여러 가지 방법에 대
해 논의했다.[8] 품사의 분포, 구약과 신약간의 명사분포의 차이에 먼저
살펴보았다. 이어 구약의 시편(Psalms)과 잠언(Proverbs) 및 신약의 로마서
(Romans), 사도행전(Acts) 및 4복음서를 비교 대상으로 삼아 계층적 군집
분석과 대응분석을 실행했다. 분석결과 요한복음과 마가복음이 가장 유
사도가 높은 것으로 나타났다.

---

8) 병렬문서의 처리에 대한 기술 현황에 대해서는 최재웅 외(2005) 참조.

종합

본 저술은 한국어 트리뱅크 SJT21과 영어 트리뱅크 Penntree21을 대상으로 디지털 언어학적 연구를 수행하는 환경을 제공하는 한편, 디지털 자원으로부터 의미있는 데이터를 추출하여 언어학적 연구를 수행하는 방법론을 제안하는 것을 목적으로 했다.

이 저술에서는 두 가지 트리뱅크외에도 한국어 광고말뭉치와 한-영 병렬 성경말뭉치를 특수목적 말뭉치로 구축하고 활용하는 방법에 대해 여러 장을 할애하여 기술했다.

이 책에서 다룬 주제영역 세 가지를 제시하면 다음과 같다.

첫 번째 주제는 한국어 트리뱅크, 곧 세종 구문분석 말뭉치를 대상으로 하여 디지털 자원으로부터 의미있는 데이터를 추출하여 여러 층위의 언어학적 연구를 수행하는 방법론의 제안과 관련된 것이었다. 이 세부주제는 사용자 친화적이고 매우 효율성이 높은 검색도구 TIGERSearch를 활용할 수 있도록 한국어 세종 트리뱅크를 TIGERSearch 포맷으로 변환하는 작업으로부터 시작했다. 정규표현식을 지원하고 선후관계와 구성관계의 검색이 가능하도록 설계된 검색도구 TIGERSearch의 특장점을 십분 활용하여 TIGERSearch의 환경에서 어휘층위와 구문층위의 검색을 실행한 다음에 새로운 문법지식을 생성하는 주제중심 연구를 이 하위주제 연구단계에서 수행했다.

두 번째 주제로는 영어 Penn 트리뱅크를 TIGERSearch 포맷으로 변환하여 활용하는 방안에 대해 논의했다. 구문층위의 검색이 가능한 TIGERSearch의 환경에서 변환 트리뱅크를 대상으로 다양한 통계데이터를 추출한 다음에 주제중심의 연구를 수행함으로써 영어의 구문에 대한 새로운 문법지식을 발견하고자 했다.

세 번째 주제는 특수목적 말뭉치를 활용하는 방법에 대한 논의였다. 이 하위주제와 관련하여 한국어 광고말뭉치(Korean Language of Advertisements, KLOA)와 한-영 병렬 성경말뭉치를 구축하고 이들 말뭉치로부터 인문학 연구나 교육에 필요한 데이터를 추출하는 절차 및 분석방법에 대해 논의 했다.

전체적인 개관을 위해 본 저술의 내용을 도식화하면 [그림]과 같다.

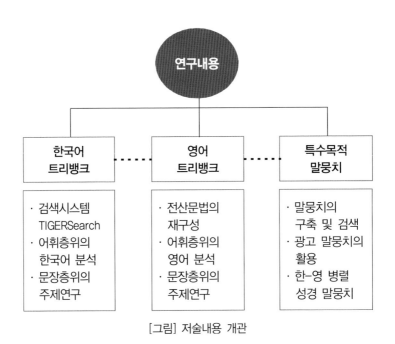

[그림] 저술내용 개관

  본 저술연구의 한계는 트리뱅크의 경우, 한국어든 영어든 그 안에 포함된 문장규모가 충분히 크지 않아 한국어와 영어의 통사적 특성들에 대한 상세하고 명확한 그림을 그려낼 수 없었다는 점이다. 특히 한국어 트리뱅크의 경우 형태소기반의 말뭉치를 원천적 언어자원으로 사용하고 있어 용례들의 가독성이 낮은 한계도 인정할 수밖에 없다.

부 록

* 부록에 수록된 자료들은 모두 웹사이트 http://www.smart21.kr/digling에서 내려받을 수 있다.

I. 언어별 태크셋

1.1 한국어 트리뱅크와 품사주석 말뭉치의 태크셋

대분류	소분류	세분류
(1) 체언	명사NN	일반명사NNG
		고유명사NNP
		의존명사NNB
	대명사NP	대명사NP
	수사NR	수사NR
(2) 용언	동사VV	동사VV
	형용사VA	형용사VA
	보조용언VX	보조용언VX
	지정사VC	긍정지정사VCP 부정지정사VCN
(3) 수식언	관형사MM	
	부사MA	일반부사MAG
		접속부사MAJ
(4) 독립언	감탄사IC	감탄사IC
(5) 관계언	격조사JK	주격조사JKS
		보격조사JKC
		관형격조사JKG
		목적격조사JKO
		부사격조사JKB
		호격조사JKV
		인용격조사JKQ
	보조사JX	보조사JX
	접속조사JC	접속조사JC

(6) 의존형태	어미E	선어말어미EP
		종결어미EF
		연결어미EC
		명사형전성어미ETN
		관형형전성어미ETM
	접두사XP	체언접두사XPN
	접미사 XS	명사파생접미사XSN
		동사파생접미사XSV
		형용사파생접미사XSA
	어근XR	어근XR
(7) 기호	마침표, 물음표, 느낌표	SF
	쉼표, 가운뎃점, 콜론, 빗금	SP
	따옴표, 괄호표, 줄표	SS
	줄임표	SE
	붙임표(물결, 숨김, 빠짐)	SO
	외국어	SL
	한자	SH
	기타기호(논리 수학기호, 화폐기호) 등	SW
	명사추정범주	NF
	용언추정범주	NV
	숫자	SN
	분석불능범주	NA

1.2 영어 트리뱅크와 영어 성경말뭉치 BIBLE-EN의 태그셋 (Penn Treebank 태그셋)

태그명	기술	예
CC	Coordinating conjunction	and, or, but
CD	Cardinal number	one, 3, fifty-five, 3609
DT	Determiner	the, a, an, no
EX	Existential there	there
FW	Foreign word	pro, me
IN	Preposition or subordinating conjunction	about, at, in, on, on behalf of, with
JJ	Adjective	good, old, beautiful
JJR	Adjective, comparative	better, older
JJS	Adjective, superlative	best, oldest
LS	List item marker	i, ii, iii
MD	Modal	will, would, can, could, 'll, 'd
NN	Noun, singular or mass	aircraft, data, committee
NNS	Noun, plural	pencils, geese, times, revelations
NNP	Proper noun, singular	London, Michael, Mars, IBM
NNPS	Proper noun, plural	Browns, Kennedys
PDT	Predeterminer	all, such, half
POS	Possessive ending	's , '
PRP	Personal pronoun	I, you, them, ours
PRP$	Possessive pronoun	your, their, his
RB	Adverb	often, well, longer (adv.), furthest.
RBR	Adverb, comparative	more, less, further
RBS	Adverb, superlative	most, highest, least
RP	Particle	up, off, out
SYM	Symbol	[,]
TO	Infinitive marker to	to
UH	Interjection	oh, yes, mhm, wow

VB	Verb, base form	forget, send, live, return
VBD	Verb, past tense	forgot, sent, lived, returned
VBG	Verb, gerund or present participle	forgetting, sending, living, returning
VBN	Verb, past participle	forgotten, sent, lived, returned
VBP	Verb, non-3rd person singular present	forget, send, live, return
VBZ	Verb, 3rd person singular present	forgets, sends, lives, returns
WDT	Wh-determiner	which, what, whose, whichever
WP	Wh-pronoun	who, whoever, whom
WP$	Possessive wh-pronoun	whose
WRB	Wh-adverb	when, where, how, why, wherever

II. 검색식의 주요 유형

목 적	검색식의 유형
말뭉치 탑재(BIBLE-EN)	BIBLE-EN;
단어형 검색	"asks"; 혹은 [word="asks"];
레마(기본형) 검색	[lemma="ask"];
품사 검색(RB/부사 검색)	[pos="RB"];
품사와 레마 검색	[pos="RB" & lemma="forever"];
레마의 검색과 빈도 추출	T=[lemma="forever"]; count by lemma;
품사의 검색과 빈도 추출 후에 파일로 출력	T=[pos="RB"]; count by lemma 〉 "freqFOREVER.txt";
레마의 검색과 용례 추출	T=[lemma="forever"]; cat T 〉 "concFOREVER.txt";
완전동사와 현재분사(VVG)의 어휘연쇄를 검색하되 두 어휘가 모두 문장경계(seg_id)안에 위치해야 함	T=[pos="VV.*"][pos="VVG"] within seg_id;
접두사 un-으로 시작하는 레마 검색	T=[lemma="un.*"];
접미사 -ent으로 끝나는 레마 검색	T=[lemma=".*ent"];
접두사 un-으로 시작하고 품사가 형용사(JJ)인 레마 검색	T=[lemma="un.*" & pos="JJ.*"];
접미사 -ent으로 끝나고 품사가 일반명사(NN)인 레마 검색	T=[lemma=".*ent" & pos="NN.*"];
용례에 성경 "div_id"에 대한 메타정보를 붙임	set PrintStructures "div_id";
검색결과를 출력할 때 한 문장을 검색문맥으로 하여 출력	set context 1 seg_id;
레마 검색후에 "div_id"를 기준으로 빈도 추출하여 파일로 출력	T=[lemma="forever"]; group T match div_id 〉 "freqFOREVER-book.txt";
레마 검색후에 "div0_id"와 "div_id"를 기준으로 빈도 추출하여 파일에 저장함	T=[lemma="forever"]; group T match div_id by match div0_id 〉 "freqFOREVER-book-NewOld.txt";

용례를 출력할 때 최대 300개를 출력	reduce T to 300;
품사검색시에 div_id="b.PSA" (시편) 라는 메타정보가 포함된 텍스트로 제한	T=[pos="NN"] :: match.div_id="b.PSA";
div_id="b.PSA" 라는 메타정보가 포함된 텍스트의 범위내에서 품사검색후에 레마 빈도를 추출하여 파일로 출력	T=[pos="NN"] :: match.div_id="b.PSA"; group T match lemma > "freqNN-Psalms.txt";
검색대상과 가장 가까이에 있으면서 원편으로 3번째 자리이내에 위치하는 동사(VV)를 검색과녁(target)으로 설정함	set T target nearest [pos="VV"] within left 3 word from match;
명령라인에서 매크로 파일을 실행	cqp -r registry -f macBible-en.txt
명령라인에 코퍼스 GB21에 대한 정보 출력	cwb-describe-corpus -r registry BIBLE-EN
명령라인에서 검색시스템 시동	cqp -e -r registry

III. 구문분석 말뭉치 포맷 변환 perl 스크립트 penn2TIGER.pl

```perl
# usage:  perl penn2TIGER.pl sj-penn.txt > sj-TIGER.xml
#!/usr/bin/perl
#-*-perl-*-

use strict;
use FindBin;
use lib $FindBin::Bin.'/../lib';
use Lingua::Align::Corpus;

my $infile = $ARGV[0];
my $outfile = $ARGV[1];

my $corpus = new Lingua::Align::Corpus(-file => $infile,
                                       -type => 'Penn');
my $output = new Lingua::Align::Corpus(-type => 'TIGERXML');

open F,">$outfile.tmp" || die "cannot open $outfile.tmp\n";
my %sent=();
while ($corpus->next_sentence(\%sent))
{
    print F $output->print_tree(\%sent);
}
```

```
close F;

open F,">$outfile" || die "cannot open $outfileWn";
print F $output->print_header();
close F;

system "type $outfile.tmp >> $outfile";

open F,">>$outfile" || die "cannot open $outfileWn";
print F $output->print_tail();
close F;
```

IV. 구문분석 말뭉치 포맷 변환 groovy 스크립트 penn2TIGER.groovy

```
// usage: groovy penn2TIGER.groovy pennTreebankFile.txt

@GrabResolver(name='ukp-oss-snapshots',
      root='http://zoidberg.ukp.informatik.tu-darmstadt.de/
      artifactory/public-snapshots')
@Grab(group='de.tudarmstadt.ukp.dkpro.core',
   module='de.tudarmstadt.ukp.dkpro.core.io.TIGER-asl',
   version='1.7.1-SNAPSHOT')
@Grab(group='de.tudarmstadt.ukp.dkpro.core',
   module='de.tudarmstadt.ukp.dkpro.core.io.penntree-asl',
   version='1.7.1-SNAPSHOT')

import static org.apache.uima.fit.pipeline.SimplePipeline.*;
import static org.apache.uima.fit.factory.CollectionReaderFactory.*;
import static org.apache.uima.fit.factory.AnalysisEngineFactory.*;


import de.tudarmstadt.ukp.dkpro.core.io.TIGER.*;
import de.tudarmstadt.ukp.dkpro.core.io.penntree.*;

// Assemble and run pipeline
runPipeline(
   createReaderDescription(PennTreebankCombinedReader,
```

```
        PennTreebankCombinedReader.PARAM_SOURCE_LOCATION, args[0]),
createEngineDescription(TIGERXmlWriter,
    TIGERXmlWriter.PARAM_TARGET_LOCATION, args[1],
    TIGERXmlWriter.PARAM_STRIP_EXTENSION, true))
```

참고문헌

권재일. 1992. 『한국어 통사론』. 민음사.

김정욱·최기선. 2016. "언어적 특징을 반영한 한국어 프레임넷 확장 및 개선." 2016년 한글 및 한국어정보처리 학술대회 논문집, 85-89.

김종복·강우순·안지영. 2008. "말뭉치에 나타난 '것' 구문의 유형 및 특성." 언어과학연구 45, 언어과학회, 141-163.

김종복·이승한·김경민. 2008. "연설문 말뭉치에서 나타나는 '것' 구문의 문법적 특징." 인지과학 19, 한국인지과학회, 257-281.

김혜영. 2019. 『현대 한국어 부사어 연구』. 서울대학교 박사학위논문.

남기심·고영근. 2014. 『표준국어문법론』. 박이정.

남기심·고영근·이익섭 편. 1975. 『현대국어문법』. 계명대학교 출판부.

박나리. 2012. "'-는 것이다' 구문 연구." 국어학 65, 국어학회, 251-279.

신서인. 2007. "한국어의 어순 변이 경향과 그 요인에 대한 연구." 국어학 50권, 50호, 국어학회, 213-239.

이민행. 2005. 『전산 통사·의미론』. 도서출판 역락.

이민행. 2012. 『독일어 전산구문문법 연구』. 도서출판 역락.

이민행. 2014. "독일어 광고슬로건의 언어적 특성들에 대한 연구－코퍼스언어학적인 접근." 독어학 제29집, 111-138.

이민행. 2015. 『빅데이터 시대의 언어연구－내 손안의 검색엔진』. 21세기북스.

이민행. 2018. "'범주화' 프레임에 대한 연구－데이터베이스로서의 코퍼스." 독어학 제37집, 75-104.

이익환. 2012. 『영어 결과문의 사건의미론적 분석 및 응용』. 한국문화사.

이혜현. 2016. 『한국어 교육을 위한 '-으ㄴ/는 것이다'의 의미기능 제시방안 연구: 구어 말뭉치 분석을 바탕으로』. 고려대학교 석사학위 논문.

차정식·김기석. 2015. 『인생교과서 예수－사랑, 먼저 행하고 먼저 베풀어라』. 21세기북스.

최재웅·송상헌·전지은. 2008. "세종 구문분석 말뭉치를 기반으로 한 확률 문맥자유문법 규칙." 언어정보 9권, 9호, 고려대학교 언어정보연구소, 97-139.

최재웅·송지영. 2013. "대학생 영어 학습자 작문 코퍼스에 대한 주제별 분류: 계층적 군집화." 언어정보 17, 93-155.

최재웅·이기용·유석훈·은광희·홍정하. 2005. 『한·영 병렬 의미정보 처리망 구축』. 재단법인 언어교육.

홍정하·김주영·강범모. 2008. "세종 구문분석 말뭉치의 구축과 통사 범주 및 기능의 통계적 분포." 민족문화연구 49권, 49호, 고려대학교 민족문화연구원, 285-331.

홍정하. 2014. "추세의 유사도를 이용한 중심어와 관련어의 상관성 연구: 통계적 방법과 활용." 민족문화연구 64, 25-58.

Abeillé, A. 2003. *Treebanks: Building and Using Parsed Corpora*. Kluwer Academic Publishers.

Aston, G. & L. Burnard. 1998. *The BNC Handbook*. Edinburgh University Press.

Baumgart, M. 1992. *Die Sprache der Anzeigenwerbung. Eine linguistische Analyse aktueller Werbeslogans*. Phisica-Verlag.

Culpeper, J. 2009. "Keyness: Words, part-of-speech and semantic categories in the character-talk of Shakespeare's Romeo and Juliet," *International Journal of Corpus Linguistics* 141, 29-59.

Dunning, T. 1993. "Accurate methods for the statistics of surprise and coincidence," *Computational Linguistics* 191, 61-74.

Eisenberg, P. & W. Lezius & G. Smith. 2005. "Die Grammatik des TIGER Corpus," in Schwittalla, J. & W. Wegstein eds., *Korpuslinguistik deutsch: synchron – diachron – kontrastiv: Würzburger Kolloqium 2003*. Niemeyer, 81-87.

Evert, S. 2004. *The Statistics of Word Cooccurrences: Word Pairs and Collocations*. PhD dissertation, University of Stuttgart.

Evert, S. 2010. *cqp manual. The IMS Open Corpus Workbench CWB CQP Query Language Tutorial. – CWB Version 3.0*, University Stuttgart.

Evert, S., & A. Hardie. 2011. "Twenty-first century Corpus Workbench: Updating a query architecture for the new millennium," in *Proceedings of the Corpus Linguistics 2011 conference*. University of Birmingham.

Firth, J. R. 1957. *Papers in Linguistics 1934-1951.* Oxford University Press.

Gries, St. Th. 2007. *Coll.analysis 3.2. A program for R for Windows 2.x.*

Gries, St. Th. 2010. *Statistics for Linguistics with R: A Practical Introduction.* Mouton. (번역본: 최재웅·홍정하. 2013. 『언어학자를 위한 통계학』. 고려대 출판부)

Gries, St. Th. & Stefanowitsch, A. 2004. Co-varying collexemes in the into-causative, in Achard, M. & S. Kemmer eds. *Language, Culture, and Mind*, Stanford, CA: CSLI, 225-36.

Hardie, A 2012. CQPweb - combining power, flexibility and usability in a corpus analysis tool. *International Journal of Corpus Linguistics* 173, 380-409.

Hausser, R. 2001. *Foundations of Computational Linguistics.* Springer Verlag.

Hoffmann, S. & S. Evert & N. Smith & D. Lee, D. & Y. B. Prytz. 2008. *Corpus Linguistics with BNCweb - a Practical Guide.* Frankfurt am Main: Peter Lang.

Jackendoff, R. 2008. "Construction after construction and its theoretical challenges." *Language* 84, 8-28.

Kim, Jong-Bok. 2016. *The sntactic structures of Korean - A construction grammar perspective.* Cambridge University press.

Krenn, B. & S. Evert. 2001. "Can we do better than frequency? A case study on extracting PP-verb collocations," in *Proceedings of the ACL Workshop on Collocations*, Toulouse, France, 39-46.

Marcus, M. & M.-A. Marcinkiewicz & B. Santorini. 1993. "Building a Large Annotated Corpus of English: The Penn Treebank," *Computational Linguistics* 192, 313-330.

Murtagh, F. 2005. *Correspondence Analysis and Data Coding with Java and R.* Chapman & Hall/CRC.

Santorini, B. & M. A. Marcinkiewicz. 1991. "Bracketing guidelines for the Penn Treebank Project," Unpublished manuscript, Department of

Computer and Information Science, University of Pennsylvania.

Sinclair. J. 1991. *Corpus, Concordance, Collocation*. Oxford University Press.

Stefanowitsch, A. & S. Gries. 2003. "Collostructions: Investigating the interaction of words and constructions," *International Journal of Corpus Linguistics* Volume 8, Number 2, 209-243.

Stefanowitsch, A. & S. Gries. 2003. "Co-varying collexemes," *Corpus Linguistics and Linguistic Theory* 1.1, 1-43.

Wiechmann, D. 2008. "On the Computation of Collostruction Strength: measures of association as expressions of lexical bias," *Corpus Linguistics and Linguistic Theory* 4.2, 253-290.

Zhao, Y. eds. 2013. *R and data mining: examples and case studies*. Academic Press, an imprint of Elsevier.

Zipf, G. K. 1949. *Human Behavior and the Principle of Least-Effort*. Addison-Wesley.

■ 웹사이트

국립국어원	https://www.korean.go.kr/
다국어성경	http://www.holybible.or.kr/
아딤광고	http://www.adim21.co.kr/
CQPweb	http://www.cqpweb.kr/
CWB	http://www.ims.uni-stuttgart.de/projekte/CorpusWorkbench/
Datamining	http://www.rdatamining.com/home
EUROPARL	http://www.statmt.org/europarl/
BNCweb	http://corpora.lancs.ac.uk/BNCweb/
FrameNet	http://framenet.kaist.ac.kr/
Zipf's Law	http://zipfr.r-forge.r-project.org/

찾아보기

이민행(李民行)

서울대학교 인문대학 독어독문학과 졸업(1982)
서울대학교 대학원 독어독문학과 졸업(1984)
독일 뮌헨대학교 대학원 졸업(1991)
Visiting Scholar, Harvard-Yenching 연구소, 미국 Harvard University(2002-2003)
연세대학교 문과대학 조교수, 부교수, 교수(1995~현재)
한국언어학회 회장(2021~현재)
2018년 대한민국 학술원상(인문학부문) 수상

주요 저서

『독일어 전산 의존문법 연구』(역락, 2021), 『정보기반 독어학 연구』(역락, 2016)
『빅데이터 시대의 언어연구』(21세기북스, 2015), 『독일어 전산 구문문법 연구』(역락, 2012)
『전산 통사·의미론』(역락, 2005), 『심리동사의 의미론』(공저자: 이익환, 역락, 2005)

디지털 언어학 연구

초판 1쇄 인쇄 2021년 4월 2일
초판 1쇄 발행 2021년 4월 15일

지은이 이민행
펴낸이 이대현
책임편집 강윤경 | **편집** 이태곤 권분옥 문선희 임애정
디자인 안혜진 최선주 이경진 | **마케팅** 박태훈 안현진
펴낸곳 도서출판 역락 | **등록** 1999년 4월 19일 제303-2002-000014호
주소 서울시 서초구 동광로46길 6-6 문창빌딩 2층(우06589)
전화 02-3409-2060(편집부), 2058(영업부) | **팩스** 02-3409-2059
전자우편 youkrack@hanmail.net | **홈페이지** www.youkrackbooks.com

ISBN 979-11-6244-711-6 93700

이 저서는 연세대학교 학술연구비의 지원으로 이루어진 것임.